KB160720

조선시대 일본의 대외 교섭

조선시대 일본의 대외 교섭

민덕기

경인문화사

책을 내면서

1. 초등학생도 읽을 수 있는 전공서적이라면

'동아시아'라는 마을이 있었다.

마을 한가운데 대궐 같은 '중국' 집이 있고 그 집엔 '明나라' 아저씨가 살고 있었다. 그는 대문을 좁혀놓고 아무나 들여보내지 않았다. 몸을 낮추어 공손한 자세를 취해야 하고, 개인자격으로 방문하는 것을 거절하고 있었다. 자신이 살고 있는 집주인의 심부름으로 온 사람에게만 그것도 정중하게 선물을 가지고 와야 대문을 열어주고 대접을 해 주었다. '명나라' 아저씨는 오만하여 까다로운 절차와 공순한 문장을 선호하였다. 그럼에도 불구하고 '명나라' 아저씨는 부자였고 책도 많았기 때문에, 많은 이웃집들은 그의 인정을 받아 그와 일정한 관계를 맺고 싶어 했다. 동시에 경제적·문화적 혜택을 받고 싶어 했다.

'중국' 집 옆으로 '조선' 집이 있고, 그와 냇물을 가로질러 이웃한 마을의 동쪽 끝자락에 '일본' 집이 있었다. '일본' 집엔 주인이 둘 있었다. 중풍으로 몸져누운 천황이란 할아버지가 있고, 그래서인지 주인 행세하기를 주저하는 주인아저씨 쇼군將軍이 있었다. 이 집 사람들은 '동아시아' 마을의 이웃사람들에 대해 별로 알지 못했다. 마을사람들 또한 만날 기회가 자주 없었던 '일본' 집 사람들을 두려워했다. 집안에 먹을 게 없으면 마을에 나타나 도둑질이나 하고 다닌다고 마을사람들은 쑥덕댔다.

그런데 어느 날 쇼군 아저씨가 '명나라' 아저씨에게 가 고개를 숙였다. 천황 할아버지 대신 자기를 '일본' 집 주인으로 행세하게 해달라는 것이었다. '일본' 집 아이들의 도둑질에 시달리던 '명나라' 아저씨는 물론 오케이였다. 이리하여 천황 대신 '일본' 집 주인으로 인정받은 쇼군 아저씨는 곧바로 '조선' 집을 찾아갔다. 그리고 '일본' 집 주인으로 '명나라' 아저씨가 허락해줬다고 자랑하였다. 그러나 '조선' 집은 '명나라' 아저씨가 '일본' 집의 주인 문제를 어떻게 정해주었건 그런 것엔 관심이 없었다. 제발 '일본' 집 아이들이 '조선' 집에 와 도둑질이나 안했으면 하고 기대할 뿐이었다.

'일본' 집과 '중국' 집 사이엔 '유구琉球'란 집이 있었다. 집안 살림도 작아서 '중국' 집이나 '동남아시아' 집을 돌아다니며 장사를 하여 먹고 살았다. 그러나 '명나라' 아저씨는 말이 통한다고 '조선' 집만 아니라 작은 집인 '유구' 집도 특별대접을 해주고 있었다. 그래선지 '유구' 집 아저씨의 어깨는 언제부터인가 힘이 들어가 있었다. 이런 '유구' 집 아저씨를 괘씸하게 여긴 것은 '일본' 집이었다. 만만하게 보아왔었기 때문이었다.

'일본' 집은 '명나라' 아저씨를 어려워했다. 따지는 게 많고 성가시게도 예절을 자꾸 차리기 때문이었다. '일본' 집은 '조선' 집을 부러워했다. 학식도 있었고 '명나라' 아저씨와도 뜻이 맞아 친한 관계를 유지하고 있다고 믿고 있었다. 그래서 '일본' 집은 '명나라' 아저씨랑 친해지기 위해 '조선' 집에게 다리를 놓아달라는 둥, 좋게 말을 해달라는 둥 부탁을 자주 해왔다. 그러나 '조선' 집은 '일본' 집과 '명나라' 아저씨 사이에 끼려하지 않았다. 스스로들 알아서 서로 사귀라는 자세였다. 둘 사이에 끼어들어 도와주다 보면 귀찮은 일들이 생길 것이 뻔하기 때문이었다. 이러한 '조선' 집의 태도를 알게 된 '일본' 집은 이번엔 '유구' 아저씨를 채근하여 '명나라' 아저씨에게 접근하려 하였다. 그러자 힘이 약한 '유구' 아저씨는 '일본' 집을 두려워하게 되어 점점 '명나라' 아저씨에게 기대게 되었다.

어린이에게, 또는 역사에 대한 감각이 거의 없는 특정인에게 조선시대 동아시아 국제관계사의 서문을 이야기하라 한다면 이처럼 비유하여 이야기할 수 있지 않을까 생각해 보았다. 모든 학문이 그렇듯이 역사학도 앞으로는 더욱 쉽게 이야기 되어졌으면 하는 바람이다.

2. 본서의 주된 관점

이 책의 主語는 기본적으로 일본이라 할 수 있을 것이다. 그리고 그 상대로 조선왕조와 明 왕조 및 琉球현 오키나와를 설정하고 싶다. 이 책은 주로 중·근세 일본의 대외 교섭이, 특히 중국과의 교섭과 이를 위한 조선·유구와의 접촉이 어떠했나를 밝힌 것이다. 교섭이란 인식과 다르다. 아무리 일본의 전통적 관념이 중국과 대등하고 조선을 속국이라 여겼다 해도, 교섭에서 그러한 관념은 골방 속에 갇혀있는 것이 되기 십상이다. 그러므로 본서는 일본의 華夷的 인식의 검토보다 실제 교섭상 어떤 표현을 하고 있었는가를 중심으로 검토하고자 한다.

일본사에서 중세란 가마쿠라鎌倉 막부의 성립부터이지만(12세기 말) 여기서는 중세의 후반기인 무로마치室町 막부시대의 明朝 건립기부터를 검토대상으로 삼고 있다. 근세로서 17세기 초에 시작되는 에도江戶 막부를 대상으로 설정하고 있다. 그러므로 본서에서의 일본 중·근세란 대체로 조선 前期·후기와 일치하는 것으로 보면 될 것이다.

本書에서는 크게 3가지 관점을 가지고 서술하고 있다.

첫째는 중세 일본의 明과의 관계를 어떻게 자리매김해야 할 것인가 하는 것이다. 15세기 초에 체결된 일본의 對明 조공·책봉관계는 그 초기만을 제외하곤, 冊封使도 渡日하지 않고 10년 1회의 朝貢무역(勘合무역)으로 명맥을 이은 앙상하게 뼈대만 남은 형태였다. 그러므로 일본이 명나라에 파견하는 사절을 '遣明使'라 칭하고, 조공무역인 명과의 감합무역을 私貿易 정도로 도요토미 히데요시豊臣秀吉나 도쿠가와 이에야스德川家康가 인식한 것도 중세의 日·明관계가 정치적 측면을 逸脫한채 전개되었기 때문이었을 것이다. 그래서 제1장은, 에도시대 일본이 어찌하여 책봉이 전제되지 않는 私무역으로서 勘合무역을 이해하고 이를 요구하게 되었는가, 라는 문제의식을 가지고 무로마치시대의 對明관계를 살펴본 것이다. 그리고 典型에서 일탈된 책봉과 조공무역관계, 즉 정치적 책봉·조공관계를 벗어나게 된 과정을 검토하고, 이를 바탕으로 에도막부가 책봉·조공무역과 무관한 감합무역을 주장하게 된 것은(제4장) 무로마치시대의 경험에서였다고 추정하여 본 것이다.

　본서의 둘째 관점은 일본이 對明관계와 관련하여 조선을 어떻게 인식하고 활용하려 하고 있으며, 이에 대해 조선이 나타낸 대응은 무엇이었는가 하는 점이다. 기존의 일본학자들은 조선의 對日외교를 對明외교와 같은 레일 위에 놓아 해석하려는 경향이 있다. 예를 들어 明에 의한 아시카가 요시미츠足利義滿의 '일본국왕' 책봉으로 동등한 '국왕' 입장인 '조선국왕'의 對日 외교가 전개될 수 있었다는 논리가 그것이다. 즉 조선이 明의 권위에 의존하여 對日 외교가 가능했다는 것이다. 그러나 본서의 시각은 그 반대다. 일본이 明의 권위에 의존하여 對조선 외교를 전개하려 하였다고 보고 있다. 요시미츠가 책봉을 받자마자 '일본국왕'이라고 조선에 사절을 파견한 점이 그렇고, 明과의 관계 호전을 위해 다리를 놔달라고 쉴 새 없이 문을 두드린 것도 일본측이었다. 명과의 긴밀한 정치적 관계에 있던 조선의 역량을 높이 산 일본이었으므로 對明관계의 개선에 조선을 적극 개입시키려 하고 있었던 것이다. 그러나 조선은 對日관계에 明을 제외시키고 있었던 만큼, 일본의 對明관계나 明의 對日관계에 개입되는 것을 적극 회피하였다. 이에 유구가 日·明 관계에 심부름꾼으로 동원될 가능성이 커지고 또한 실제 그런 상황에 종종 놓이게 되었다는 관점에서 검토하고 있는 것이 제2장과 제3장이다.

본서의 셋째 관점은 중·근세 유구를 어떻게 이해해야 할 것인가에 대해서이다. 일본에게 유구가, 明에게 유구가 어떻게 자리매김 되어져 있었던가 하는 점이다. 중세 일본의 對明교섭, 또는 明의 對日외교에서 유구는 종종 부부싸움에 말려든 자녀처럼 동원되고 있었다. 근세엔 일본의 속국이 되었으면서도 '異國'으로 존속되어왔다. 일본의 대외 관계에서 중국·조선만이 아닌 유구 또한 한 축을 담당하고 있었던 것이다.

아울러 본서에서는 중국을 중심으로 한 동아시아 국제질서를 제한적이고 일방적인 것으로 평가하고 있다. 즉 책봉·授職을 매개로 주변국가·민족과 縱的인 君臣관계를 형성하려 한 중국은, 주변국가·민족의 橫的 대립이 중국의 안녕에 위협이 되거나 천하의 지배자로서의 '天子'의 위엄에 손상을 초래하는 경우, '四海一家' '天子의 赤子'란 논리로 이에 개입했다. 모두 일가이며 천자의 자식이란 논리로 개입하고 있는 것이다. 반대로 주변 국가·민족의 횡적 유대가 중국을 위협하는 것으로 인식될 때는 '義無私交'란 명분으로 그들 횡적 관계를 차단하려 했다. 천자의 신하사이는 私的인 교류가 안된다는 명분으로 상호관계를 차단하고 있는 것이다. 이러한 중국의 이중적 대외정책 때문에 동아시아 국제사회는 상호 유기적인 관계가 형성될 수 없었다. 오직 주변 국가·민족의 明과의 單線的인 종적 관계만이 기능할 뿐, 그들간의 횡적 관계는 상호 斷絶的이었다고 볼 수 있다. 주변국가·민족들 또한 자신의 입장을 전제로 중국이 내건 논리와 명분들을 적절히 구사하여 횡적 관계를 전개해 나갔다고 볼 수 있다.

3. 본서의 구성

이에 각 장을 소개하여 보자. 제1장 「중세 일본의 對明 책봉관계의 성립과 변화」는 무로마치 막부의 明과의 책봉관계의 성립 과정과 성립 이후의 변화에 대한 것이고, 제2장 「중세 일본의 對明 조공 중재요청과 조선의 대응」은 일본측이 중국에 가서 무역 문제 등으로 문제를 일으켜 조선에 조공 지속을 위한 중재를 요청한 사실과 이에 대해 조선이 어떻게 대응하였는가를, 제3장 「중세 일본의 영파의 난 수습 노력과 조선·일본·琉球·明 관계」는 1523년 일본사절이 중국 寧波에서 납치한 중국인의 송환을 둘러싸고 조선과 유구에 벌인 외교공작과 明의 대응 및 그 결과를 검토한 것이다. 이들 3장은 중세를 대상으로 하고 있다.

제4장 「근세 일본의 조선과 琉球 통한 중국 접근」은 임진란 직후인 17세기 초·중반의 일본이 明과의 관계재개를 위해 조선과 유구에게 어떤 교섭을 행하였는가? 두 나라는 이에 어떻게 대응하고 있으며, 明은 또 어떠한가를 밝힌 것이다. 제5장 「근세 일본의 琉球사절과 조선사절」은 에도 막부에 의해 '通信之國'으로 설정된 조선과 유구의 사절이 어떻게 자리매김 되어져 있었는가 그 차이를 밝힌 것이다. 제6장 「근세 일본 유학자들의 조선 인식」은 에도 시대 유학자들을 두 유형, 즉 막부측과 지방의 경우로 분류하여 그들의 조선관이 어떻게 다른가를 검토한 것이다. 제7장 「중·근세 일본의 '국왕' 칭호」는 '국왕'이 일본 내정상으로 어떤 의미를 가지고 있었으며 대외적으로 이 칭호의 사용여하가 어떤 문제를 가지고 있었는가를 밝힌 것이다. 부록에 해당하는 제8장 「표류민을 통한 조선·일본·琉球 사이의 정보 교류」는 조선에 표착한 일본인이나 유구인, 또는 일본이나 유구에 표착한 조선인을 통해 일본·유구와 어떤 정보의 교류가 있었는가를 밝힌 것이다.

일러두기

8개의 논문들은 다음과 같은 잡지나 단행본에 게재되었던 것으로 본서에 싣기 위해 풀이하고 다듬은 것이었음을 밝혀둔다.

제1장 : 「室町幕府시대의 對明 册封관계의 성립과 변화」(『청대사림』 6, 청주대학교 사학회, 1994).

제2장 : 「室町幕府의 對明朝貢 仲裁요청과 朝鮮의 대응」(『일본역사연구회』 1, 일본역사연구회, 1995).

제3장 : 「寧波의 亂과 朝鮮·日本·明의 관계」(『한국사의 이해[정덕기 박사 화갑기념 한국사학논총]』, 충남대학교 사학과, 1996).

제4장 : 「朝鮮·琉球를 통한 江戶幕府의 對明접근」(『한일관계사연구』 2, 한일관계사학회, 1994).

제5장 : 「에도시대 琉球사절과 朝鮮사절」(하우봉 외 공저, 『朝鮮과 琉球』, 아르케, 대우학술총서 450, 1999).

제6장 : 「에도시대 일본유학자들의 조선인식」(한일관계사학회편, 『한일양국의 상호인식』, 국학자료원, 1998).

제7장 : 「日本史上의 '國王' 칭호 - 일본 중·근세를 중심으로 - 」(『한일관계사연구』 13, 한일관계사학회, 2000).

제8장 : 「표류민을 통한 정보의 교류」(한일관계사학회편, 『조선시대 한일표류민연구』, 국학자료원, 2001). 「漂流民을 通한 朝鮮과 琉球의 情報 交流」(村井章介 代表, 『8-17世紀의 東アジア地域における人·物·情報の交流 - 海域と港市の形成, 民族·地域間の相互認識を中心に - (下)』[平成12年度 - 平成15年度科學研究費補助金研究成果報告書] 2004).

목 차

제1장
중세 일본의 對明
책봉관계의 성립과 변화

I. 머리말

임진왜란 이후 성립한 에도(江戶) 막부(1603~1868)는 조선이나 琉球 (현 오키나와)를 통해 明나라에 접근하려 여러 방법을 동원한 적이 있었 다. 이를 검토해 본 결과, 그 초기에는 明의 책봉을 소망했으나 그에 대한 구체적인 인식이 결여된 채였고, 유구를 武力으로 정복한 1609년 이후는 明으로부터 勘合(勘合符)을 받아 다만 무역관계 만을 가지려 했음을 알 수 있었다.[1] 그러나 감합이란 册封을 전제로 급여하는 입국비자 겸 조공 무역 허가증과도 같은 것이었고, 조공의 형태가 아닌 무역관계는 明의 대 외체제상 수용될 수 없는 것이었다. 결국 일본의 그러한 明에의 관계재개 시도는 조선이나 유구의 소극적 대응과 明의 묵살로 좌절되었다.

그런데 에도막부가 일본 중세, 즉 무로마치(室町)막부(1336~1573) 때 의 對明 관계를 회복하려 한다고 하면서도, 감합이 책봉관계 하에서나 급여될 수 있다는 것이라든가, 조공 형태를 띠지 않는 對明 무역은 불가 능하다는 것에 대해 구체적으로 인식하지 못했다면, 그 이전 단계에 있 었던 무로마치막부의 對明 책봉관계는 과연 어떻게 전개되었으며, 어찌 하여 그러한 인식을 낳게 했는가? 본 논문은 이러한 의문에 해답을 구하 려는 동기를 가지고 작성되었다.

무로마치시대의 對明 관계는 이미 洪武帝 초기에 시작되었지만 국가 적인 외교관계로 발전하지는 못했다. 그러나 南北朝시대를 마감시킨 제 3대 쇼군(將軍) 아시카가 요시미츠(足利義滿)代에 이르러 明과의 책봉관 계가 수립되었다(1402). 이 관계는 그 아들 요시모치(義持)의 거부로 일 시 단절된 적이 있었지만(1411~1432), 제6대 쇼군 요시노리(義教)에 의

---

1) 이에 대해서는 민덕기, 1994,「朝鮮·琉球를 통한 에도바쿠후(江戶幕府)의 對明접 근」『한일관계사연구』 2 또는 本書 제4장을 참고.

해 재개되어 이후 16세기 중기까지 明에 조공사절이 파견되었다.

이러한 對明 관계에 대해 기존연구에서는 주로 무역사적 측면이나 일본 內政史의 연장선상에서 검토되어졌다. 즉 요시미츠代의 對明 책봉관계 수립에 대해서는 요시미츠의 內政上의 정치적 행보와 천황에 대한 도전적 자세가, 요시모치의 책봉관계 거부에 대해서는 그의 천황과 관련한 국가의식이 주요 분석대상이 되어 日本內政史의 延長으로서 취급되는 경향이 있었다. 그러나 요시노리 이후의 양국관계에 대해서는, 일본의 조공무역품 및 무역결과에 대한 수량적 분석, 조공선 편성과정과 무역이윤을 둘러싼 일본내 여러 세력의 대립, 특히 오우치(大內)씨와 호소카와(細川)氏와의 대립 등에 초점을 맞춰 논하여졌다.[2]

그렇지만 외교는 兩者에 의해 전개되는 것이므로 양국 외교의 一方인 明의 對日 정책과 전개과정에 대해서도 보다 구체적인 검토가 필요하다. 또한 요시미츠·요시모치代만이 아니라 요시노리代 이후에 와서도 對明 관계가 변화하고 있는 만큼 그 시기의 관계에 대해서도 정치적 측면에서의 평가가 내려져야 한다. 더욱이 그 시기는 100여 년간에 이르는 장기간이므로 오히려 더 비중을 두어 평가되어져야 한다.

그러므로 본 논문은 첫째, 明의 對日 정책에 비중을 두어 검토하여 이를 토대로 일본의 對明 외교를 규명하고자 한다. 왜구문제에 한정시켜 양국관계를 볼 때 明이 적극적이었던 것에 반해 일본은 수동적이었기 때문이다. 둘째, 일본의 對明 책봉관계의 성립과 변화를 양국관계에 국한시키지 않고 明의 주변국가, 즉 조선이나 유구·베트남 등의 관계와 비

---

2) 이러한 관점에서의 대표적인 연구로 小葉田淳, 1941, 『中世日支通交貿易史の研究』, 刀江書院 ; 木宮泰彦, 1965, 『日華文化交流史』, 富山房 ; 田中健夫, 1975, 『中世對外關係史』, 東京大學出版會 : 1982, 『對外關係と文化交流』, 思文閣出版 ; 鄭樑生, 1985, 『明·日關係史の研究』, 雄山閣出版 ; 高橋公明, 1985, 「室町幕府の外交姿勢」『歴史學研究』546 등이 있다. 그러나 佐久間重男, 1992, 『日明關係史の研究』, 吉川弘文館는 明의 대외정책과 관련지어 검토한 것이다.

교하여 평가하려 한다. 책봉관계는 明이 주변국가와 맺으려 한 보편적인 방법이었으므로 주변국가와의 비교는 明·日간의 책봉관계를 이해하는 데 도움이 될 것이다. 셋째, 요시노리 이후의 對明 관계를 중시하여 이를 요시미츠代와 비교하는 방법으로 분석하려 한다. 정치적 측면이 퇴색된 이 시기의 對明 관계야말로 그후 에도막부의 對明 인식을 성립시키는데 결정적인 영향을 주었으리라 여겨지기 때문이다.

　이러한 면에서 본 논문의 전개상 특별히 평가할 필요가 없다고 여겨지는 양국관계의 구체적인 사실은, 기존연구의 연구결과를 참조하여 <표>로 대신 소개하는 선에서 머무르려 함을 밝혀둔다.

II. '日本國王良懷'와 洪武帝

　1368년 明을 건국한 洪武帝 주원장은 같은 해 고려 등의 나라에 招諭使를 파견해 건국의 통지와 함께 조공을 권유하고, 다음 해엔 일본에 대해서도 초유사 양재(楊載)를 파견하고 있다. 이 때 홍무제가 '日本國王'에게 보낸 詔書는, 왜구의 중국연안 약탈사실을 지적하며, 새로 건국한 明에 신하로서 表文을 바치고 왜구행위를 금지시키든가 그렇지 않으면 중국의 정벌을 받을 것인가 선택하라는 위협적인 내용이었다.[3]

　그러나 이 조서가 전달된 대상은 일본의 중앙정권인 무로마치막부가 아닌 규슈(九州)의 하카타(博多) 일대를 장악하고 있었던 南朝의 征西將軍 가네요시(懷良)였다. 당시 일본은 남북조시대로 무로마치막부는 북조의 천황을 옹립하고 있었다. 홍무제가 이러한 상황을 알면서도 가네요시에게 조서를 전달케 한 것은 규슈를 장악한 세력만이 왜구를 금압할 수

---

3) 『明太祖實錄』 洪武 2年 2月 辛未.

명 태조 홍무제(주원장)

있다는 확신에 의한 것이었다.[4] 그러나 이 조서를 받은 가네요시는 사자 일행중 5명을 살해하고 양재를 3개월간 구류한 후 귀국시키는 방법으로 明의 요구를 거부했다. 거부 이유는 조서의 위협적인 내용에 대한 반발만이 아니라 明의 요구, 즉 중국연안을 약탈하는 왜구의 금압요구를 이행할 능력이 규슈 일부지역만을 장악하고 있던 가네요시에겐 없었기 때문이다.[5]

다음 해인 1370년, 明은 조질(趙秩)로 하여금 '日本國王良懷'(明側의 通稱으로 懷良의 착오)를 수신인으로 한 조서를 가네요시에게 보내 조공을 재촉했다.[6] 여기서 주목되는 것은 가네요시의 책봉 요청이 없었는데도 그를 일방적으로 '日本國王'이라 칭하고 있다는 것이다. 조서 내용은 고려·베트남 등 동방·남방의 국가들이 明에 '稱臣入貢'했고 서역의 여러 藩王이 來朝했으며 '北夷'(몽고)도 평정되었는데 유독 '倭夷'만이 노략질을 행하며 초유에 응하지 않음을 일본정벌을 시사하며 위협하는 것이었다. 이에 대해 가네요시는 다음해 승려 소라이(祖來)를 답례사로 파견하여 表箋(表文)과 방물을 보내고 왜구에게 납치된 중국인 70여명을 송환하고 있다.[7]

---

4) 村井章介, 1988, 『アジアのなかの中世日本』, 校倉書房, 245쪽. 이에 대해 대부분의 기존연구는, 明이 당시의 일본 사정을 몰라 古代 일본이 외국사신을 접대했던 하카타의 太宰府를 교섭상대로 막연히 인식하고 이 조서를 가네요시에게 전달케 된 것이라 보고 있다. 그러나 왜구문제를 對日 외교의 최대현안으로 인식하고 있던 明이 일본 內政에 그토록 무지하지는 않았으리라 여겨진다.

5) 田中健夫, 1982, 『對外關係と文化交流』, 思文閣出版, 5쪽.

6) 『明太祖實錄』 洪武 3年 3月 是月.

7) 『明太祖實錄』 洪武 4年 10月 癸巳.

이에 明은 1372년, 소라이의 귀국에 조천(祖闡) 등의 승려를 사자로 파견하여 明의 책력인 大統曆을 보내왔다.[8] 대통력의 하사는 明의 正朔을 받들어 明의 책력을 사용하라는 의미로 이의 사용은 책봉 받은 국가가 행하는 하나의 의무사항이다. 그러나 이 때 하카타의 가네요시는 北朝의 '九州探題' 이마가와 료쥰(今川了俊)의 공격을 받아 이미 규슈 중부로 퇴각했으므로 이 대통력은 전달되지 못했다.[9]

洪武 연간 일본의 對明 사절 파견을 『明太祖實錄』에 의거하여 보면 모두 10회에 이른다. <표 1>에서 보듯 '日本國王良懷'가 6회, 요시미츠가 2회, 사츠마(薩摩)의 시마즈(島津)씨가 1회, '日本國'이라고 한 불명확한 것이 2회이다. 이에 대해 明은 '일본국왕'이 아닌 다른 명의의 사절파견에 대해 기본적으로 이를 거부하고 있다. 이는 가네요시 만이 '일본국왕'이란 表文을 지참할 수 있게 했고 그에 대해서만 조공을 허용하고 있기 때문이다.

당시 明은 海禁정책을 시행하여 중국인의 출국이나 외국인의 개인적 입국을 완전 금지하고, 다른 민족·국가의 君長이나 '國王'이 직접 또는 사절을 파견하는 것에 대해서만 그것도 조공의 형태에 한정시켜 입국을 허용하고 있었다. 그러나 <표 1>에서 보듯 '日本國王良懷'에 대해서도 그가 표문을 지참하지 않았거나 지참했어도 내용이 공손하지 않을 때, 특히 중국을 약탈하는 왜구를 금압하지 않았을 때는 그 조공을 거부할 뿐만 아니라 일본정벌의 위협으로 대응하고 있다.[10] 1380년 이후의 가네요시의 조공이 거부된 것은 그러한 이유에서였다. 사쿠마 시게오(佐久

---

8) 주 7)과 동일기사. 洪武帝가 이 때 승려를 사자로 파견한 것은 불교를 숭상하는 일본을 적극적으로 회유하기 위한 것으로 여겨진다. 그 후 永樂帝가 1402년에 파견한 사자도 승려였다.

9) 佐久間重男, 주 2) 앞의 책, 59쪽. 이 시기의 양국교섭은 村井章介, 주 4) 앞의 책의 「Ⅵ 日明交涉史の序幕」에 상세히 언급.

10) 『明太祖實錄』洪武 9年 4月 甲申 ; 洪武 14年 7月 戊戌.

間重男)는 제5회 이후의 '日本國王良懷' 명의로 明에 파견된 사절을 가네요시의 사절로 보고 있지 않다. 즉 당시 가네요시는 막부의 공격을 받아 하카타의 근거지를 완전 상실하고 규슈 內地로 퇴각하여 몰락직전의 운명이었으므로 對明 조공을 수행할 능력이 없었다는 것이다. 그 대신 제2회 때 조공사절을 파견하여 실패한 적이 있던 시마즈씨가 '日本國王良懷'의 명의만을 도용하여 對明 조공무역의 이익을 취하려 했다고 보고 있다.[11] 이로 본다면 가네요시의 사절파견은 제1회의 한 차례에 불과하다.

홍무제와 '日本國王良懷'와의 관계가 단절되는 것은 임현(林賢)사건에 의해서였다. 임현이란 寧波衛指揮로 반역을 도모하던 左丞相 호유용(胡惟庸)에 의해 일본에 군사원조를 요청하라는 밀명을 받고 도일했던 인물이다. 그 뒤 호유용의 반역행위가 발각되어 처형되고(1380), 1386년에 이르러 호유용이 임현을 통해 일본의 군사지원을 추진하고 있었음이 탄로 나자, 홍무제는 임현을 처형하고 아울러 일본에 대해서도 조공관계의 단절이라는 보복조치를 취하게 된다.[12]

이러한 洪武 연간 일본의 對明 관계를 第1期로 구분하려 한다. 기존 연구에서는 막부의 對明 관계만을 중시하여 요시미츠 때를 제1기 또는 前期·성립기 등으로 규정하고 있다.[13] 그러나 막부가 아닌 가네요시 또는 시마즈씨의 對明 관계라 해도 무로마치시대의 對明 관계였다는 점, 거부되기는 했지만 요시미츠도 이 시기에 2회에 걸쳐 조공사절을 파견하고 있었다는 점, 明측으로 볼 때 對日 외교는 이미 홍무 연간에 시작되었으며 왜구문제의 타결을 근간으로 하는 對日 정책은 후술하는 바와 같이 그 후에도 그대로 계승되고 있다는 점 등을 第1期로 구분하는 이유

---

11) 佐久間重男, 주 2) 앞의 책, 67~68쪽.
12) 田中健夫, 주 5) 앞의 책, 9쪽.
13) 田中健夫, 주 5) 앞의 책, 22쪽의 제1·제2 <表> 참조.

로 들 수 있을 것이다.

　제1기 일본의 對明 관계의 특징은, 우선 明으로 보면 일방적인 對日 외교를 추진하려 했다는 점이다. 홍무제가 교토(京都)의 쇼군 정권이 아닌 규슈의 가네요시를 교섭상대로 지목했다는 점, 책봉요청은커녕 적대적인 자세를 표명한 데도 불구하고 그를 '일본국왕'으로 설정하여 조서를 보낸 점, 가네요시가 '稱臣奉表'한 이후에도 일본정벌을 시사하고 있는 것이 그것이다. 이는 新왕조를 창건한 홍무제에게 왜구문제의 해결이 얼마나 절박한 對日 외교현안이었는가를 여실히 보여주는 것이다.

　明이 일본 이외 국가와의 외교에서 특정인을 먼저 '국왕'이라 指稱한 例는 없다. 고려의 경우, 홍무제가 보낸 招諭의 조서는 '高麗國王'이라고만 되어있다. 이에 공민왕이 책봉을 요구하자 그제서야 홍무제는 '高麗國王王顓'이라고 그를 '고려국왕'으로 정식 지칭하고 있다. 베트남·유구 등에 대해서도 마찬가지로 해당국 君長의 책봉요청이 先行되어 그 결과로서 '국왕'에 봉하고 있다.[14] 그러나 일본의 경우 이와 달랐다는 것은 역시 왜구문제와 무관할 수 없음을 시사하는 것이다.

　홍무제의 초유에 가네요시가 응하는 것은 明과의 조공무역의 이윤을 독점하여 막부에 대항하기 위한 물량을 확보한다는 측면에서 이해될 수 있겠다. 그러나 그것도 잠시뿐, 제2회부터는 가네요시가 아닌 일본 내의 여러 세력이 중국과의 무역이득을 위해 明의 문을 두드리게 된다. 그리고 그들 대부분이 明의 외교방침, 즉 '국왕'이 表文을 지참했을 때 한해 조공무역을 허용한다는 방침을 인식하지 못했으므로 明으로 부터 그들의 조공행위는 거의 거부되었다.

　이렇듯 제1기의 對明 관계가 정상적인 책봉관계가 아니었다고 해도 明의 책봉질서의 외곽에 위치시킬 수는 없을 것이다. 적어도 明으로서는 '日本國王良懷'로서 가네요시를 일관되게 외교대상으로 지목하여 對日

---

14) 『明史－列傳』의 「朝鮮」「琉球」「安南」條.

정책을 추진하려 했기 때문이다. 그러므로 전형적 책봉관계와는 구분하여 이 제1기를 형식적 책봉관계期로 규정해도 될 것이다(후술).

Ⅲ. 日·明 책봉관계의 성립

요시미츠(義滿)가 제1기에 明과의 접촉을 시도하는 것은 <표 1>처럼 2회로, 1374년엔 中書省, 1380년에는 丞相 앞으로 서신을 보내고 있다. 그러나 '일본국왕'이란 명의를 취하지도 않았고 明황제에 대한 표문도 지참하지 않았다는 이유로 明에 의해 모두 거부되었다. 이 시기의 요시미츠는 明의 외교방침을 아직 이해하지 못하고 있었던 것으로 볼 수 있다.

요시미츠가 다시 조공사절을 파견하는 것은 1401년의 일이다. 당시 그는 남북조를 통합하고 중앙정권으로서 막부를 안정적 기반위에 다져 놓은 후로, 쇼군職이야 이미 아들 요시모치에게 물려주고는 있었으나 실제 권력은 여전히 장악하고 있던 시기였다. 이 때 보낸 요시미츠의 서한은, '日本准三后'[15] 라 하여 '일본국왕'을 자칭하진 않았지만 '上書大明皇帝陛下' '獻方物' 등의 표현으로 보아 표문의 양식을 거의 답습한 것으로 이해된다. 그는 아울러 金 1천냥을 헌상하고 일본에 표착해 있는 중국인을 송환한다고 표문에 적고 있다.[16]

조공사절 일행은 1402년에 귀국하면서 明使를 동반하여 왔다. 이 때 明使가 지참한 조서는 1402년 2월에 내어진 建文帝의 것으로, 요시미츠를 '일본국왕'에 봉하고 明의 책력인 大統曆을 하사한다는 내용이었다.[17] 이에 요시미츠가 행한 조서 拜見儀式은 明의 책봉국 '국왕'이 행

---

15) 准三后란 太皇太后(천황의 祖母)·皇太后(천황의 母)·皇后(천황의 婦)에 준하는 대우를 받는 자에 대한 칭호로서 천황을 제외하곤 最高의 칭호이다.

16) 이 서한에 대한 구체적인 분석은 高橋公明, 주 2) 앞의 논문, 20~21쪽 참고.

한 그것과 유사한 것이었다.[18]
즉 明使가 조서를 머리 위로
받들고 와서 탁자 위에 놓자,
公家(천황의 朝廷 신하)와 武
家를 거느린 요시미츠는 분향
하고 세 번 절한 후 무릎을 꿇
어 이를 열람하고 있다. 그의
이러한 배견의식을 통한 책봉
조서의 受容으로 明과의 책봉
관계가 정식으로 성립되었다
고 할 수 있다.

쇼군 아시카카 요시미츠
(足利義滿-鹿苑寺藏 : 1358~1408)
무로마치 막부 제3대 쇼군. 적극적인 對明정책을
전개하여 '일본국왕'으로 책봉

이에 대해 公家측에서 비난
이 일어났다. 일본이 明에 臣禮를 취한 것으로 황제의 조서에 표현되어
있는 점, 요시미츠의 조서에 대한 拜見儀式이 너무 비굴했다는 점이 그
이유였다. 그러나 요시미츠는 이에 개의치 않았다. 그가 천황의 허락도
없이 책봉을 받은 것에 대하여 기존연구에서는, 일본의 외교권을 행사할
수 있는 존재라는 것을 내외에 과시하고, 천황을 제압하는 자신의 권한
을 국제적으로도 인식시켜 內政에서의 자신의 입장을 더욱 강화하려 한
것이었다는 정치적 관점에서의 시각, 또는 남북조를 통합한 요시미츠가
국내경제의 발달을 위한 자금조달로 明과의 조공무역에 관심을 갖게 된
결과라는 경제적 측면에서의 시각이 제기되고 있다.[19]

---

17) 瑞溪周鳳編, 1967, 『善隣國寶記』 『改定 史籍集覽』 21, 臨川書店, 34쪽.

18) 鄭樑生은 주 2) 앞의 책, 147쪽에서, 이 儀式은 明 황제의 조서를 받을 때의 책봉
   국 국왕의 의식인 明의 「蕃國接詔儀注」와 거의 같은 것이었으므로, 이는 요시미
   츠가 明의 속국 국왕으로서의 태도를 명확히 한 것이라 평하고 있다.

19) 永原慶二, 1988, 『內亂と民衆の世紀』 『大系 日本の歷史』 6, 小學館, 147~148쪽 ;
   鄭樑生, 주 2) 앞의 책, 156쪽 ; 佐久間重男, 주 2) 앞의 책, 88~89쪽 ; 木宮泰彦,
   주 2) 앞의 책, 529쪽 ; 村井章介, 주 4) 앞의 책, 90~91쪽. 그러나 18세기 유학자

한편 건문제가 지체 없이 요시미츠를 책봉하게 된 것은 明의 內政에서 그 원인을 찾을 수 있겠다. 당시 건문제 정권은 燕王의 공격(靖難의 變)으로 몰락을 4개월 남겨두고 있던 시기였다. 이러한 때 일본에 대한 책봉은 화이질서의 주관자로서의 건문제 정권의 정통성을 대내적으로 선전할 수 있는 좋은 재료가 되었을 것이기 때문이다.

1403년 요시미츠는 明使의 귀국길에 겐츄 케이미츠(堅中圭密)를 正使로 조공사절을 파견했다. 永樂帝의 즉위를 축하하고 方物을 헌상한다는 내용의 이 표문은 '日本國王 臣源表, 臣聞 …'으로 시작되는 것으로 전형적인 表文양식을 띠고 있었다. 이에 대해 『善隣國寶記』의 編者 즈이케이 슈호(瑞溪周鳳)는 다음과 같이 비판하고 있다. 중국이 일본의 '將相'을 王이라 함은 일본을 존중하는 것이 되므로 문제가 되지 않으나, 표문에서 스스로 왕을 자칭하는 것은 중국의 책봉을 받는 것이 됨으로 불가하다. 또한 '臣'이라 한 것도 잘못으로, 어찌할 도리가 없다면 '日本國' 아래에 일본의 官位를 적고 '朝臣'이라 써 넣어야 한다. 이는 公家의 恒例로 이리해야만 천황의 신하임이 명시되어 외국의 신하로 보일 염려가 없다. 표문 말미의 明 연호도 일본연호로 하든가 干支만을 사용하여야 한다.[20] 이처럼 슈호는 천황의 신하임이 명시된 양식의 표문을 작성해야 한다고 주장하고는 있으나 그럴 경우 對明 관계가 유지될 수 없음을 아는 때문인지, 그 이후의 표문에 대해서는 아무런 비판 없이 同書에 수록해 놓고 있다.

케이미츠(圭密)가 寧波에 도착했을 때 明에서는 건문제를 타도하고 즉위한 영락제가 마침 詔諭使를 파견하려 한 때였다. 그러므로 영락제

들의 요시미츠 평가로 유추해 볼 때, 그의 對明 외교는 천황의 권위에 대한 극복 시도의 일환이라는 정치적 측면이 경제적 측면보다 더 강조되어 질 수 있을 것이다. 이와 관련해서는 민덕기, 『前近代 동아시아 세계의 韓·日關係』(경인문화사, 2007) 제7장 「아라이 하쿠세키(新井白石)의 '일본국왕'復號論의 의도」를 참고.

20) 瑞溪周鳳編, 주 17) 앞의 책, 35쪽.

는 케이미츠를 환대하고 그 귀국에
조거임(趙居任)을 正使로 한 明使를
동반시켰다. 이때 영락제의 조서는,
요시미츠를 '일본국왕'으로 책봉해
金印을 하사한다는 내용이었다. 요시
미츠가 이 조서와 금인을 받음으로서
건문제에 이어 영락제와의 책봉관계
가 성립되었다.

　영락제는 쿠데타에 의해 즉위했으
므로 취약한 정통성의 근거를 대외관
계에서 모색한 듯 적극적인 대외정책
을 전개하고 있다. 우선 明 건국기의

명나라 제3대 황제 永樂帝

최대 위협세력인 몽고를 親征하여 그에 대한 우위적 입장을, 그리고 베
트남을 복속하여 한무제 이래 천여년간 지배했던 '옛 땅'의 회복을, 나
아가 정화(鄭和)의 남해 원정을 통한 조공국의 증가 등을 대내적으로 과
시하여 자신의 중국통치의 정당성을 찾으려 했다. 그러한 그가 일본을
책봉질서 속에 편입시키려 한 것은 당연한 일이었을 것이다. 무엇보다도
중국연안에서의 왜구문제의 타결을 기대할 수 있었기 때문이다. 영락제
에 의한 요시미츠 책봉이 순탄하게 이루어진 것은 이러한 배경에서 찾을
수 있겠다.

　영락제가 사절을 통해 永樂勘合 100道를 일본에 급여한 것도 이때다.
勘合이란 조공해 오는 나라의 '국왕'에게 주어 조공할 때 지참케 한 것
으로 일종의 입국비자와 같은 것이었다. 明은 1383년 暹羅(샴)·占城(참
파)·眞臘(캄보디아)을 시작으로 그 후 일본을 포함해 15개국에 이를 급
여하기에 이른다.[21] 그리고 寧波·泉州·廣州를 조공선의 입항 항구로 설

---

21) 『萬曆會典』 卷108, 「禮部 – 朝貢通例」.

쇼군 아시카가 요시모치
(足利義持·神護寺藏 : 1386~1428)

무로마치 막부 제4대 쇼군.
아버지 요시미츠와는 달리 소극적인
對明정책으로 전환하여 明의 책봉을 거부.

정하여 감합을 받은 나라들이 조공선을 보내오면 이들이 지참한 감합의 진위를 조사하여 입국 여하를 허락하고 있다. 왜구를 비롯한 해적의 출몰을 경계하고 민간무역의 금지를 목적으로 제도화된 이 감합은, 최초 급여시 100道가 지급되며 이를 받은 상대국 '국왕'은 조공선을 파견할 때마다 감합의 뒷면에 조공내용을 상세히 기재해야 한다. 즉 정사·부사를 포함한 파견인원, 조공품목 및 附帶貨物(무역품) 등을 기록하되 조공선 1척당 감합 1道씩에 각각 기록해야 한다. 이러한 감합은 황제의 즉위 때마다 새로 100道가 지급되며 잔여분의 옛 감합은 회수하게 된다.

1401년 요시미츠에 의해 시작된 對明 관계는 그 아들 요시모치에 의해 1411년 단절된다. 이 기간을 제2기의 對明 관계로 구분하여 그 특징을 살펴보면 다음과 같다(<표 2> 참고).

첫째, 일본의 왜구 헌납과 明의 이에 대한 은상을 중심으로 당시의 양국관계가 전개되고 있다는 점이다. 즉 요시미츠가 포획한 왜구를 조공사 절편에 헌상하고 이에 대해 영락제가 답례사를 통해 후한 은상을 내리는 형태를 기본으로 하고 있다. 예를 들어, 요시미츠가 1405년 조공사 源通賢을 통해 중국연해에서 노략질을 행했던 왜구를 잡아 헌상하자, 영락제는 후한 은상과 함께 답례사로 유사길(兪士吉)을 파견하고 있다. 이 때 지참시킨 칙유에도, 영락제가 이전에 명령한 대마도·이키(壹岐)의 왜구 토벌을 요시미츠가 이행하여 그 두목들을 헌상해 왔다며 이에 대한 은상의 내용을 列記하고 있다.[22] 요시미츠는 1407년에도 케이미츠(圭密)를 파견해 포획한 왜구를 헌상하고 있으며 이에 영락제는 다량의 白金 등을 '特賜'하고 있고, 그 다음해에도 케이미츠를 통해 '海寇'를 헌상한 것에 대해 영락제는 '錢十萬'의 은상을 내리고 있다.[23]

둘째, 이와 같은 왜구헌상과 이에 대한 은상의 하사가 거듭된 결과, 일본이 조공사를 파견하면 그 귀국에 明使가 답례사로 동행하고, 답례사의 귀국엔 또 일본의 조공사가 파견되는 형태가 반복되고 있다는 점이다. 제2기에 국한된 것이라고는 하지만 遣使와 答使가 꼬리에 꼬리를 물고 이어지는 현상은 조선과 明의 관계에서도 나타나고 있지 않는 것이었다. 이는 明의 對日 정책이 영락제에 와서도 왜구문제를 근간에 두고 있었다는 것과, 그러한 明의 정책을 요시미츠는 충분히 이용하고 있었음을 보여주는 것이다.[24]

셋째, 이 시기 일본의 조공사가 외교儀禮에 부합되는 명목을 가지고 파견되고 있었고, 이에 明도 儀禮외교로 대응하고 있다는 점이다. <표 2>에서 보듯 일본이 明의 황태자 冊立에 축하사절을 파견했다든가(제4회), 謝恩 사절을 파견한 것이 그것이다(제6회, 제10회). 1408년 5월 요시미츠가 사망하자 요시모치는 '日本國世子'의 명의로 이를 '告訃'하는 사절을 파견하고 있다.[25] 이에 대해 明도 조공사의 귀국에 답례사를 동반시키고 있다. 더욱이 요시미츠의 사망을 통보받은 영락제는 祭文을 지어 사절로 하여금 지참 도일케 하여 弔喪하게 하고 요시미츠에게 恭獻王이란 시호를 내리는 한편, 요시모치를 '일본국왕'으로 책봉하는 등 被책봉국에 대한 책봉국으로서의 의무도 다하려는 자세를 보이고 있다.

---

22) 『明太宗實錄』 永樂 3年 11月 申丑 ; 永樂 4年 正月 己酉.
23) 『明太宗實錄』 永樂 5年 5月 己卯 ; 永樂 6年 5月 癸丑.
24) 佐久間重男은 주 2) 앞의 책, 115~116쪽에서, 일본이 제1기의 對明 관계에서 왜구에 납치된 중국인을 송환하는 형태를 취했다면 제2기에 와서는 오히려 왜구를 헌상하는 것으로 바꾸었다고 하며, 이는 일종의 노예교역의 변형으로서 요시미츠의 實益主義를 적나라하게 보여주는 것이라고 평가하고 있다.
25) 『明太宗實錄』 永樂 6年 12月 戊子.

넷째, 그러므로 이러한 양국 상호간의 儀禮的인 외교관계는,[26] 적어도 明과 조선·유구·베트남과의 관계에서도 보이고 있으므로 전형적인 책봉 관계가 이 제2기엔 전개되었다고 볼 수 있겠다. 조선이 明과 펼친 의례적인 외교관계가 주지의 사실이라면 유구 또한 그러했다.[27] 영락제때 침략을 받았다가 宣德帝때 다시 독립한 베트남의 明과의 경우도 慶弔의 사절 왕래가 지속되었다. 즉 1431년 국교를 재개하여 단절되는 1510년대까지 베트남의 사절은 100여회, 明의 사절은 27회 파견되고 있다.[28]

1410년 '일본국왕' 요시모치에 의해 明의 책봉에 대한 사은사로 파견되었던 케이미츠가 다음해 귀국길에 오르려하자 영락제는 왕진(王進)를 동행 파견해 왔다. 이때의 목적도 요시모치가 여러 차례 왜구를 잡아 보낸 것에 대한 답례였다.[29] 그러나 왕진은 요시모치에 의해 교토 入京이 거부된 채 귀국하고 말았다.

이처럼 요시모치가 돌연히 明과의 책봉관계를 거부한 이유에 대해 기존연구에서는, ① 그가 아버지 요시미츠의 제반정책을 감정적으로 모두 반대했다는 점, ② 그가 당시의 管領(칸레이; 總理格) 시바 요시마사(斯波義將)의 對明 斷交 의견을 따랐다는 점, ③ 요시미츠의 對明 정책을 굴욕적인 것으로 비판한 당시의 여론을 수용했다는 점, ④ 왜구세력에 대한 통제력이 한계에 달해 明의 왜구금압 요청에 더 이상 응할 수 없었다는 점, ⑤ 조공무역이 아닌 자유스런 민간무역을 明에 촉구하기 위한 조처였다는 점 등이 제시되고 있다. 그 중에서도 ③의 관점이 중시되고 있다.[30] 요시미츠가 요시모치보다 그 동생인 요시츠구(義嗣)를 편애하였

---

26) 東洋史上의 의례적인 외교관계는 유교관념에 유래하는 전통적인 국제관계로 慶弔에 대한 사절파견이 그 중심을 이루고 있으며, '事大' '交隣'관계도 그러한 측면에서 이해될 수 있으리라 생각된다. 이에 관하여는 민덕기, 주 19) 앞의 책, 제1장 「조선조 전기 '교린'으로 보는 대외관계」.

27) 野口鐵郎, 1977, 『中國と琉球』, 開明書院, 186~206쪽의 「琉明往來表」 참고.

28) 山本達郎編, 1975, 『ベトナム中國關係史』, 山川出版社, 264~270쪽.

29) "嘉其屢獲倭寇也"(『明太宗實錄』 永樂 9年 2月 甲寅).

으므로 요시모치는 무조건 아버지에게 반항적이었다는 면에서 ①의 관점이, 요시미츠의 사망시 천황이 수여하려 했던 '太上天皇'이란 尊號를 천황에의 참칭이 된다고 반대하여 좌절시킨 것이 요시마사였다는 면에서 ②의 관점도 수긍된다. 그러나 굴욕적인 對明 관계를 止揚하기 위해서였다는 ③의 관점은 과장된 감이 적지 않다. 즉 막대한 무역이익이 보장되는 조공무역을 방기할 만큼 對明 관계를 단절하자는 분위기가 당시 막부 주변에 팽배해 있었는가? 또한 그렇다면 요시노리代에 對明 관계를 부활시키는 것은 그러한 분위기가 해소되었기 때문인가? 라는 의문에 적절한 답을 주지 못하고 있기 때문이다. 그런데 ④의 관점은 막부의 지방통제력의 현저한 약화와 왜구행위의 증가추세로 보아(후술) 타당성이 있다 하겠다. 왜구 통제를 기대하는 明에게 그 기대에 부응할 수 없는 요시모치정권이 아예 관계단절이라는 소극책을 취한 것으로 보인다. ⑤의 관점은, 對明 관계 단절기에 일본측의 민간무역과 관련한 어떠한 요청이나 동향도 양국 사료에 나타나고 있지 않다는 점에서 긍정하기 어렵다.

 1417년, 영락제는 포획한 왜구의 송환을 구실로 삼아 여연(呂淵)을 일본에 파견해 왜구를 금압하여 事大의 도리를 다하라는 내용의 칙유를 전달한다. 그러나 요시모치는 이들의 入京을 거부하며, 對明 통교 단절

---

30) 永原慶二, 『下剋上の時代』(『日本の歴史』10, 中央公論社, 1969, 196쪽)는 ①과 ④, 佐藤進一, 『南北朝の動亂』(『日本の歴史』9, 中央公論社, 1969, 472쪽)은 ③, 田中健夫, 『中世對外關係史』(東京大學出版會, 1975, 84쪽)는 ①과 ②의 관점을 受容하면서 ③의 관점을 더 중시하고 있다. 鄭樑生, 주 2) 앞의 책, 168~172쪽에서는 일본의 對明 무역이 갖는 경제적 혜택의 막대함을 들어 굴욕외교의 止揚 때문이었다는 ③의 관점에 대해서는 비판적이며 특히 ⑤의 관점을 중시하고 있다. 高橋公明, 주 2) 앞의 논문, 23~24쪽에서는, 시바 요시마사가 요시미츠의 對明 외교노선을 지지했었고 요시모치의 책봉에도 영향력을 행사했으나 1410년 5월 사망하는 바람에 막부의 對明 정책이 전환되었다고 하면서 ③의 의견을 따르고 있다.

의 이유를 일본의 神이 양국 통교를 허용하지 않고 있기 때문이라고 둘러말하고 있다. 이에 귀국길에 오른 여연에게 시마즈씨의 사자 세이운(性運)이 동반하여 明에 조공을 바치고 있다. 그러나 영락제는 이를 요시모치의 사자로 묵인하여 재차 여연을 파견하는 구실로 삼고 있다. 이때의 영락제의 칙유는 요시모치의 조공거부 태도와 왜구 세력의 방치를 질책하고 일본정벌까지도 시사하고 있는 내용이었다. 이에 대해 요시모치는, 元 世祖 쿠빌라이의 일본침략이 일본의 神에 의해 격퇴된 것처럼 明의 침략 의도도 성공할 수 없을 것이라며 여연의 入京을 거부하고 있다.[31]

요시모치의 책봉관계 거부에 대해 明에서는 일본정벌론이 논의되기도 했다. 그러나 이러한 논의는 이미 홍무제 때에도 있었던 것으로(전술), 왜구의 중국 침구에 대한 일본측의 방치가 그 주된 요인이었다. 요시모치의 책봉관계 거부는 왜구대책에 대한 막부의 방관자세 표명을 의미하며, 실제로도 이때부터 왜구의 중국연안 침구는 더욱 활발해져 산동반도에 이어 요동 연안에서도 왜구의 활동이 활발해지고 있다.[32] 여연이 파견되는 것은 바로 그러한 시기였던 것이다.[33]

그런데 일본정벌까지 시사하며 일본의 조공을 촉구하던 영락제의 태도가 바뀌는 것은 1419년 6月에 있은 '望海堝의 役'에 의해서였다. 조선 연안을 약탈한 후 중국으로 향하는 왜구에 대한 구체적인 정보를 조선으로부터 전달받은 明은, 요동의 망해과에서 왜구를 맞아 700 여명을 참수하고 800 여명을 생포하는 대승리를 거두었다. 이후 산동·요동 연안에서의 大船團에 의한 왜구의 활동은 16세기 중반까지 그 자취를 감추게 된다.[34]

---

31) 瑞溪周鳳編, 주 17) 앞의 책, 43~44쪽 ; 小葉田淳, 주 2) 앞의 책, 33~35쪽.
32) 佐久間重男, 주 2) 앞의 책, 123~132쪽 ; 鄭樑生, 주 2) 앞의 책, 278~279쪽.
33) 永樂 16(1418)年 11月 1日字의 勅諭(小葉田淳, 주 2) 앞의 책, 34쪽).
34) 鄭樑生, 주 2) 앞의 책, 281쪽. 조선측의 입장에서 明의 일본정벌론을 검토한 논

IV. 日·明 책봉관계의 변화

요시모치(義持)가 사망하고 아우인 요시노리(義敎)가 쇼군職에 취임한 것은 1428년이다. 요시노리는 즉시 明과의 조공관계를 회복하려 일본에 와 있던 조선의 通信使 박서생에게 조선국왕의 중재를 요청하고 있다. 그러나 이 요청이 조선에 의해 거부당하자, 스스로 조공을 기획하여 1432년 8월에 5척의 조공선을 편성하고 永樂勘合 5道를 지참하여 출항하게 된다. 이러한 요시노리의 對明 통교의 재개는 그가 兄인 요시모치의 외교방침을 바꿔 다시 아버지 요시미츠의 방침으로 환원한 것으로, 이는 對明 조공무역이 막부 재정의 확충을 위해 절실했음을 통감했기 때문이었을 것이다.[35]

한편 明에서는 영락제에 이어 1425년 洪熙帝가 즉위했지만 8개월 만에 사망함으로서 宣德帝가 즉위했다. 그는 베트남의 저항을 방관하여 그 독립을 인정하고 몽고 방위선을 만리장성의 線으로 후퇴하는 등 祖父 영락제의 적극적 대외정책을 止揚하고 있었다. 그러한 그가 일본에 조공을 촉구하는 행동을 개시한 것은 즉위 7년째인 1432년이었다. 즉 內官 시산(柴山)을 시켜 유구 中山王을 중개로 칙서를 일본에 전달시키려 했다. 이때의 칙서엔 왜구문제 그 자체는 거론되고 있지는 않다.[36] 그러나 '일본국왕' 책봉만이 목적은 아니었을 것이다. 당시 중국연안에서의 왜구활동이 소규모라고는 하지만 여전히 나타나고 있고 그 방비책도 종종 논의되고 있기 때문이다.[37] 시산은 다음해 유구에 건너갔으나

문으로 민덕기, 주 19) 앞의 책, 제3장 「明代 초기 일본정벌론과 조선의 대응」.

35) 佐久間重男, 주 2) 앞의 책, 146쪽.

36) 『明宣宗實錄』 宣德 7年 正月 丙戌.

37) 『明宣宗實錄』 宣德 4年 3月 戊申·10월 丙子, 宣德 5年 8月 辛巳·9月 辛亥 등에는 왜구의 약탈행위나 그와 관련한 방비대책이 기록되어 있다.

쇼군 아시카가 요시노리
(足利義教-妙興寺藏: 1394~1441)
무로마치 막부 제6대 쇼군. 요시미츠의
對明정책을 계승하여 조공무역을 재개.

일본에는 가지 않고 귀국해 버려 유구를 중재로 한 조공권유는 실패한다. 마침 이러한 때에 일본의 조공사절이 파견되어 왔으므로 선덕제는 흔쾌히 그들의 귀국에 답례사로 雷春 등을 동행시켜 宣德勘合 100道를 보내고 있다.[38]

明使 뇌춘를 맞아 요시노리는 선덕제의 칙서를 拜見하는 儀式을 행하지만 요시미츠 때와는 변화를 주고 있다. 즉 자문역인 승려 만사이(滿濟)의 의견을 수용하여, 탁자 위에 칙서를 놓고 분향 후 행하는 배례를 이전의 3拜에서 2拜로 줄이고, 무릎을 꿇고 칙서를 배견하는 의식도 다만 선채로 받는 것으로 대신하고 있다. 요시미츠 때의 의식이 過禮였다는 반성에서 이러한 변화를 준 것이었다. 그러나 拜禮를 생략하지 않고 1회 줄였다는 것만으로는 큰 의미가 없다고 할 수 있다. 왜냐하면 배례야말로 君臣관계를 명확히 나타내는 의례이기 때문이다.

그 후 만사이는 표문 작성과 관련한 요시노리의 자문에 대해 자신의 의견을 제시하길, '일본국왕' 칭호는 요시미츠가 이미 사용한 것이므로 이를 다르게 고치는 것은 前代의 非를 타국에 노출시키는 결과가 된다고 평가하고, '王'이라 자칭해도 '覇王'의 의미로 해석하면 되므로 천황에의 참칭 염려는 없다고 답하고 있다. 이는 1432년 조공사에게 지참시킨 표문에 요시노리가 '日本國臣'이라 하여 '王'을 칭하지 않은 것에 대한 의견이다. 그리고 표문에 사용하는 중국연호도 對明 통교를 위해서는

38) 宮田俊彦, 1965, 「日明, 琉明國交の開始(下)」 『日本歷史』 203, 50~52쪽.

일본연호로 대신할 수 없다고 하고 있다.[39] 이로 볼 때 君臣관계를 전제로 해야 하는 對明 외교 그 자체에 대한 변혁 시도는 이 시기에도 보이지 않는다. 이는 천황의 신하인 쇼군이 明 황제의 신하가 되어선 안 된다는 명분보다 對明 조공무역에서 생기는 막대한 경제적 실리를 중시한 결과로 보아 마땅하다.

요시노리는 뇌춘의 귀국에 죠츄 츄세이(恕中中誓)를 正使로 6척의 조공선을 편성하고 宣德勘合 6道를 지참하여 동행시켰다. 이 때 永樂勘合 잔여분 57道도 반환하게 된다. 마침 明엔 正統帝가 새로 즉위했으므로 츄세이는 그의 칙유를 가지고 귀국했다. 그 칙유엔 일본이 明의 '東藩'이 되어 대대로 공물을 보냈다고 하여 이를 치하하는 내용이었다.[40] 그러나 주목되는 것은 조공사의 귀국에 明의 답례사가 동행하지 않고 있다는 사실이다. 이후 제3기에는 쇼군의 취임에 행하는 책봉사는 물론 어떤 명목의 사자도 渡日하고 있지 않다.

이같은 요시노리 이후의 對明 관계를 제3기로 구분하여, 이를 제2기와 비교할 때 다음과 같은 특징을 갖고 있다(<표 3> 참고).

첫째, 조공 주체로서의 막부의 지위가 하락되기 시작하여 끝내는 오우치(大内)씨가 이를 독점 대행하게 된다는 것이다. 즉 제2기의 조공선이 모두 막부의 명의로 경영된 것에 비하여 제3기는 확연하게 변하고 있으니, 제1·제2회엔 막부船 외에 유력 寺院이나 다이묘(大名)가 경영자로서 참가하고 있고, 제3회엔 더욱 다양한 세력이 참가하고 있다. 그러나 쇼군 후계문제를 둘러싼 내란인 오닌(應仁)의 난이 발발하는 시기인 제4회부터는 호소카와(細川)씨와 오우치씨의 조공선 편성의 이권을 둘러싼 대립이 명확하게 반영되기 시작하여 제8회에 가서는 그 대립이 조공선의 二重 파견으로 선명하게 나타나게 된다. 즉 1506년 료안 케이고(了庵桂

39) 1978,「滿濟准后日記」『古事類苑 − 外交部』, 吉川弘文館, 955~961쪽.
40) 瑞溪周鳳編, 주 17) 앞의 책, 49쪽.

悟)를 正使로 한 조공선이 오우치씨 2척 호소카와씨 1척으로 편성되어 파견되자, 이에 불만을 품은 호소카와씨가 별도로 在日중국인 송소경(宋素卿)을 정사로 1척의 조공선을 서둘러 파견한다. 이들은 明側 환관에게 뇌물을 주어 케이고보다 먼저 조공에 성공하게 된다(1509).

제9회는 오우치씨가 완전 독점적으로 조공선을 편성하여 겐도 소세츠(謙道宗設)를 정사로 파견한 것이다. 이에 대항하는 호소카와씨는 막부에 강요하여 이미 무효가 된 弘治勘合 1道를 받아서 란코 즈이사(鸞岡瑞佐)를 정사, 송소경을 부사로 하여 1척의 조공선을 별도로 파견한다. 앞서 출발한 소세츠가 寧波에 도착하여 입항수속을 밟고 있을 때, 뒤에 온 즈이사는 市舶司에 뇌물을 주어 수속을 빨리 마치고 입항했을 뿐만 아니라, 入港場의 연회에서도 소세츠보다 上席을 차지하기에 이르렀다. 이에 분격한 소세츠의 오우치씨측은 창고에서 무기를 약탈하여 즈이사를 살해하고 달아나는 송소경을 추격하면서 연변에서 방화와 약탈을 자행하였다. 그리고 이를 制止하는 중국 관리를 살해하고 바다로 도망친다. 이른바 영파의 난이다(1523). 그 이후 조공선 편성은 오우치씨에 의해 독점 운영된다. 제3기에 파견된 조공선은 모두 50척이나 막부가 직접 경영한 것은 7척에 불과하다.

둘째, 정치적 관계가 퇴색하고 있다는 것이다. 우선 일본의 조공에 왜구의 헌상과 같은 행위가 수반되지 않고 있다. 또한 제2기에 보인 경조사 등을 명목으로 한 사절파견도 보이지 않고 있다. 오히려 표문의 내용에까지 노골적으로 경제원조 요청을 표현하고 있는 점이 돋보인다. 즉 제5·6회 조공선이 지참한 표문에는 일본이 내란 때문에 國庫가 텅 비었다고 銅錢의 賜與를 요청하고 있다.[41] 이에 대해 明 또한 제1회 조공사절의 귀국에 동행시켜 답례사를 파견한 것을 제외하고는 어떠한 명목의 사절도 파견하지 않고 있다. 이는 요시미츠의 사망에 시호를 내려 그 죽

---

41) 瑞溪周鳳編, 주 17) 앞의 책, 63·77쪽.

음을 조문하고 요시모치를 책봉했던 제2기의 자세와는 확연히 차별되는 것이다.

셋째, 일본측이 무역이윤의 획득만을 목적으로 對明 관계를 전개시켰으므로 明도 이에 대응하여 조공규모를 통제했다는 것이다. 조공행위는 '華'(중국황제)의 德化에 感化된 夷의 순종이라는 정치적 의미를 중시하므로 明의 조공사절에 대한 대우는 파격적인 것이었다. 국왕의 조공품에 대한 황제의 回賜品, 사절이 개인적으로 지참한 附帶貨物에 대한 官貿易(公貿易)이나 私貿易에 의한 買入, 그 위에 사절의 입항일로부터 北京 왕복기간의 제반비용, 나아가서는 출항일로부터 귀국까지의 비용까지도 부담하고 있었다. 그러므로 일본이 조공사절을 파견하는 경우, 조공품과 부대화물 그리고 영파까지 渡航하는데 소요되는 경비만 마련하면 그것으로 족했다. 일단 入港만 하면 그 때부터의 모든 경비는 明側의 책임이었다. 조공물의 몇 배에 해당하는 회사품과, 부대화물에 대한 면세 매각으로 막대한 이윤이 보장되는 것이었다. 15세기 후반의 일본측 기록엔 부대화물의 매각만으로도 여러 배 이익을 남겼으니, 예를 들어 생사가 4~5배, 蘇木은 7배 이상, 日本刀는 5~10배에 달했다고 한다.[42]

이러한 조공무역의 막대한 이윤에 착목한 일본은 조공무역의 확대를 획책하여 제3회엔 1,200명에 9척의 선박으로 조공사절을 편성 파견하고 있다. 그러자 明은 그 중 300명만을 상경시키고, 이후로는 조공규모를 300명 인원에 3척의 선박으로 제한케 하는 '宣德要約'의 조치를 내렸다. 더욱이 제7회의 조공사절에 대해서는 상경인원을 50명으로 축소하고, 영파의 난 이후엔 貢期(朝貢週期)를 10년 간격(10年1貢)으로 제한하고

---

42) 柏原昌三, 1914, 「日明勘合貿易に於ける細川・大內二氏の抗爭(1)」『史學雜誌』25-9, 92~93쪽. 조선의 대마도・여진족 등의 조공에 대한 대우는 明의 조공사절에 대한 대우와 거의 같다. 예를 들어 明이 취한 조공사절의 출항일로부터 귀국까지의 비용지급을 조선도 그대로 행하였는데 『海東諸國紀』에선 이를 '過海料'라 부르고 있다.

있다(후술). 그러나 이러한 조공규모의 통제는 경제적 부담을 줄이려는 의도를 內在하면서도, 표면적으로는 조공사절의 소란사태에 대한 응징이라는 형태로 표현하고 있다. 즉 '선덕요약'이나 50명의 상경인원 제한이 중국인 살상 사건 직후에 가해지고 있고, 10年1貢도 영파의 난에 의해 적용되고 있다. 제3기엔 조공사절이 중국에서 살상·구타사건을 종종 벌이고 있다(<표 3>의 제3·제4·제5·제7회). 이는 조공사절의 다양한 편성으로 정사·부사의 사행원에 대한 통제능력이 한계에 부딪친 때문이기도 하겠지만, 무역이윤에만 매달린 사절단이 그 욕구가 충족되지 않자 일으킨 불만표시라고도 볼 수 있다.

넷째, 이 시기에 정치적 관계가 퇴색되고 조공에서도 감합을 지참하여 무역의 이윤만을 추구하는 측면만이 노출되었다고는 하지만, 조공무역이 지닌 정치적 측면은 간과할 수 없다는 것이다. 우선 매번 明에 파견하는 사절이 표문과 방물을 지참하고 있었다는 점이다. 표문에는 '일본국왕'이 '大明皇帝陛下'에게 보내는 문장으로 시작되어 중국연호로 발급일자를 기입하고 방물의 내용도 列記되어 있었다. 또한 중국에 간 사절은 조공을 바치면서 황제가 조공국 사절에게 요구하는 明의 제반 君臣 의례도 거부 않고 행하고 있다는 점 등으로 보아, 제2기와 같은 전형적인 책봉관계는 아니라 하더라도 형식적인 책봉관계는 유지되었다고 말할 수 있겠다.

V. 10年1貢說의 검토

그럼 여기서 明이 제11회 일본의 조공사절을 맞아 처음으로 요구한 10年1貢에 대해 검토해 보기로 하자. 사쿠마 시게오(佐久間重男)는 10年1貢이 영파의 난의 결과 설정된 제한조치로 보고 있다.[43] 『明實錄』의 기록으로 한정하여 볼 때 10年1貢의 통제는 영파의 난 이후인 것이 사실이다.

즉 영파의 난 이후 제10회 조공사가 파견되어 영파에 닿은 것은 15년 후인 1539년이었으므로 이를 맞은 明은 貢期에 대해서는 문제를 제기하지 않고 있다.[44] 그러나 1545년에 파견된 조공사에 대해서는 10년 기간이 다 차지 않았다고 입항을 거부하고 되돌려 보내고 있다.[45] 제3기의 마지막 사절인 제11회 조공사가 영파에 닿은 것은 1547년 11월이었으나, 이에 대해서도 明은 10年1貢의 준수를 요구하며 상경을 거부하여 그들의 북경 상경은 1549년 6월에 가서야 이루어지고 있다.[46]

이처럼 『明實錄』에서 거론된 10年1貢은 영파의 난 이후이다. 그러나 그 외 明代 대부분의 기록은 10年1貢의 제한을 永樂 초기부터의 조치로 기록하고 있다.[47] 그 대표적인 예가 『明史』의 「列傳-日本」條이다. 거기에는 영락 초기의 기사로 貢期 10年1貢, 조공사절 200명, 조공선 2척, 무기의 휴대금지 등의 제한조치를 내리고 이를 위반하면 왜구로 간주하겠다는 내용인 '永樂要約'이 게재되어 있다. 아울러 宣德 초기엔 조공사절 300명에 조공선 3척의 제한을 규정했다는 '宣德要約'도 들어 있다.

이 기록에 대해 사쿠마는 다음과 같은 관점에서 부정하고 있다. 첫째, 다른 조공국들이 모두 최하 5年1貢 이상인데 유독 일본에 대해서만 10年1貢이란 조치를, 그것도 영락 초기부터 취할 리 없다.[48] 둘째, 실제의 조공간격을 보아도 제2기는 매년처럼, 제3기의 제2회는 격년으로 조공하고 있다. 셋째, 10年1貢의 규제내용이 보이는 것은 영파의 난 이후이다.

---

43) 佐久間重男, 주 2) 앞의 책, 160~167쪽.
44) 『明世宗實錄』 嘉靖 19年 2月 丙戌.
45) 『明世宗實錄』 嘉靖 24年 4月 辛酉.
46) 『明世宗實錄』 嘉靖 26年 11月 丁酉 ; 27年 6月 戊申 ; 28年 6月 甲寅
47) 湯谷稔編, 1983, 『日明勘合貿易史料』, 國書刊行會, 88~92쪽.
48) 『正德會典』 卷97, 「禮部56-朝貢2」를 보면 조선이 1年數貢, '安南'이 3年1貢, 琉球가 2年1貢, 그 외의 국가는 기본적으로 3年1貢이었다.

이어서 그는 10年1貢이 영락 초기의 조치로 기록된 배경을 다음과 같
이 추정하고 있다. 즉 제3기 제3회 때부터 조공사절의 파견 주기가 거의
10년이었다는 결과적 사실을 가지고 이를 소급하여 영락 초기부터 있
었던 조치라고 판단하게 된 것이며, 이를 기록한 1560년대의 정약증(鄭
若曾)의 『籌海圖編』과 정효(鄭曉)의 『吾學編』이 개인의 편찬서임에도
불구하고 국가 법전인 『萬曆會典』(1587년 간행)에 그대로 인용하게된
것이 그 발단이다. 그리고 1527년 9월 浙江巡按御史 양이(楊彝)가 일본
에의 '舊例'조치라며 10年1貢 등의 규제를 실시해야 된다고 요청한 것
에 대해서 『만력회전』에는 황제가 이를 허용(奏准)했다는 내용이 들어있
는데, 만약 이 규제가 '구례'였다면 새삼스럽게 奏准으로서 『만력회전』
에 게재할 필요가 있겠는가? 그러므로 10年1貢 등이 영락 초기부터의
祖宗之法이었다는 주장은, 영파의 난과 후기왜구의 활동이 격화된 16세
기 중반의 단계에서 일본인에 대한 경계나 증오심에 의해 조장된 것이
다.[49]

그러나 이러한 사쿠마의 10年1貢에 대한 주장에는 한 가지 간과한 점
이 있다. 『正德會典』에는,

> 洪武 7년, (일본이) 승려를 파견하여 조공하여 왔으나, 表文이 없음을 이
> 유로 이를 되돌렸다. 그가('其臣') 다시 승려를 파견하며 말·茶·布·칼·부채
> 등을 바쳤으나, 이 또한 私的인 조공이라 하여 물리쳤다. (홍무) 14년, '國
> 王'이 사자를 파견하여 왔지만, 다시 그 조공을 물리치고, 사절의 승려들
> 은 모두 陝西·四川省의 각 寺院에 거주케 했다. (홍무) 35년, 다시 조공하여
> 왔으므로 '十年一來貢'으로 後定하였다.[50]

---

49) 佐久間重男, 주 2) 앞의 책, 160~167쪽.
50) "洪武七年, 遣僧人來朝貢, 以無表文却之, 其臣亦遣僧人, 貢馬及茶布刀扇等物,
    以其私貢, 仍却之, 十四年, 國王遣使來, 復却其貢, 僧人俱發陝西·四川各寺居
    住, 三十五(1402)年, 復來朝貢, 後定爲十年一來貢."(『正德會典』卷97,「禮部56
    －朝貢2－日本國條」)

라고 기록되어 있다. 여기서 10年1貢에 대해 '後定'이라 하여 구체적인 시기는 명시되어 있지 않지만, 홍무 35(1402)년 이후의 어느 시기에 내린 조치였음을 알 수 있게 한다. 이는 10年1貢의 지침이 1402년부터 『정덕회전』이 간행되는 1502년 사이에 결정되었음을 나타내 주고 있다. 그리고 1549년 明에 입국한 제11회의 조공사절에 대해서도 明은 10年1貢이 『會典』, 즉 『正德會典』에 준거하고 있음을 상기시키고 있다.[51] 이로 볼 때 10年1貢은 영파의 난 이전에 내려진 조치라 아니할 수 없다.

이와 관련하여 고바타 아츠시(小葉田淳)는 '永樂要約'은 架空된 것이라며 부정하고 10年1貢과 '宣德要約'에 한해서는 긍정하면서, 10年1貢 등의 조치가 1451년의 제3회 조공사절의 영향을 받아 내려진 것으로 보고 있다. 제3회 사절은 9척의 선박에 1,200명이란 대규모 사절단으로 明은 이에 대해 앞으로는 3척에 300명 이내로 조공규모를 제한하라고 통고하고 있었다.[52]

그러므로 고바타의 10年1貢이 1450년대에 내려진 조치일 것이란 주장은 충분히 수긍된다. 그렇다면 왜 10年1貢의 조치가 영파의 난 이전에는 明에서 거론되지 않았을까하는 의문이 생길 수 있다. 예를 들어 제5

---

51) "初日本入貢, 率以十年爲期, 載在會典"(『明世宗實錄』嘉靖 28年 6月 甲寅) 明代의 『會典』으로는 『正德會典』과 『萬曆會典』이 있다. 後者는 1587년에 완성된 것이므로, 1549년의 일본사절에 대해 明측이 想起한 10年1貢의 典據로서의 『會典』은 마땅히 1502에 간행된 前者를 가리킨다.

52) 小葉田淳, 주 2) 앞의 책, 324쪽. 小葉田淳은 특히 두 '要約'에 대해 주 2) 앞의 책의 제6장 제2절에서 상세히 검토하고 있다. 그런데 제3회 파견 이후 조공선을 3척에 300명으로 제한하고 있음은, 『蔭涼軒日錄』의 長享3(1489)年 7月12日 條의 "以前九艘渡之時, 自大唐(明)相定, 於以後者, 遣唐使不過三艘"와, 同年 8月 13日條의 "三十年以前九艘渡唐(明), 人數千二百人, 其時日本人多多故, 於大唐 喧嘩出來, 以故以後者, 不可過三艘, 人數不可過三百人, 此分相定, 其後三度渡 唐皆三艘"라고 한 것으로 보아 알 수 있다. 주목되는 것은 三艘·三百人의 제한 내용이 해당시기인 제3회 조공사절의 일본귀국을 전후한 『明實錄』에는 보이지 않고 있다는 것이다. 이는 『明實錄』이 對日 관계에 대해 구체적인 기록을 남기지 않고 있다는 것을 의미한다.

회는 9년 만에, 제6회는 7년 만에 明에 입국하고 있기 때문이다. 그러나 이렇게 貢期를 어긴 사례는 외국의 對明 조공의 경우 『明實錄』에서 얼마든지 찾아 볼 수 있다.[53] 다만 明은 오랑캐가 황제의 덕을 흠모하여 멀리서부터 왔는데 貢期가 차지 않았다고 돌려보낼 수 있는가, 라는 입장에서 조공을 수용하고 있을 뿐이었을 것이다. 그러던 것이 영파의 난이 발발하자 이에 대해 징벌을 강구하던 明은 이미 있었던 10年1貢의 조치를 철저히 이행하기에 이른 것으로 볼 수 있을 것이다.

그런데 前揭한 『正德會典』의 해당기사에서 볼 때 10年1貢은 문맥상으로 보아 1402년 즉 永樂 초기의 조치로 보여진다. 이에 대해 고바타는 해당기사 내용에 誤脫이 많고 특히 '後定'이란 막연한 표현을 사용한 것을 지적하여 그 사료적 가치에 의문을 표하고, 결국 '後定'의 표현 때문에 1523년의 薛俊編 『日本考略』에서부터 10年1貢을 영락 초기의 조치로 誤用하게 된 결과를 가져왔다고 논하고 있다.[54]

그러나 해당기사의 내용은 소략하긴 하지만 <표 1> <표 2>에서 보듯 제1기 제2회(요시미츠와 시마즈씨의 사절파견)와 제9회, 제2기 제1회 조공사절의 파견사실과 明측의 대응을 정확하게 기록하고 있다. 또한 다른 나라에 대한 경우는 明이 최초로 그 나라에 설정한 貢期와 그 변경유무가 同書 또는 『明實錄』에 기록되어 있다. 만약 일본에게 2年1貢이나 3年1貢이라는 최초의 貢期가 설정되어 있었다면 이를 기록하고 그 뒤에 10年1貢을 追記했을 것이다. 대체로 貢期는 永樂 초기에 고정된다. 그렇다면 10年1貢을 영락 초기의 조치로 가상해 본다고 해서 억측이 되지 않을 수도 있을 것이다.

전술한 것처럼 明의 대외관계에서는 상대방이 원칙을 준수하지 않았

---

53) 조선 초기의 경우, 明의 3年1貢의 방침을 어기고 1年3貢을 행하지만 조선의 對明 자세가 공순하다고 평가하는 한 明은 이를 문제 삼지 않고 있다.

54) 小葉田淳, 주 2) 앞의 책, 297·333쪽.

어도 거부하지 않는 경우가 많았고, 違約에 대해서도 외교관계에 큰 문제를 야기하는 것이 아닌 이상은 일일이 거론하지도 않고 이를 사료에 남기지도 않고 있다. 1450년대에 설정된 조공선 3척에 사절 300명의 제한이 당시의 양국사료에 보이지 않고 있는 것도 이 때문이다.[55] 요시미츠代의 對明 외교는 왜구현상을 중심으로 하여 영락제에 의해 큰 환영을 받고 있었으므로 10年1貢의 원칙은 있었다 해도 그 시행은 유보적이었다고 생각할 수도 있다. 제3기 제2회의 조공사 파견이 2년 만에 이뤄졌지만 이것도 國交 再開期였다는 점에서 수용되었다 볼 수도 있을 것이다.

Ⅵ. 맺음말 - 양국 관계의 소극화 배경

그러면 이와 같이 제3기의 양국관계가 소극적인 관계로 전개된 배경에 대해 검토해 보자. 우선 막부의 중앙정권으로서의 한계를 들 수 있겠다. 요시모치 이후 현저히 약화된 중앙권력으로서의 막부는 '일본국왕'으로서 對明 책봉관계를 지속시키기엔 무리였을 것이다. 조공선을 독자적으로 편성할 수 있는 재정적 여유도 없었고 오닌(應仁)의 난에 이르러 막부는 일개 다이묘와 같은 존재로 전락하게 된다.

둘째로, 중국연안에서의 왜구활동의 격감을 들 수 있겠다. 이미 明은 요시모치代에 왜구금압의 기대에 막부가 부응할 수 없음을 알고 스스로 왜구를 방어하고 있었다. 1420년 이후 격감된 왜구활동으로 對日 외교의 전제였던 왜구문제는 어느 정도 해결되었고 이에 따라 對日 정책도 소극화 되어갔다고 하겠다.

---

55) 주 52) 참조.

16세기 중반 중국연안에 다시 나타난 해적집단을 후기왜구라 부른다. 그러나 이에 대해 明은 일본의 문을 두드리려 하지 않고 있다. 후기왜구의 구성원에 다수의 중국인이 포함되어 있었기 때문이기도 했겠지만, 왜구 금압에 대한 막부의 능력을 明이 전혀 기대하지 않은 결과라고도 할 수 있다.

셋째, 일본의 정치체제의 한계를 들 수 있을 것이다. 明은 斷續的이라고는 하나 대부분의 주변 국가들과 책봉관계를 맺고 있었다. 책봉이란 원래 국내 제후에 대한 것이었으므로 주변국에 대한 '國王'책봉은 중국의 對內的 질서가 대외적으로 연장·확대되는 것으로 이해할 수 있다.[56] 그런 면에서 중국과 유사한 정치체제를 구현하려는 국가들의 경우, 그들과의 책봉관계는 보다 정치적이고 역동적으로 전개될 수 있는 가능성이 내재하고 있었다. 조선·유구·베트남이 그런 나라다. 이들 국가는 明과 똑같이 유교를 통치이념으로 삼고 있었고, 유구를 제외하고는 科擧제도에 의한 관료제가 정비되어 있었다. 중앙집권적 통치체제를 확립하여 지방에 관리를 파견했고 儀禮 질서를 지향했다.[57] 그러므로 그들 나라는 明과의 관계에도 의례 외교를 지향했을 것임에 틀림없다. 즉 年例的인 조공 이외에 明에 '慶慰' '謝恩'할 일이 있을 때 사절을 파견했고, 明도 국가적 大事가 있을 땐 사자를 파견해 이를 통보했다. 또한 국왕의 사망과 즉위를 통보하면 明은 이에 책봉과 弔喪의 사자를 파견하여 축하·애도를 표하였다.[58]

그러나 일본의 경우는 고대의 율령제가 잔존해 있어 천황의 官位가

---

56) 책봉국의 국왕은 明의 官品으로는 正2品이며, 조선의 경우 咨文을 교환할 수 있는 明의 관청은 禮部와 都指揮使司였다(高橋公明, 1982, 「外交文書, '書'·'咨'에 대하여」『年報 中世史硏究』7, 84쪽).

57) 琉球의 경우, 科擧에 의한 관료층의 편성 및 중앙정부의 지방관 파견 등은 제도화되지 않은 듯하다(高良倉吉, 1987, 『琉球王國の構造』, 吉川弘文館, 34~36쪽 참조).

58) 『正德會典』 卷97, 「禮部56 - 朝貢2 - 朝鮮, 安南」 條를 참조. 琉球에 대해서는 野口鐵郎, 주 27) 앞의 책, 표를 참조.

살아 있었고 儀禮도 천황의 조정에서만 주관하고 있었다. 對明 외교를 막부가 주관했다 하지만 내정상으로 쇼군은 지방의 다이묘들과 똑같이 천황의 신하였다.[59] 이러한 정치체제가 적극적으로 對明 관계를 전개할 수 없는 한계로서 작용했다고 해야겠다. 그렇다고 천황을 頂点으로 한 국체의식이나 '굴욕적인 對明 외교'라는 인식이 對明 관계에 장애요인으로 작용하고 있는가 하면 그렇지도 않은 것 같다. 오히려 이를 反證하는 例로 제6회 조공선 편성에는 천황의 조정선이 1척 포함되어 있다. 유력상인에게 청부한 것이므로 조정이 직접 附帶貨物 준비에 개입하진 않은 것이라 해도, 조공선의 편성에 참여하여 對明 조공무역의 이윤획득에 동참하고 있었다는 사실은 부인할 수 없다. 이는 조정조차도 '굴욕적인 對明 외교'에 과연 어떤 구체적인 인식을 갖고 있었는가 의심케 하는 것이다. 아울러 조정의 조공선의 참여에 막부·公家·다이묘들이 어떤 이의도 제기했다는 기록이 보이지 않는다.

이로 보아 제3기는 요시미츠와 같은 정치적 야심이나 전국을 제패할 정치적 군사적 능력을 발휘한 쇼군이 나타나지 않음으로서, 요시미츠가 터놓은 對明 관계의 물꼬를 최소한의 선, 즉 조공무역이 가능한 최소한의 요구조건인 表文과 貢物을 지참하는 수준에서, 막부를 비롯한 일본의 여러 세력이 경제적 이윤획득 그 자체만을 목적으로 전개시켰다고 평가할 수 있을 것이다.

넷째, 감합제도에 의한 것으로 볼 수 있다. 明은 조선·유구·베트남에 한해서는 감합을 급여하지 않고 있다. 그 이유에 대해 明은, 조선과 유구는 예의에 어긋나지 않는 사절을 파견하고 있고 중국과 文意가 상통하여 감합 없이 표문만으로도 신의를 통할 수 있기 때문이라고 하고 있다.[60] 즉 조공시 감합의 지참을 의무화시키지 않은 것은 漢字문화나 유

---

59) 민덕기, 1994, 「新井白石·雨森芳洲의 對朝鮮外交와 관련한 텐노(天皇)觀」『사학연구』48, 128쪽, 136~137쪽.

교적 의례질서가 일정수준에 이른 나라라고 평가한 결과이다. 전술했듯이 조선·유구·베트남의 경우는 정례적인 조공 이외에도 '慶慰' '謝恩' 등의 사절을 파견하고 있고, 明도 책봉이나 弔喪의 사절을 파견해 왔다. 즉 君臣의례가 빈번히 교환되는 정치적인 관계를 형성하고 있다. 이에 비해 日·明 관계에서는 제2기를 제외하고는 明 황제나 '일본국왕'의 교체에 대해서까지도 상호 사절을 파견하려는 인식조차 보이지 않고 있다. 10年에 한번 조공의 형태를 통해 양국간에 군신의례가 행해질 뿐이다. 이러한 차이는 감합의 급여유무와 무관하지 않다고 여겨진다.61)

감합을 급여 받은 나라는 이의 지참이 전제되어 조공이 가능하다. 감합엔 조공의 내용이 상세히 기입된다는 면에서 조공행위 그 자체에 비중을 두게 하는 의미를 갖게 한다. 그렇다면 감합을 받은 나라는 기본적으로 정례적인 조공 이외에 어떠한 사절도 파견할 의무나 권리가 주어지지 않는 것이 된다. 그러므로 이러한 조공만을 행하는 나라에 대한 明의 대응도 그만큼 소극적일 수밖에 없을 것이다. 일본에 대한 감합 급여가 永樂 초기의 일이었으므로, 양국관계는 이미 제2기부터 소극적일 수 있겠다. 그러나 왜구금압에 대한 明의 기대와 요시미츠의 노력으로 이 시기는 전형적 책봉관계가 가능했었다고 보여진다. 양국의 관련사료로 보아도 제2기엔 '감합'이란 용어 자체가 거의 등장하지 않는다.

마지막으로 '머리말'에서 제기한, 에도막부가 왜 감합을 책봉과 관련 없이 급여 받을 수 있는 것으로, 또한 감합을 조공이란 형태를 띠지 않는 민간무역의 허가증 정도로 인식하게 되었는가? 그 배경에 대해 검토해 보자. <표 3>에서 보듯 제3기에 와서 明은 일본의 쇼군이 바뀌어도

---

60) 『皇明外夷朝貢考』 卷下 「外國四夷符勅勘合沿革事例」. 다만 '安南'에 대해서는 언급이 없다.

61) 민덕기, 주 19) 앞의 책, 102쪽에서, 明의 책봉국을 감합의 급여유무로 구분하여, 급여한 일본 등을 '朝貢貿易 外交國', 그렇지 않은 조선·유구를 '禮的 政治外交國'으로 설정해 놓고 있다.

책봉 의례를 직접 하지 않았다. 다만 황제가 바뀔 때마다 중국에 온 조공사절에게 새 감합을 옛 감합과 교환하여 주고 있을 뿐이었다. 그렇게 되니 무로마치 시대 제3기의 역대 쇼군이 표문에 '日本國王臣○○'라고 보내면 황제는 회답의 조서를 내리는 것으로 추인되었다고 간주해 버리는 것이다. 이러한 前例가 결국 감합이란 책봉 없이도 그저 얻을 수 있는 것으로 인식하게 되지 않았나 여겨진다. 또한 감합을 조공무역과 무관하게 인식하게 된 것도 제3기 조공선 편성에 참여했던 세력들이 조공이 갖는 정치적 의미를 제대로 인식하지 못하고 있었기 때문이 아닌가 여겨진다. 전술한 조정이 조공선 편성에 참여한 것도 이와 관련되어 생각할 수 있겠다.

〈표 1〉 제1기, 對明 조공사절 파견(洪武帝 年間)

회수	중국 入國年月	파견자 名義	파견 使者	비 고
1	1371(홍무4).10	일본국왕 良懷	僧祖來	表箋, 馬·방물을 헌상
2	1374(홍무7).6	일본국(足利義滿)	僧宣聞溪·淨業 等	表文없다고 거부
		島津越後守氏久	僧道幸, 通事尤虔	私的 入貢으로 간주해 거부
3	1374(홍무7).6	일본국(未詳)	未詳	중국인 被虜 109명 송환
4	1375(홍무8).1	일본국(未詳)	未詳	入貢. 내용 未詳
5	1376(홍무9).4	일본국왕 良懷	沙門圭庭用	奉表하고, 馬·방물 헌상
6	1379(홍무12).윤5	일본국왕 良懷	劉宗秩, 通事尤虔 等	奉表하고, 武器·유황 조공
7	1380(홍무13).5	일본국왕 良懷	僧慶有	無表·조공, 무성의라 거부
8	1380(홍무13).9	征夷將軍 源義滿	僧明悟·法助	無表, 丞相앞의 서간, 거부
9	1381(홍무14).7	일본국왕 良懷	僧如瑤	方物 헌상, 거부
10	1386(홍무19).11	일본국왕 良懷	僧宗嗣亮	奉表·방물 헌상, 거부

  * 佐久間重男, 1992, 『日明關係史の硏究』, 吉川弘文館 63쪽을 참고

〈표 2〉 제2기, 對明 조공사절 파견(永樂帝 年間)

회수	중국 入國 年月	正使이름	비 고
1	1401(건문3)	祖阿	明 答禮使 道彝과 귀국
2	1403(영락1).10	堅中圭密	明 답례사 趙居任과 귀국. 金印·永樂勘合 지급
3	1404(영락2).10	明室梵亮	明 답례사 兪士吉과 귀국
4	1404(영락2).11	永俊	明 황태자 冊立축하 명목으로 파견. 上記 使節과 귀국
5	1405(영락3).11	源通賢	왜구를 헌상. 明 답례사 潘陽과 귀국
6	1406(영락4).6	堅中圭密	明의 多額恩賞에 대한 謝恩使로서 파견
7	1407(영락5).5	堅中圭密	왜구를 헌상
8	1408(영락6).5	堅中圭密	왜구를 헌상
9	1408(영락6).11	(未詳)	義滿의 사망을 통보. 明 弔問使節 周全渝와 귀국
10	1410(영락8).4	堅中圭密	明에 사은사로서 파견. 明의 사절 王進과 귀국

  * 佐久間重男, 1992, 『日明關係史の硏究』, 吉川弘文館, 113쪽 참조. 단 제4·제9차
    사절을 추가.

〈표 3〉 제3기, 對明 조공사절 파견(宣德帝 이후)

회수	출발년	入明 年代	正使이름	파견선	船數	파견 인원	持參勘合	受給 勘合	비 고
	1432	1433 (선덕8)	龍室道淵	막부, 有力寺院, 有力大名		미상	永樂勘合	宣德勘合	明使 雷春과 귀국
	1434	1435 (선덕10)	恕中中誓	막부, 有力寺院, 有力大名		미상	宣德勘合		永樂勘合 잔여분 반납
	1451	1453 (경태4)	東洋允澎	有力寺院, 有力大名		1,200	宣德勘合	景泰勘合	중국관리 殺傷사건
	1465	1468 (성화4)	天與淸啓	막부 1척, 細川氏 1척, 大內氏 1척		미상	景泰勘合	成化勘合 (大內氏의 일시강탈)	중국관리 殺傷사건, 宣德勘合 잔여분 반환
	1476	1477 (성화13)	竺芳妙茂	막부 2척, 相國寺 1척		300	景泰勘合		몽고인 구타사건
	1483	1484 (성화20)	子璞周瑋	막부 2척, 朝廷 1척		미상	景泰勘合		
	1493	1495 (홍치8)	堯夫壽蓂	막부 1척, 細川氏 2척		미상	景泰勘合 成化勘合	弘治勘合	중국인 殺傷사건. 入京인원 제한
	1506	1511 (정덕6)	了庵桂悟	大內氏 2척, 細川氏 1척		600	弘治勘合	正德勘合 (大內氏의 강탈)	景泰·成化勘合 잔여분 반환
		1509 (정덕4)	宋素卿	細川氏 1척		미상	弘治勘合		
	미상	1523 (가정2)	謙道宗設	大內氏		300여	正德勘合		寧波의 亂 발생
	1520	1523	鷲岡瑞佐	細川氏		100여	弘治勘合		
10	1538	1539 (가정18)	湖心碩鼎	大內氏		456	미상		
11	1547	1549 (가정28)	策彦周良	大內氏		637	미상		弘治·正德 勘合 잔여 분 반납

* 宮泰彦, 1965, 『日華文化交流史』, 富山房, 550~553쪽을 참조

제2장
중세 일본의
對明 조공 중재요청과
조선의 대응

Ⅰ. 머리말

무로마치(室町)시대(1336~1573) 막부의 쇼군(將軍)이 明의 책봉을 받는 것은 1402년 아시카가 요시미츠(足利義滿)때의 일이다. 이리하여 시작된 日·明 양국관계는 그 아들인 요시모치(義持)의 거부에 의해 1411년 이후 일시 단절되기도 했지만, 1432년 요시노리(義敎)가 조공을 재개한 이후 16세기 중기까지 두 나라 사이엔 일종의 책봉관계가 지속되었다.[1] 그런데 주목되는 것은 이 조공 재개에 즈음하여 일본이 조선에 對明 조공 중재 요청을 하고 있으며, 이러한 요청은 세종대에서 선조대에 이르기까지 모두 10차례에 이른다는 사실이다.

그러나 이에 대한 검토는 기존연구에서 별로 이루어지지 않고 있다. 무로마치시대의 對明 조공연구에서 일부분 언급되고는 있으나 특정시기에 국한하고 있고 그것도 사료 소개와 같은 단편적인 검토로서, 중재요청의 배경이나 그 결과에 대한 분석이 이루어져 있지 않다.[2] <표 4>에 의거하여 설명한다면 제1·제5회의 중재 요청이 조금 언급되어 있는 반면, 제2·제4·제6·제7회는 아예 언급되어 있지 않다. 이는 요청이 갖는 측면 때문이라 여겨진다. 즉 조선에 대한 요청이면서도 日·明間의 조공

1) 민덕기, 1994, 「室町幕府시대의 對明册封관계의 성립과 변화」 『淸大史林』 6, 청주대학교 史學會 또는 본서의 제1장 참고.
2) 小葉田淳, 1941, 『中世日支通交貿易史の硏究』, 刀江書院에서 제1(38쪽)·제5(79쪽, 83~84쪽)·제8(149~151쪽)·제9회(203쪽) 요청을 언급하고 있다. 柏原昌三, 1914, 「日明勘合貿易に於ける細川·大內二氏の抗爭(2)」 『史學雜誌』 25-10에서 제3(34~35쪽)·제5회(44~45쪽) ; 柏原昌三, 1915, 앞의 논문 「(5)」 『史學雜誌』 26-3에서 제9회(24·38쪽) 요청을 ; 中村榮孝, 1969, 『日鮮關係史の硏究(中)』, 吉川弘文館에서 제1회(32~33쪽) ; 中村榮孝, 앞의 책 『(上)』에서 제10회(749~ 750쪽) 요청을, 三宅英利, 1986, 『近世日朝關係史の硏究』, 文獻出版에서 제1(91쪽)·제3(107~108쪽)·제5회(111쪽)의 요청을 언급하고 있다.

에 관한 것이므로 朝·日관계의 영역에서 소외되기 쉽고, 일본의 對明 조공에 직접적인 영향을 주지 않는 한 日·明관계의 연구에서도 구태여 언급될 필요가 없었을 것이다.

그렇지만 중재 요청은 일본의 對明 조공 문제에서 발생한 것이므로 조공관계의 전개과정을 이해하기 위해서도 그 검토가 필요하며, 중재役으로 조선을 설정하고 있다는 점에서 이의 검토는 일본의 對朝鮮 인식을 추출하는 한 방법도 될 수 있을 것이다. 또한 요청을 의뢰받은 조선의 대응을 검토하면 조선의 對日 인식만이 아니라, 조선이 對明 관계에서 일본을 어떠한 지위에 설정하여 놓고 있었는가에 대해서도 나름대로의 해답을 줄 수 있을 것이다. 본 논문은 이러한 기대를 가지고 10차례에 이르는 중재 요청을 시기순으로 검토하려 한다. 다만 무로마치시대의 일본 內政에 관해서는 논문의 전개와 직접 관련되지 않는 한 상세한 설명을 생략하려 한다.

II. 세종대의 경우

무로마치시대 일본이 처음으로 조선에 對明 조공의 중재를 요청한 것은 1429년의 일이다. 明의 책봉을 거부했던 쇼군 요시모치(義持)가 사망하고 아우인 요시노리(義敎)가 쇼군職을 계승하자, 이에 弔問·慶賀의 목적으로 파견되었던 조선의 통신사 박서생에게 요시노리는, 아버지 요시미츠의 뜻을 이어받아 중국을 섬기려하나 요시모치가 조공관계를 단절했었기 때문에 사절을 파견한다 해도 중국에 구류라도 당하지 않을까 염려되니, 조선국왕이 일본의 이러한 조공 재개의 뜻을 중국에 전달해 달라고 요청하고 있다.[3]

귀국한 박서생을 통해 이 요청을 보고받은 세종은, 예전부터 작은 나

라가 스스로 큰 나라에 성의를
전달할 수 없을 때 큰 나라의
'藩屛之臣'에게 그 전달을 의뢰
하는 일이 있었고, 조선 이외에
의탁할 나라가 없는 일본이 개
과천선하려고 하는 요청인데 들
어줘야 할 것이라고 긍정적인
대응을 시사하고 있다. 그러면서
도 만약 이 요청을 明에 전달했
다가 일본이 조공을 행하지 않

세종대왕 동상(광화문 광장)

으면 明은 도리어 조선으로 하여금 일본을 문책하게 할까 염려된다고
우려하는 한편, 오히려 이를 알리지 않았다가 뒷날 明이 알게 되면 그
요청을 묵살했다고 조선을 힐책할 것이라고 하여 곤란한 입장을 나타내
고 있다. 신하들도 일본의 對明 자세가 변화무상하므로 전달해야 화근만
될 것이라 표명하고 있다. 우의정 맹사성은 일본이 만약 사신을 파견해
직접 이에 대해 요청할 때엔 이를 거부하고 事大의 大義만을 권고해야
한다고 주장하고 있다.4) 이로서 일본의 중재요청은 묵살되었다.

    조선이 요청을 묵살하자 요시노리는 1432년 중국인 도연(道淵)을 정
사로 하여 조공선을 파견하기에 이른다. 조공을 마친 도연 일행이 明의
답례사 뇌춘(雷春)과 같이 귀국하자, 요시노리는 1434년 뇌춘의 중국 귀
국 길안내를 겸하여 다시 조공선을 파견하고 있다.

    두 번째로 일본의 중재요청이 전달된 것은 1448년 4월이었다. 중국인
조문서(趙文瑞)와 시강(柴江)을 동반해 조선에 온 일본사신 쇼유(正祐)
는, 이 중국인들이 일본 조공사절의 通事(통역관)로서 중국에 가 天子도

---

3)『세종실록』11년 12월 9일(신사).
4) 위의 책과 동일기사.

알현했으며 천자에 의해 일본거주를 허락받은 자들인데, 조선의 풍속을 흠모하여 이번에 나를 따라 왔으니 조선국왕이 직접 인견해 보았으면 좋겠다고 청하고 있다.[5]

　이 요청을 보고받은 세종은 그의 입국목적이 조공 중재요청에 있다고 간파하고 그러한 요청을 받게 될 때의 대응을 신하에게 묻고 있다. 이에 영의정 황희는 그들이 이러한 요청을 하면, 일본의 조공은 일본 스스로 처리해야 할 일인데 어찌 조선에 의존하려 하는가하고 임의로 답하면 될 것이라고 하고 있다. 그는 이어서 일본이 조공건을 왜 조선에 꼭 의탁하려 하는지 의아해 하고 있다.[6]

　그러나 일본사신이 세종을 알현하고 조선을 떠난 같은 해 9월, 조선은 聖節使를 明에 파견하면서 조문서와 시강이 구술한 내용을 적은 咨文을 다음처럼 예부에 띄우고 있다. 즉 자신들은 1417년 왜구에 의해 일본에 잡혀와 살다가 1432년과 1434년에 일본의 조공사절의 通事로 중국에 다녀온 중국인이라고 소개하고, 일본국왕 요시노리가 죽어 맏아들이 이를 계승했지만 그 이듬해 病死하였으므로 둘째인 요시시게[義成. 뒤에 요시마사(義政)로 改名]가 국왕이 되어 내년엔 중국에 조공하려 하고 있다는 것과, 그러나 근래 일본 변방의 해적이 중국연안을 노략질한 일이 있어 조공선을 파견하려해도 중국 水軍에게 해적으로 오인되어 저지당할 염려가 있어 이러한 사실을 미리 통보한다는 내용을 적고 있다. 咨文의 끝에서 조선은 이들 두 중국인이 일본사신을 따라 돌아갔지만 그들의 요청이 조공에 관한 것이라 전달하기에 이르렀다고 그 전달사유를 적고 있다.[7]

　이 자문의 내용은 거의 사실에 입각하고 있다. 조문서는 제1·제2차에

---

5)『세종실록』 30년 4월 27일(임오).
6)『세종실록』 30년 6월 8일(임술).
7)『세종실록』 30년 9월 1일(갑신).

왜구

재물을 약탈해서 가는 왜구

이어 제3차(1451) 때에도 조공사절의 통사로 파견되고 있고, 시강은 제4차(1465) 때에 통사로 파견되고 있기 때문이다.[8] 쇼군職의 변화를 보면 제6대 쇼군 요시노리가 다이묘 아카마츠(赤松)씨에 의해 1441년 살해되자 다음 해 8세의 맏이 요시카츠(義勝)가 뒤를 이었으나 1년 후 病死하였으므로 그 아우인 요시마사(義政)가 이를 계승했다. 또한 해적의 중국 연안 출몰도 『明實錄』에 의거할 때 사실과 부합된다. 즉 正統7(1442)년 5월 丁亥條에는 왜구 2,000명이 大嵩城을 침범해 官軍 100명을 살해하고 300명을 나포해 갔다고 기록되어 있는데 이는 요시노리의 對明 관계 재개 이후의 최대 규모이다. 그러므로 일본은 조공선을 파견했다가 중국 연안에서 왜구로 오인되어 공격이라도 받지 않을까 우려하여 조선에 이러한 요청을 해오지 않았을까 생각된다.

그러나 조선이 이러한 자문을 明에 전달했다 해서 일본측의 요청을 정식으로 수용한 결과라고는 보기 어렵다. 전술한 세종이나 황희의 발언에서 보듯 수용할 의사가 전혀 없었고, 후술하지만 조선은 일본의 요청을 수락한 것이 세조대 1회 뿐이라고 인식하고 있었다. 더구나 조선은 對日 정책을 明에 비밀로 하는 것이 일관된 기본방침이었다.[9] 그러므로

8) 小葉田淳, 주 2) 앞의 책, 223~224쪽.
9) 민덕기, 2007, 『前近代 동아시아 세계의 韓·日관계』, 경인문화사, 122쪽.

자문의 끝에 조문서 등의 요청이 조공에 관한 것이라 전달하게 되었다고 기록하고는 있으나, 조문서 등이 중국인으로 天子를 알현한 자였다는 점과 그들이 밝힌 것이 다름 아닌 對日 정보였다는 점을 더 중시한 결과가 아닌가 여겨진다. 이 자문을 접수했을 터인 明이 이에 대해 아무런 반응을 보이지 않는 것과 관련시켜 보면, 조선의 행위는 중재요청의 수락이 아닌 對日 정보의 보고라는 차원에서 이해될 수 있다.

일본의 두 번째 중재요청이 있은 후 파견되는 제3차 조공사절은 1451년 10월 교토(京都)를 출발하고 있으나 조공품의 조달과 해상의 기후 등으로 중국의 영파에 닿은 것은 1453년 4월 이후이다. 이때의 조공규모는 무로마치시대 최대 규모로 9척의 船團에 1,200명의 인원이 편성되어 있었고 附帶貨物도 방대한 수량이었다.[10] 이 대규모 사절을 맞은 明은 조공규모를 통제하여 이후엔 300명의 파견인원에 3척으로 제한하는 '宣德要約'의 조치를 내리게 된다.[11] 그런데 후술하듯 1475년 조선에 온 일본사신 세이슌(性春)이 조선에 조공 중재를 요청하면서, 조문서와 시강이 왔을 때도 중재역을 수행해 주지 않았느냐고 반문하고 있는 것을 보면, 일본은 조선에 대한 중재 요청이 수락되었으리라 확신하고 이처럼 대규모의 조공을 감행한 것으로 여겨진다.

III. 세조대의 경우

세 번째로 일본의 중재요청이 제기되는 것은 1458년 10월로, 특기할 만한 사실은 일본측이 처음으로 국서를 통해 정식으로 요청했다는 점이

---

10) 栢原昌三, 1914, 「日明勘合貿易に於ける細川・大内二氏の抗爭(1)」『史學雜誌』25-9, 78~79쪽.
11) 민덕기, 주 1) 앞의 논문, 204쪽.

다. 즉 쇼군 요시마사(義政)가 중국인
노원(盧圓)과 전술한 시강(柴江)을 파
견해 제출한 국서는, 전번에 '大明國'
에 조공하려간 사절이 소란을 일으켰
으나 황제가 특별히 용서했다고 언급
하고, 다시 조공하여 황제에게 사죄하
고 싶으니 중국과 국토가 인접해 상
호 빙문이 빈번하다는 '上國'(조선)이
이러한 뜻을 전달해 달라는 내용이었
다.12)

쇼군 아시카가 요시마사
(足利義政 : 1436~1490)
무로마치 막부 제8대 쇼군.
應仁의 난으로 막부의 권위가 급격히
쇠락(足利義政·東京국립박물관 소장)

　노원은 1451년 제3차 조공사절의 通事로 파견되었던 사람이다.13) 사
절이 일으킨 소란이란 제3차 조공사절이 上京 도중 군관을 살상하고 북
경의 회동관에서 館夫를 구타한 사건을 가리킨다.14) 요시마사의 국서내
용으로 볼 때 일본의 요청 배경에는, 사절의 행패로 인해 이후의 조공에
악영향을 주지나 않을까 하는 우려가 작용했던 것 같다. 즉 '宣德要約'
보다 더 강화된 통제가 시달되지나 않을까 위구스러워했던 것 같다. 『明
實錄』에 의거하여 볼 때 이 시기 중국연안에서의 왜구행위는 보이지 않
는다.

　조선은 1459년 1월, 明에 行僉知司譯院事 김유례를 파견하면서, 조선
에 표류해 온 중국인의 송환에 관한 奏本과 아울러 對日 정보를 담은
咨文('倭人聲息咨')을 지참케 하고 있다. 자문은 요시마사의 국서를 거
의 옮겨 적은 것이다. 그러나 일본의 '邊島海寇'가 중국연안을 노략질하
여 일본이 조공한다 해도 해적선으로 오인될 것이라며 조선에 그 뜻을

---

12) 『세조실록』 4년 10월 12일(병인).
13) 小葉田淳, 주 2) 앞의 책, 223쪽.
14) 『明英宗實錄』 景泰 4年 10月 丙戌 ; 景泰 5年 2月 乙巳.

중재해 달라고 하는 내용(이하 '倭寇件'이라 약칭)이 첨가되어 있다.[15] 자문의 끝에는 외국의 조공 정보에 관련된 일이므로 마땅히 아뢴다고 끝 맺고 있다. 여기서 '왜구건'은 요시마사의 국서에는 없었던 내용이므로 조선이 첨가한 것으로 여겨진다. 이의 첨가로 일본의 중재요청의 이유가 하나 더 증가된 셈이니, 아마도 조선은 일본의 중재요청 이유를 보다 간 절한 것으로 윤색하여, 이토록 간절한 요청을 거절할 수 없었음을 우회 적으로 明에 표현하기 위해서였던 것이라 여겨진다.

　이러한 추정을 보완하기 위해 이 자문을 가지고 파견되는 김유례에게 조선 조정이 지시한 내용, 즉 明의 질문에 대비하여 예비 답변케 한 다 음의 내용을 살펴보자. ① 일본의 조공자세의 성실성 여하를 질문하면 모르겠다고 대답할 것. ② 조선의 對日 통교여하를 물으면 일본사절 만 이 때때로 오는 적이 있다고 할 것. ③ 조선의 對日 사절 파견여하를 질문하면 바닷길이 험해 수십 년에 한 번 정도 보낸다고 대답할 것. ④ 일본 상인들의 조선 왕래여부나 대마도에 대한 조선의 사절파견 여부를 질문할 땐 사실대로 답할 것, 이라 하고 있다.[16] 여기서 ①은 책임회피 를 위해서 당연하다 하겠다. ④의 일본상인과 대마도에 대한 것은 사실 대로 답하게 하고 있으나, ②와 ③은 對日 관계를 은폐하기 위한 거짓 답변이다.[17] 이처럼 조선이 對日 관계를 은폐하면서도 일본의 중재요청 을 수락하여 明에 전달하기 위해서는 그 요청을 보다 간곡한 것으로 윤 색할 필요가 있었을 것이다. '倭寇件'은 이러한 의도에서 첨가되었을 것이다.

　같은 해 4월 김유례가 明 황제의 칙서를 가지고 귀국했다. 그 내용은 우선 조선이 전달한 일본측의 요청을 옮겨 적고 있다. 그리고 "(조선이)

---

15) 『세조실록』 5년 정월 4일(정해).
16) 위의 책과 동일기사.
17) 민덕기, 주 9) 앞의 책, 25쪽의 <표 1>의 對日 사절 파견내용을 참고. 세조가 통신사 송처검을 파견하는 것은 김유례의 중국파견 7개월 후이다.

일본은 바다의 모퉁이에 편재하여 北京으로 가는 길이 매우 멀어 그 조공 의향의 진위를 헤아리기 어려우니 반드시 이를 확인한 이후에야 신임할 수 있다" 고 말하니, 이 칙서가 조선에 이르거든 일본사신 盧圓에게 상세히 그 의향을 타진해 보라고 명령하고 있다. 그리하여 진심으로 판명되면 일본국왕에게 서신을 보내, 이후로는 근후하고 老成한 사신과 예절을 아는 통사를 파견하여 중국에서 소란을 일으키지 말게 할 것이며, 만약 전처럼 무례함을 범한다면 엄히 대처하겠다는 황제의 뜻을 전하라고 하고 있다.[18)]

칙서 내용에서 주목되는 것은 조선의 자문에 있던 '倭寇件'이 생략되어 있다는 점이다. 이 기간에 왜구의 중국침구가 실제로 없었기 때문인지, 조선의 의도가 탐지된 결과인지는 알 수 없다. 또 하나는 전술한 인용문 부분이다. 이 부분은 조선이 보낸 자문에는 나타나 있지 않으므로 김유례가 구두로 전달한 것으로 보이며, 중재자인 조선의 입장이 드러난 것으로 평가될 수 있다. 즉 일본의 의향이 진심이라고 전달했다가 일본이 조공을 하지 않으면 明의 책망이 뒤따를 것이고, 거짓된 것이라고 전달했다가 뒤에 일본이 明에 조공하여 이를 알게 되면 일본으로 부터 비난을 받을 것이기 때문이다.

조선은 이와 같은 칙서와 황제가 조공을 허락했다는 내용의 世祖 답서를 당시 富山浦에 대기하고 있던 盧圓을 통해 일본국왕에게 전달했다.[19)] 이로서 일본의 요청은 무난히 달성되었다.

그러면 조선이 對日 관계를 明에 은폐하고 있으면서도 중재역을 수행

---

18) 『세조실록』 5년 4월 10일(신유).
19) 『세조실록』 5년 4월 16일(정묘). 瑞溪周鳳編, 『善隣國寶記』(1967, 『改定 史籍集覽』 21, 臨川書店), 53~54쪽에 수록되어 있는 세조의 국서는 발부일이 天順3(1459)년 2월 1일로 되어있는 것으로 조공건을 明에 전달했다고만 적혀있다. 아마도 노원의 下直肅拜 때에 건네진 국서를 게재한 듯하다. 그러나 『戊子入明記』(1978, 『古事類苑 - 外交部』, 吉川弘文館, 965~966쪽)에는 이 칙서 내용이 그대로 실려 있다.

한 배경은 무엇이었을까? 이에는 일본이 처음으로 국서를 통해 정식으로 요청한 점, 일본이 중국에서의 소란행위에 대한 사죄를 명분으로 삼고 있다는 점, 김유례가 지참한 자문의 끝부분 내용처럼 외국의 조공 의향을 전달하는 것은 조선의 도리라는 점 등이 작용했으리라 여겨진다.

그러나 조선의 중재역 수행은 세조대 1회로 끝난다. 후술하듯 이후는 국서로 요청하거나 그럴듯한 명분을 내세워도 이를 묵살 또는 거부하고 있다. 그렇다면 세조대의 중재역 수행의 배경에는 또 하나의 다른 요인이 작용하지 않았을까 가상할 수 있다. 이에 떠올릴 수 있는 것이 女眞 문제이다.

쿠데타에 의해 즉위한 세조는 그 때문인지 활발한 對日 정책을 전개했다. 그 결과 일본의 지방 세력들이 앞 다투어 조선에 사절을 파견하는 '朝鮮 遣使붐'이 일어났다.[20] 또한 對女眞 정책에도 적극적이었으니, 특히 建州衛의 중심인물인 李滿住의 아들들이나 建州左衛의 都督 童倉에게 知中樞院事란 높은 관직을 수여하여 세종대 이후 소원했던 조선과의 관계가 호전되고 있었다. 그러나 이는 조선과 건주여진과의 통교를 금지시키고 있는 明의 정책을 위반한 것이기 때문에 조선에서는 이러한 사실이 明에 노출되지 않도록 극도로 조심하고 있었다.[21] 일본의 중재 요청은 바로 이러한 때에 제기되었다. 그러므로 조선은 표류한 중국인을 송환하여 明에 충성을 표현하는 한편, 동시에 일본의 요청도 전달하여 明의 관심을 일본으로 유도하려 하지 않았을까 추정된다. 그러나 이러한 추정을 뒷받침할만한 근거를 『세조실록』에서 찾을 수는 없다. 왜냐하면 일본측의 요청에 대한 그 어떠한 대응책 논의도 이에는 기록되어 있지 않고 김유례에게 위탁한 자문 내용만이 실려 있기 때문이다. 이와 같이

---

20) 高橋公明, 1978, 「朝鮮遣使ブームと世祖の王權」 田中健夫編, 『日本前近代の國家と對外關係』, 吉川弘文館.
21) 園田一龜, 1948, 『明代建州女直史研究』, 國立書院, 213~218쪽.

과정을 생략한 결과 중심적 記述은 후술하듯 여진정책을 둘러싼 明과의 마찰에 대해서도 다를 바 없다.

　전게한 자문을 가지고 북경으로 가기 위해 요동을 경유하던 김유례는 1459년 2월 조선의 對建州女眞 정책이 明에 탄로됨을 알게 되었고, 그는 곧 이를 조선에 보고하고 있다.[22] 비밀로 했던 사항인 만큼 조선의 충격도 컸을 것이고 대응책 마련에도 고심했을 터인데『세조실록』엔 그 보고만이 기록되어 있다.

　『明英宗實錄』에서 보면 황제의 일본에 대한 조공 허용의 칙서가 天順 3(1459)년 2월 계유(20일)조에 기록되어 있는데 비해, 건주여진에 대한 조선의 授職 행위를 힐난한 황제의 칙유는 그로부터 이틀 뒤인 을해조에 수록되어 있다. 그러나 3월 3일 조선을 향해 북경을 출발한 明의 칙사 가유(嘉猷)가 지니고 온 것은 후자였으며, 그가 다음 달 조선에 와서 추궁한 것도 조선의 건주여진 관계였다.[23] 이는 당시 조선·건주여진 間의 통교에 대한 明의 우려의

『세조실록』 5년 3월 13일조 기사

---

22)『세조실록』 5년 2월 16일(기사).

23)『세조실록』 5년 3월 12일(갑오)·13일(을미), 4월 8일(기미). 이 때 서울에 온 칙사는 일본의 朝見요청을 奏達한 조선의 행위를 충성심에 의한 것이었다고 치하하고는 있으나, 그 이외의 발언은 보이지 않는다.

정도를 단적으로 보여주고 있는 것이다. 그런데 『세조실록』에는 칙사 가유의 조선 파견 목적을 3월 단계에서 조선측이 미리 탐지하고 있음을 기록하고 있으나, 건주여진의 來朝를 일시 중단시키라는 세조의 명령 외에는 신하들과 논의했을 구체적인 대응전략이 게재되어 있지 않다.[24]

한편 요시마사는 1462년에 이어 그 다음해에도 사신을 보내 조선에 제출한 국서에서 중재요청의 이행에 감사를 표하고 있다. 그러나 대장경 요청이나 寺院 중건을 위한 원조도 아울러 요청하고 있으므로 순수한 답례 사절이라고 할 수는 없다.[25] 일본의 제4차 조공선은 1460년부터 그 준비가 시작되고 있으나 조공품의 미비 등으로 교토를 출발하는 것은 5년 후이고, 기후문제로 조난과 回航을 거듭하다 영파로 향한 것은 1467년 봄이었다.[26]

Ⅳ. 성종대의 경우

일본의 네 번째 중재요청은 1474년 윤6월로, 이번에는 대마도주 소오 사다쿠니(宗貞國)를 통해서였다. 그는 조선에 전달한 서계에서 일본 '국 왕'이 明에 조공하려하니 조선이 이를 주선해 달라고 요청하고 있다. 이 에 대해 조선은 이미 노원(盧圓) 때에 조공을 주선하여 통하게 해주었다 고 상기시키고, 지금 국서가 아닌 도주의 서계에 의거하여 이를 전달함 은 불가하다는 것으로 대답하고 있다.[27]

대마도의 경우 對明 조공무역에서는 완전히 소외되어 있었다. 막부로

---

24) 『세조실록』 5년 3월 13일(을미)·16일(무술)·25일(정미).
25) 『세조실록』 8년 10월 9일(경오), 9년 7월 14일(신축).
26) 小葉田淳, 주 2) 앞의 책, 55~58쪽.
27) 『성종실록』 5년 윤6월 12일(을미).

부터 조공선의 경호를 명령받기도 했지만 조공선에 害를 가하는 존재로 인식되기도 했다.[28] 그러므로 이번의 대마도의 중재요청은 대마도의 독자적인 요청이 아니라 막부의 의향을 여과 없이 전달한 것에 불과하다고 볼 수 있겠다.

대마도가 독자적으로 對明 조공 주선을 요청할 경우도 없지는 않았다. 예를 들어 1464년 대마도주 소오 시게모토(宗成職)가 사자로 중국출신 진성행(秦盛幸)을 통해 보내온 서계에서 조선의 중재로 중국에 조공하고 싶다는 의향을 표현한 적이 있었다. 조선에 온 진성행은 口頭로 다시, 대마도가 중국에 배를 띄워 무역하고 싶으나 明에 해적으로 오인되어 나포될 염려가 있으니 조선의 깃발을 달아서 이를 징표로 삼고 싶다고 하고 있다. 이에 대해 조선은 중국과 통하고 싶으면 자신의 바닷길을 이용하면 될 것으로 이는 조선과는 무관한 일이며, 조선 깃발을 빌리는 것은 더더욱 있을 수 없는 일이라고 일축하고 있다. 이어 도주에게 보낸 예조의 답서에서도, 대마도 사람들이 중국연해를 자주 약탈한 일이 있어 조공 의향을 전달해도 허락되지 않을 것이지만 군이 조공하고 싶다면 스스로 바닷길을 이용하라며 거부하고 있다.[29]

1479년에도 도주 소 사다쿠니가 사자를 파견하여, 조선의 중재로 對明 조공을 허락받아 조선의 바닷길을 빌려 남경으로 향하고 싶다고 전하고, 유구를 경유해 중국으로 가는 길도 있지만 그 길이 매우 멀고 경유하는 곳마다 선물을 줘야 하므로 번거롭기 때문이라고 그 이유를 말하고 있다. 이에 대해 예조는 일본국왕의 요청이 아닌 점과 구두 요청이라는 점을 들어 이를 묵살하고 있다.[30] 이로 보아 알 수 있듯이 대마도는 개별적인 對明 조공 요청에 대해서는 그 뜻을 명확히 하고 있었다.

---

28) 佐伯弘次, 1990,「室町時代の遣明船警固について」九州大學國史學研究室編,『古代中世史論集』, 吉川弘文館, 465~469쪽.

29)『세조실록』10년 6월 14일(병신)·18일(경자), 7월 23일(갑술).

30)『성종실록』10년 4월 21일(정미).

대마도주를 통한 중재요청이 거부된 다음해인 1475년 8월 일본의 다섯 번째 요청이 있게 되니, 이는 쇼군 요시마사가 사신 세이슌(性春)을 통해 조선에 제출한 국서에서였다. 국서의 내용은 다음과 같다. 일본은 제4차 조공사절을 파견하여 明에 成化勘合의 발급을 요청했었다. 그러나 그 사이에 일본에서는 내란이 일어나 이들 사절이 일본에 귀국했다는 얘기만 듣고 있을 뿐 明에서 급여 받았다는 성화감합은 아직 수령 받지 못하고 있다. 하는 수 없이 다음 번 조공에는 옛 감합인 景泰勘合을 지참하려하나 明이 과연 이러한 사정을 믿을까 걱정이다. '上國'(조선)이 '大明'과 국경이 잇닿아 聘問이 잦다하니 이를 주선해 주길 바란다.[31]

여기서 감합이란 明이 조선·베트남·유구를 제외한 책봉국 '국왕'에게 급여하여 조공선 파견시 그 지참을 의무화한 것으로, 황제가 즉위할 때마다 새 감합 100道가 급여되며 옛 감합은 회수된다. 영락제의 永樂勘合이 일본에 급여된 이후 일본도 이 감합제도에 편입되어, 조공시에는 지참하는 감합 1道마다 그 뒷면에 조공선 1척분의 조공 내용을 상세히 기재해야 했다.[32] 그런데 내란 때문에 성화감합을 수령 받지 못했다는 국서의 내용은 무엇을 가리키나 검토해 보자.

제4차 조공선이 중국으로 향하던 1467년 5월, 일본에서는 쇼군의 후계문제 등을 둘러싸고 호소카와(細川)씨 주도의 東軍과 야마나(山名)씨 주도의 西軍이 세력쟁탈전을 벌이니 이를 오닌(應仁)의 난이라 한다. 같은 해 8월 열세인 서군을 응원하기 위해 오우치(大內)씨가 대군을 지휘하여 교토에 진입함으로써, 이후 이 내란은 요시마사를 옹립하여 막부의 편에 선 동군의 호소카와씨와 서군의 오우치씨와의 대립양상으로 확대되었다.[33] 그 후 1469년 영파를 출항하여 귀로에 오른 조공선은 오우치씨에

31) 『성종실록』 6년 8월 11일(정해).
32) 민덕기, 주 1) 앞의 논문, 195쪽, 210~211쪽.
33) 오우치씨는 원래 백제 멸망을 전후하여 일본에 건너간 琳王의 셋째 아들의 후예로 오우치씨 스스로도 이를 조선에 강조해 왔다. 그러므로 조선으로 부터 대마도

게 나포되어 明으로 부터 급여 받은 성화감합을 강탈당하게 된다.[34]

　당시 서군측은 동군이 지지하는 기존의 막부('東幕府')에 대항하는 새로운 정부, 즉 '西幕府'를 구상하고 있었다. 그리하여 요시마사의 아우인 요시미(義視)를 쇼군으로 삼고, 1471년엔 기존의 소멸한 남조의 후예를 천황으로 옹립하여 별도의 연호를 세우기에 이른다.[35] 이러한 동향으로 볼 때 오우치씨의 성화감합 강탈은 '西幕府'에 의한 對明 조공무역의 장악을 기도하기 위한 것이었다고 추정할 수 있다.

　세이슌에게서 요시마사의 국서를 전달받은 조선은, 세이슌이 예물도 지참하지 않고 서계에 圖書(印章)도 찍혀있지 않은 것을 의아하게 여겨 여러 가지 질문을 행한다. 이에 대해 세이슌은, 작년 1월에 쇼군의 부름을 오토모(大友)씨를 통해 듣고 같은 해 8월 교토로 가 국왕의 서계를 받아 출발했으나 해상의 악천후와 해적 때문에 지체하여 도항이 늦어졌다고 말하고, 예물을 미처 준비하지 못한 것도 막부가 요청의 전달을 서두른 때문이었다고 하고 있다. 또한 明으로 부터 급여 받은 성화감합은 요시마사와 알력관계에 있는 오우치씨가 탈취해 가서 景泰勘合으로 조공할 수밖에 없으니 예전의 노원 때처럼 이러한 사정을 중국에 알려달라고 요청하고 있다.[36]

　세이슌은 조선에서 도서를 받은 受圖書人 소킨(宗金)의 아들로 오토모씨의 휘하에 있으면서 제4차 조공사절에 차출되어 중국에 파견되기도 했던 사람이다.[37] 쇼군 요시마사가 이처럼 오토모씨의 휘하에 있는 세

에 다음가는 親조선 세력으로 설정되어 있었다. 그 영지는 현재의 야마구치(山口)를 중심으로 山口縣·廣島縣·北九州 일대를 장악하고 있었으므로 조선과 중국 등의 대외무역에도 적극적이었다.

34) 栢原昌三, 1914,「日明勘合貿易に於ける細川·大內二氏の抗爭(2)」『史學雜誌』25-10, 42쪽.
35) 脇田晴子, 1988,『戰國大名』『大系 日本の歷史7』, 小學館, 21쪽.
36)『성종실록』6년 8월 12일(무자)·14일(경인).
37) 小葉田淳, 주 2) 앞의 책, 81쪽.

이슌을 조선에 파견한 것은, 오토모씨가 동군에 속한 親막부세력으로 북부 규슈지역에서 오우치씨를 견제하고 있었기 때문이다.

세이슌은 예조가 마련한 연회석에서, 노원 때 이미 중재를 해주었으므로 다시 들어줄 수 없다는 조선측에 대해, 노원 때뿐만 아니라 조문서·시강 때에도 주선해 주지 않았느냐고 반문하고, 일본국왕의 명령을 수행하지 못하면 귀국해도 처형당하니 여기서 죽는 게 낫다고 중재를 간청하고 있다. 또한 그는 하직숙배 儀式에도 참석을 거부하면서까지 요청의 수락을 재삼 호소하고 있다.[38] 이러한 그의 태도로 보아 일본의 요청은 절박했던 듯하다.

당시 막부는 '西幕府'의 성화감합에 의한 조공선 파견을 크게 우려하고 있었던 듯하다. 만약 '서막부'가 요시미의 명의로 표문을 작성하여 새 감합인 성화감합을 가지고 조공선을 파견한다면 明으로서도 이를 신임할 것이고, 그리되면 막부는 조공무역의 주도권을 상실할 뿐만 아니라 대외적으로도 요시미가 '일본국왕'이 되는 결과를 초래하기 때문이다. 후술하겠으나 '서막부'에 의한 조공선 파견은 실제 계획되고 있었다. 이러한 사태를 방지하기 위해 막부는 세이슌을 서둘러 조선에 파견하는 한편, 동시에 유구에 대해서도 중재요청을 하게 된다.[39]

세이슌의 요청에 대해 조선의 대응은 어떠하였는가 살펴보자. 예조겸판서 윤자운은 일본의 明에 조공하려는 뜻이 무엇인가 묻는 성종의 질문에, 오직 무역하는데 뜻을 두고 있다고 답하고, 일본의 요청을 그대로 전달하면 明은 조선의 對日 親交를 문제 삼을 것이며, 혹 明이 조공 거부의 뜻을 조선으로 하여금 일본에 전달케 하면 이 또한 거북한 일이 되니 이 요청을 묵살함이 좋다고 제안하고 있다. 通事 전양민은 '符驗'

---

38) 『성종실록』 6년 9월 12일(무오)·13일(기미).
39) 小葉田淳, 주 2) 앞의 책, 81~82쪽. 그러나 유구를 통한 중재 요청의 결과는 알 수 없다.

(勘合)을 오우치씨에게 탈취 당했다고 하지만 그도 일본국왕의 신하이거늘 어찌 그를 문책하지 않고 조선에 중재를 요청하는가 의아해 하고 있다. 좌의정 한명회 등도 본래 조선의 왜인과의 통교는 중국에 비밀로 해왔고 노원 때 이미 주선해 준 일이 있었음을 이유로 거부를 주장하고 있다. 그러나 소수의견으로, 오랑캐(外夷)의 중국에의 조공 의향을 대신 전달해 주는 것은 의리로도 합당하며, 전에 대마도의 조공 의뢰에 대해 국서에 의한 요청이 아니라고 거절한 일이 있으나, 이번엔 일본국왕이 요청하고 있는 만큼 허락하여 신의를 저버리지 말자는 주장도 있었다.[40]

결국 성종은, 노원 때 주선하여 중국의 허락을 받았으므로 일본의 進貢은 이미 통한 것과 다름없으니 다시 소개할 필요가 없다는 거부의 답서를 세이슌에게 건네고 있다. 이어 다음해 2월 대마도에 파견하는 宣慰使 김자정에게도 이 뜻을 주지시켜 대마도주에게 전달케 하고 있다.[41]

그러나 일본의 조공선 파견준비는 이미 1473년부터 시작되었고, 그 후 사카이(堺)를 출항하는 것은 1476년 4월이다. 당시 일본이 내란상황이었음을 고려할 때 前年 9월에 세이슌에게 건네진 성종의 답서가 그 출항 이전에 막부에 전달되었다고는 볼 수 없다. 이처럼 조공주선 요청에 대한 결과를 기다리지 않고 조공선을 출항시킨 것은 '西幕府'에 의한 조공선 파견을 예방하기 위한 조치였으리라 보인다.[42]

이 제5차 조공선은 막부 1·相國寺 1·오우치씨 1척이었다는 설과 막부 2·相國寺 1척이었다는 설이 있는데, 당시 막부와 오우치씨 사이의 대립상황으로 볼 때 후자가 타당하다고 여겨진다.[43] 이 때 조공사절이

---

40) 『성종실록』 6년 8월 14일(경인) ; 9월 12일(무오)·13일(기미).
41) 史籍集覽刊行會, 1967, 『續善隣國寶記』『史籍集覽』 28, 臨川書店, 268~269쪽 ; 『성종실록』 6년 9월 19일(을축) ; 7년 2월 12일(병술).
42) 그러나 이보다 더 빨리 조공선을 출항시키지 않은 것은 10년 1회의 조공(十年一貢) 제한 때문으로 여겨진다. 이에 관해서는 민덕기, 주 1) 앞의 논문, 205~208쪽.
43) 前者는 栢原昌三, 주 34) 앞의 논문, 43쪽과 木宮泰彦, 『日華文化交流史』(富山房, 1955, 551쪽)가, 후자는 小葉田淳, 주 2) 앞의 책, 84쪽과 脇田晴子, 주 35)

지참한 요시마사의 표문엔, 제4차 조공사절이 귀국 도중 도적의 습격으로 황제의 하사 물품과 성화감합을 약탈당해 빈손으로 돌아왔으므로 부득이 景泰勘合을 지참하게 되었다고 밝히고, 앞으로 성화감합을 가지고 조공하러 오는 무리는 '賊徒'일 것이니 주살해 마땅하다고 적고 있다.[44] 이 내용으로 보아서도 제5차 조공선 편성에 오우치씨가 개입될 여지는 없었던 듯하다.

이보다 앞서 1474년 7월, 오우치씨는 조선 '皇帝陛下'(成宗) 앞으로 보낸 서계에서 말하길, 西軍과 東軍의 主將이 둘 다 작년에 사망하자 이에 '殿下'(쇼군)가 '大明國'에 조공선을 띄우려고 臣에게 그 船積貨物의 준비를 명령했으나, 이를 위해서는 막대한 비용이 소요되므로 '上國'(조선)이 그 비용을 부담해 달라고 요청하고 있다.[45] 당시 오우치씨는 교토 지역에 대군을 주둔시켜 '西幕府'를 지탱하는 입장에 서 있었으므로 서계의 '殿下'란 요시마사가 아니라 요시미라 여겨진다. 이로 보아 '西幕府'의 조공선 파견계획이 실재했다는 것을 알 수 있다.

오우치씨가 요시마사에게 항복하여 領地로 돌아가 인접세력인 북부 규슈의 오토모씨·쇼니(少貳)씨의 위협에 본격적으로 대처하게 되는 것은 1477년 말로 이에 의해 '西幕府'는 해체된다

여섯 번째의 중재요청은 조선에 전달되지는 않았으나 1489년에 작성했으리라 추정되는 '源道慶' 명의의 국서에 나타난다.[46] '道慶'(도오케

앞의 논문, 262쪽에서 주장하고 있다.

44) 瑞溪周鳳編, 주 19) 앞의 책, 64쪽.

45) 『성종실록』 5년 7월 27일(경진).

46) 田中健夫編, 1995, 『譯注日本史料 - 善隣國寶記·新訂續善隣國寶記』, 集英社, 292~293쪽)를 참고했다. 이에 더하여 1489년에 작성되었다고 추정하는 근거는, '源道慶'의 국서 중 "1년 전에 파견한 대장경 요청의 사자가 조선에 무사히 도착했는가" 묻고 매년처럼 이러한 요청을 하고 있는 것에 대해 양해를 구하고 있는 구절이다. 당시 조선에 온 대장경 요청의 사자는 『성종실록』18(1487)년 4월 26일(을미)조의 等堅과 『성종실록』20(1489)년 8월 10일(을미)조의 惠仁이다. 그러

이)은 요시마사가 1485년부터 쓰기 시작한 법명으로 1490년 1월 그가
사망하기까지 대외문서에 사용하고 있다. 그 국서(이하 '道慶國書'라 칭
함)내용은, 내년에 明에 조공하려 하니 사절의 중국왕래가 순탄하게 이
뤄질 수 있게 조선이 이 사실을 중국에 알려달라며, 노원 때의 先例를
들고 있다.

당시 일본은 후술하듯 次期의 조공선을 4척으로 늘려 파견하려 하고
있었다. 그러나 이는 전술한 明의 '宣德要約'을 위반하는 것이 되므로
일본은 事前에 조선을 통해 明側에 이에 대한 양해를 구하고 싶었을 것
이다. '道慶國書'는 그러한 의도에서 작성되었으리라 여겨진다.

일본측의 사료인『蔭凉軒日錄』엔 '도경국서'와 관련되는 기록들이 보
인다.[47] 우선 文明18(1486)년 5월 29일조엔 1474년 '고려'(조선)에 보낸
중재요청의 국서 寫本를 점검 보관하고 있는 내용이 있다. 주목되는 것
은 明에 보낸 表文과 같이 조선에 보낸 국서도 '表' 또는 '疏'라 칭하고
있다는 점이다. 또한 조공선 파견을 준비하는 이 시기에 왜 明에 보냈던
표문만이 아닌 조선에 보냈던 중재요청의 '表'도 아울러 점검하고 있는
가 하는 점이다. 아마도 '도경국서'를 작성하기 위해 이를 참고로 한 듯
하다. 그리고 長享 3(1489)년의 8월16일과 8월29일조엔, 明側이 조공선
을 3척으로 통제하고 있어 4척 파견은 불가능하지만 '고려'에 국서를 보
내 4척 파견의 사실을 미리 알리면 어떤가 하는 논의와 이에 대해 쇼군
에게 上申하겠다는 내용이 보인다. 延德 2(1490)년 10월11일조에도 '高
麗'에 보내는 국서 작성의 명령이 쇼군에게서 있었음을 시사하는 기록
이 보인다. 明應元(1492)년 7월19일조엔 日前에 쇼군으로부터 '고려'에
보내는 국서 작성을 명령받아 2년 전 조선에 파견한 사절의 귀국이후의

나 매년처럼 요청했다는 국서내용으로 볼 때 일본측이 묻고 있는 사자는 前者보
다 후자일 가능성이 더 높다 하겠다. 그렇다면 惠仁의 일본 출국은 1488년이었을
것이며, 이 국서는 그 다음해 작성되었을 것이다.
47) 湯谷稔編, 1983,『日明勘合貿易史料』, 國書刊行會, 277~278쪽, 305·310·318쪽.

경과를 말하였다고 하는 내용이 보인다. 이로 본다면 중재요청의 국서 작성을 1492년에 다시 시도했는지도 모르겠다.

'도경국서'를 조선에 전달하지 않은 채 4척의 조공선 파견을 조선 중재로 허락받자는 논의가 막부에서 한창이던 1491년 4월, 일본의 일곱 번째의 조공 중재요청이 대마도에 의해 조선에 전달되고 있다. 즉 대마 도주 소오 사다쿠니(宗貞國)가 조선 예조에 보낸 서계에는, 내년에 '殿下'(쇼군)가 景泰勘合을 지참하여 明에 조공하려 하는데 조선이 이를 미리 明에 통지해 달라고 요청하고, '殿下'가 직접 사신을 파견하여 요청하면 조선이 사신의 접대 때문에 번거로울까 염려하여 臣에게 대신 요청케 했다고 전하고 있다. 이에 대해 예조는 답서에서, 이미 노원 때 明에 전달해서 조공을 허락 받았음을 상기시키고, 경태감합을 받았으면 그 것으로 進貢하면 될 것인데 왜 조선에 중재케 하여 중국을 욕되게 하려 하는가 비난하고 있다.[48]

이로 보아 막부는 요청이 거절당할 것을 우려하여 '도경국서'의 전달을 포기하는 대신, 조선과 특별한 관계에 있는 대마도를 이용한 것이라 보인다. 체면은 유지하면서도 가능한 한 4척의 조공선을 파견하려 한 막부의 의지를 엿볼 수 있다. 그러나 이 제7차 조공선은 결국 막부 1·호소카와씨 2척을 합해 3척으로 편성되었고,[49] 사카이를 출항한 것은 1493년 3월이나 기후 등으로 영파로 향한 것은 2년 후의 봄이다.[50]

---

48) 『성종실록』 22년 4월 6일(신해), 5월 28일(계묘).
49) 제7차 조공선의 규모에 대해 두 가지 설이 있다. 막부 1·호소카와씨 3·오우치씨 2척이라는 설로는 栢原昌三, 1914, 「日明勘合貿易に於ける細川大內二氏の抗爭(3)」 『史學雜誌』 25-11, 80쪽과 木宮泰彦, 주 43) 앞의 책, 556쪽이 있고, 막부 1·호소카와씨 2척이라는 설로는 小葉田淳, 주 2) 앞의 책, 96쪽이 있다. 前者의 경우 오우치씨가 成化勘合을 지참했다고 하고 있으나, 이 감합은 전술했듯이 제5차 朝貢時 表文에서 '賊徒'의 손에 넘어갔다고 명시하고 있으므로 사용할 수 없었을 것이다. 또한 明側의 3척 제한방침에도 위배되므로 後者의 주장이 타당하다 여겨진다.
50) 小葉田淳, 주 2) 앞의 책, 96쪽.

V. 중종대의 경우

일본의 여덟 번째의 중재요청은 1525년 4월의 일로 쇼군 요시하루(義晴)의 다음과 같은 국서를 통해 알 수 있다. 1523년 봄 明에 파견한 일본의 조공사가 영파에서, 國庫에 있던 弘治勘合을 훔쳐 달아나 조공하려던 일본의 '奸細之徒'와 우연히 만났다. 이에 사신이 이들을 추격하여 중국 내지로 들어가 보니, 이들이 明의 武官 袁璡 등을 길잡이로 삼고 있었으므로 원진 등 3인을 잡아 일본으로 돌아왔다. 來年에는 이들 중국인을 송환하려 하니 '폐하'(중종)가 미리 '大明上皇'에게 이를 전달해 달라.[51]

이 국서의 제출된 배경과 그 내용의 진위를 파악하기 위해 영파의 난에 대해 살펴보자. 전술하듯 오닌의 난 때문에 제5차 조공에 참여하지 못했던 오우치씨는 제6차 조공선 편성의 초기단계에서 막부로부터 조공선 1척의 몫을 할당받았다. 그러나 뒤에 막부가 이를 취소하자 불만을 품은 오우치씨는 막부로부터 이후의 조공무역에 대해서는 오우치씨에게 위임하겠다는 약속을 문서로 받아냈다.[52] 그 약속이 이행되는 것은 제8차 조공으로 오우치씨 2척에 호소카와씨 1척으로 조공선이 편성되었다. 이로서 게이고(桂悟)를 正使로 한 조공선이 출항하는 것은 1506년이나 기후 등의 이유로 영파에 닿은 것은 1511년 여름이었다. 한편 조공선 편성에 주도권을 빼앗긴 호소카와씨는 막부에 강요하여 중국출신의 송소경을 正使로 별도의 1척을 파견하여 게이고보다 먼저 조공을 마치고 귀국했다. 한편 그 뒤 조공을 마치고 귀국하던 게이고 일행은 일본연안에서 오우치씨에게 나포되어 새로 급여받은 正德勘合을 빼앗기게 되었다.[53] 제9차 조공선은 3척으로 오우치씨측의 겐도 소세츠(謙道宗設)를

---

51) 『중종실록』 20년 4월 16일(을사).
52) 小葉田淳, 주 2) 앞의 책, 86~87쪽.

정사로 오우치씨의 독점하에 편성 파견된다. 그러자 이에 대항하여 호소
카와씨도 즈이사(瑞佐)를 정사, 송소경을 副使로 한 1척의 조공선을 별
도로 파견하게 된다. 1523년 4월 소세츠가 영파에 입항한 며칠 뒤 즈이
사도 입항했다. 그러나 즈이사가 市舶司에 뇌물을 주어 입항수속을 먼
저 끝냈을 뿐만 아니라 입항장의 연회석에서도 즈이사가 소세츠의 上席
에 배치되기에 이르자, 이에 분개한 소세츠 일행은 이르는 곳곳을 방화
하고 무기고에서 무기를 탈취하여 즈이사를 살해하였다. 이어 도망가는
송소경을 추격하면서 연변의 중국인을 살해하고 武官 袁璡 등을 납치하
여 바다로 도망치는 이른바 영파의 난을 일으키게 된다.

　이러한 영파의 난의 전개로 보아 전게한 요시하루의 국서내용은 사실
을 완전 왜곡한 것이다. 탈취당한 正德勘合을 弘治勘合이라 하고 있고,
중국에서의 소란행위를 완전히 숨기고 袁璡 등을 '奸細之徒'의 길잡이
로 왜곡하여 그 납치를 정당화하고 있다. 이는 조선의 중재역 수락을 유
도하기 위해서였을 것으로 보여진다. 즉 원진 등의 죄과를 용서하여 次
期 조공에 이들을 송환하려 하니 미리 이러한 사실을 明에 전달해 달라
는 내용을 담게 된 것이다.

　그러나 조선은 영파의 난의 전모를 이미 파악하고 있었으므로 애초부
터 조공 중재요청으로 인식하지 않고 있다.[54] 오히려 일본이 明의 문책
을 두려워해 원진을 직접 중국에 송환하지 못하고 조선을 경유해 송환하려
는 의도로 이해하고, 그리되면 조선의 일본과의 통교가 중국에 노출된다고
우려하여 논의를 계속한 끝에 이 요청을 완전 묵살하기로 결정한다.[55]

---

53) 栢原昌三, 1915,「日明勘合貿易に於ける細川・大內二氏の抗爭(4)」『史學雜誌』
　　26-2, 56쪽.
54) 鄭樑生, 1985,『明・日關係史の硏究』, 雄山閣出版, 293~294쪽.
55)『중종실록』18년 8월 4일(신축), 20년 4월 17일(병오)・18일(정미), 같은 해 6월 24
　　일(임자). 본 논문은 일본의 조공 중재요청과 조선의 이에 대한 대응을 주된 분석
　　대상으로 설정하고 있으므로 원진의 송환건에 대한 조선의 대응에 관해서는 본서
　　의 제3장을 참고할 것.

　한편 明은 1525년 유구를 통해 일본국왕에 대한 勅諭를 전달케 한다. 그 내용은 영파의 난을 일으킨 소세츠의 압송과 원진의 송환을 요구한 것으로, 이를 건네받은 요시하루는 表文과 자문을 작성하여 유구를 통해 明에 보내고 있다.[56] 그 내용은 영파의 난의 주범을 이미 처형했고 원진 등은 근간에 귀국시킬 것이라며 새 감합을 요청한 것이었다. 그런데 자문내용은 호소카와씨측의 즈이사를 正使로 소세츠를 僞使로 치부하여 사실을 정반대로 왜곡하고 있다. 즉 오우치씨가 成化勘合을 탈취했다고는 하나 그 후 막부의 양해를 받아 이를 위임·보관하는 형태로 소유하고 있었고, 오우치씨에게 1482년 부여한 조공선 편성상의 독점을 막부가 1516년 다시 공문서로 확인해 주고 있다. 제9차 조공사절의 지참한 표문도 쇼군이 작성한 것이었다.[57] 이러한 사실의 왜곡은 호소카와씨 세력이 당시 막부를 장악하고 있었기 때문으로 여겨진다.

　이처럼 막부가 오우치씨를 비난하고 호소카와씨를 비호하면서 유구 루트를 통해 明으로부터 새 감합을 급여 받으려 하자, 오우치씨도 1527년 유구에 사자를 보내 일본의 對明 무역이 자신에게 독점되어 있음을 밝히고 유구를 통한 對明 무역의 부활을 기도하고 있다.[58] 오우치씨는 그 다음해 조선에도 사자를 파견하여 明과 조선에 보내는 서계를 제출하고 있다. 이에 대해 예조는 明에 보내는 서계는 받을 수 없다고 되돌리고 있다. 예조에 제출한 서계가 원진을 송환하겠다는 내용이었으므로 明에 보내는 서계도 유사한 내용으로 추정된다.[59] 그 후 1538년에 파견된 제10차 조공선은 오우치씨船 3척만으로 편성된 것이다. 물론 이번에도 쇼군의 허가하에 그 표문을 지참하여 출항한 것이다.

---

56) 『明世宗實錄』 嘉靖 4년 6월 己亥 ; 嘉靖 9년 3월 甲辰 ; 史籍集覽刊行會, 주 41) 앞의 책, 289~290쪽.
57) 栢原昌三, 주 53) 앞의 논문, 57~58쪽.
58) 栢原昌三, 주 53) 앞의 논문, 66쪽.
59) 『중종실록』 23년 7월 3일(임신).

아홉 번째의 중재요청이 조선에 전달된 것은 1543년 4월로 요시하루의 다음과 같은 내용의 국서를 통해서였다.[60] 일찍이 일본의 '姦濫之臣'과 '暴逆之徒'가 모의하여 國庫에 있던 弘治勘合을 훔쳐 달아났으므로, 이들을 잡기 위해 '朕'(요시하루)이 오우치씨로 하여금 군선 수백척을 동원하여 변경의 섬들을 수색케 했지만 찾을 수가 없었다. 이들은 틀림없이 이 감합으로 明에 가서 조공하려 할 것이고 변경을 소란케 할 것이다. 이에 이러한 사실을 즉시 사신을 파견하여 조선에 '告稟'하려 했지만 해상의 기후 등으로 지체되었다. '貴邦'과 '弊邦'은 똑같이 明의 '藩籬'이며 더구나 '귀방'은 明에 연접하여 있어 빙문이 빈번하니, 景泰 丙子年(1456)의 전례처럼 속히 사신을 明에 파견하여 이러한 사실을 알려주고 곧 그 결과의 회답을 바란다.

여기서 홍치감합을 탈취 당했다는 내용은 전게한 1525년의 국서와 같다. 그러나 탈취한 무리들을 오우치씨에게 토벌토록 했다는 점은 다르다. 이는 오우치씨와 쇼군과의 관계가 다시 밀접해졌음을 반영하는 것이 아닌가 보여진다. 그리고 조선과 일본을 동등한 明의 '藩籬'라고 하여 明의 책봉을 받은 대등한 국가라는 인식을 나타낸 점이 주목된다. 그러나 조선의 경우엔 책봉과 관련시켜 일본을 對等視하는 인식은 거의 보이지 않는다.[61]

그러면 일본이 이 시점에서 중재를 요청하는 이유는 무엇일까? 제10차 朝貢時 새 감합의 급여를 요구하는 조공사절에 대해 明은 舊勘合의 전액반환을 선행조건으로 제시하고 있었다.[62] 그러나 일본은 이 조건에

---

60) 이 국서는 『중종실록』 38년 4월 16일(경인)조와 「異國出契」(1978, 『古事類苑 - 外交部』, 吉川弘文館, 382~383쪽)에 수록되어 있으나, 前者는 略記된 것이므로 본 논문에서는 후자를 가지고 검토한다.

61) 드문 例로 1542년 일본국왕사 접대를 논하는 가운데 金安國이 발언한 "(일본은) 禮樂文物, 雖不及於我國, 然通譯中原, 同稟正朔, 與我國一樣封王也, 所當厚待, 豈可以倭奴目之乎"(『중종실록』 37년 5월 15일[을미])와 같은 인식이 보이고 있다.

62) 『明世宗實錄』 嘉靖 19년 2월 丙戌.

응할 수가 없었다. 왜냐하면 영파의 난 때 호소카와씨측이 반환하려고
지참해 갔던 홍치감합을 오우치씨측이 탈취하면서 대부분을 분실했기
때문이었다.[63] 그러므로 막부는 홍치감합을 도둑 당했다는 구실을 만들
어 이를 조선을 통해 미리 통보해 차기 조공에 예비하려 한 듯이 보인다.
제11차 조공사절이 明에 반납한 홍치감합은 15道에 불과했다.[64]

이 국서를 접한 조선은 조공중재의 前例를 찾기 위해 『承文院膽錄』
을 검토하여 일본측의 景泰 병자년 주장이 착오였음을 밝혀내고 天順
2(1456)년 12월 29일의 기록에서 그 前例를 발견하고 있다. 그러나 중재
요청을 수락하려는 움직임은 전혀 보이지 않고 있다. 오히려 일본은 멀
리 '聲敎之外'에 처해 있고 원래부터 '詩書禮義之敎'가 없이 오직 무역
이득만을 구하고 있는 나라로 인식하고 있다. 또한 일본을 조선과 같은
'族類'도 아니고 王制와도 무관한 나라로 大國에 위탁하여 天子에게 達
하는 '附庸之列'에 있는 나라, 즉 列國에 의지하여 天子에게 접근할 수
있는 小國으로 평가하고 있다. 그러므로 이러한 나라의 조공 주선을 중
국에 전달하는 것은 조선의 국체를 훼손시킬 뿐만 아니라 조선이 일본과
통교한다는 것을 노출시켜 중국의 비난을 면치 못할 것이라고 거부하고
있다. 나아가 일본이 조선의 권위에 의지하여 중국에 뜻을 통하려고 하
고 있으나 일본 스스로도 중국으로 가는 바닷길을 갖고 있으니 그를 이
용토록 하라고 답하자는 의견도 보이고 있다. 일본사신에게 베푼 연회석
에서도 조선측은, 이웃나라와는 서로 화목해야 하는 것은 당연하지만 제
삼국의 일에 대해선 각자가 스스로 알아서 해야 할 것이라고 사신에게
말하고 있다.[65] 그러나 이러한 거부의사를 답서로서 일본측에 건네지는

---

63) 栢原昌三, 1915, 「日明勘合貿易に於ける細川大內·二氏の抗爭(5)」『史學雜誌』26-3,
    24쪽.
64) 『明世宗實錄』 嘉靖 28년 6월 甲寅.
65) 『중종실록』38년 4월 16일(경인)·17일(신묘)·21일(을미), 5월 16일(기미)·21일(갑
    자)·25일(무진).

않은 듯하다. 『중종실록』이나 일본측의 기록에 없는 것으로 보아 전번처럼 묵살한 것으로 추정된다.

Ⅵ. 선조대의 경우

무로마치막부의 마지막 열 번째 조공중재 요청이 있었음은 선조가 '일본국왕'에게 답한 1581년의 국서를 통해 알 수 있다. 이 국서는 요청을 거부하는 내용으로 일본측 사료에만 실려있다. 거부의 이유로 明의 신하인 조선이 사사로이 다른 나라와 교제할 수 없다는 '義無私交'의 논리를 내세우고 일본의 요청을 明에 전달하려 해도 적당한 구실이 없기 때문이라고 하고 있다.[66)]

이 국서는 1580년 말에 내항한 '日本國使' 겐소(玄蘇) 등이 조선에 요청한 조공의뢰에 대한 답이 아닌가 생각된다.[67)] 겐소는 당시 대마도의 외교고문이었다. 그러한 그가 일본의 조공 중재요청을 하기 위해 조선에 파견되었다는 것은 대마도와 무로마치막부의 마지막 쇼군 요시아키(義昭)와의 밀접한 관계를 시사하는 것으로 평가된다. 대마도주 소오 요시토시(宗義智)가 요시아키로부터 그 이름의 하나인 '昭'를 받아 昭景이라 칭한 것은 1577년 말이었다.[68)]

오우치씨의 독점하에 제11차 조공선이 파견된 것은 1547년이며 오우치씨가 멸망한 것은 그로부터 4년 후이다. 무로마치시대의 對明 조공은 이로서 幕을 닫게 된다. 무로마치막부 또한 오닌의 난 이후 쇠락을 거듭

---

66) 松浦允任撰, 1978, 田中健夫·田代和生校訂 『朝鮮通交大紀』, 名著出版, 116~117쪽.
67) 『선조실록』13년 12월 21일(경진)조에 "日本國使玄蘇·平調信等來聘, 欲因我國, 通貢皇朝"라는 기록이 보인다.
68) 田中健夫, 1987, 「足利將軍と日本國王號」 田中健夫編, 『日本前近代の國家と對外關係』, 吉川弘文館, 31쪽.

하여 요시아키가 1568년 쇼군직에 오른 것도 1573년 교토를 추방당한 것도 당대의 武將 오다 노부나가(織田信長)에 의해서였다. 그 후 빙고(備後: 현 히로시마)에 은거하고 있던 요시아키가 소오 요시토시와 협력하여 겐소를 조선에 파견했다는 것은 양자의 의도가 합치된 결과로 보인다. 즉 요시아키는 쇼군의 지위 만회를 위해 조선과 특수한 관계에 있는 대마도를 이용하여 조선으로부터 '일본국왕'의 지위를 인정받고, 나아가 明과의 조공관계를 재개하여 明으로부터도 그러한 지위를 회복하려 한 것이다. 대마도 또한 을묘왜변(1555) 이후 제한되었던 조선과의 무역관계 확대를 도모하려 한 것이다.[69]

Ⅶ. 맺음말

이상으로 검토한 결과를 <표 4>를 참고하여 정리하면 다음과 같다.

첫째 일본이 조공중재를 요청한 배경을 보면, 단절된 조공관계의 회복을 위해서는 2회에 불과하다(제1·제10회). 왜구의 중국 침구로 인한 조공의 곤란이나(제2회) 조공사절의 중국에서의 소란에 대한 사죄와 피로인 송환(제3·제8회)이라는 명분은 조공관계에 대한 明의 통제강화나 단절을 우려하여 내걸어진 것이다. 그 외에 明에 제출해야 할 감합을 지참할 수 없게 되었다거나(제4·제5·제9회) 反막부세력에 의한 조공을 차단하기 위해서(제4·제5회), 또는 明의 조공통제 완화에 대한 기대가 작용하고 있었다(제6·제7회).

둘째, 일본의 對朝鮮 인식이다. 일본이 明과의 문제해결을 위해 조선을 중재역으로 선정했다는 그 자체가 일본의 조선관을 반영하는 것이다.

---

69) 中村榮孝, 1965, 『日鮮關係史の硏究(上)』, 吉川弘文館, 750쪽.

일본은 국서에서 조선이 중국과 인접해 상호 빙문이 빈번하므로 중재를 요청하게 되었다고 하고 있다(제3·제5·제9회). 국서의 내용에는 또한 明을 '大明' 조선을 '上國'이라 하고(제3·제5회), 明 황제를 '大明上皇' 조선국왕을 '폐하'라 칭하고 있다(제8회). 이러한 표현을 조선관의 반영이 아니라, 요청자의 입장에 서있었기 때문이라고 축소 평가할 수도 있다. 그렇다면 조선에 제출할 필요가 없는 외교관련 日記인 『蔭涼軒日錄』에서 일본의 對明 국서와 똑같이 對朝鮮 국서를 '表' '疏'라고 칭한 이유는 어떻게 설명되어야 할 것인가?

셋째, 막부가 대마도를 이미 조선 前期부터 이용하고 있다는 점이다. 기존연구에서는 대마도가 조선과의 무역관계 독점을 위해 막부의 對朝鮮 관계에 적극 개입하고, 막부 몰래 전횡을 일삼았다는 측면이 주로 강조되었으나,[70] 막부 또한 조선과의 특별한 관계에 있는 대마도를 이용하여 목적을 달성하려 했음을 알 수 있다(제4·제7·제10회).

넷째, 조선의 소극적 대응이다. 조선은 세조대 1회를 제외하고는 일본의 중재요청에 일관되게 소극적이었다. 세조대의 요청 수용도 건주여진을 둘러싼 朝·明과의 마찰이 그 하나의 배경으로 작용했던 것으로 보여진다. 조선의 소극적 대응의 배경에는 일본의 일관성 없는 조공자세에 대한 懷疑(제1회), 정치적 외교관계가 아닌 무역 관계만을 추구하는 일본의 對明 조공 의욕에의 반감(제5·제9회) 등이 작용했지만, 무엇보다도 明에 비밀로 하고 있는 對日 관계가 중재수락으로 明에 탄로 나는 것을 우려했기 때문이었다(제5·제9회). 그러므로 일본의 요청에 대한 소극적 대응이 결코 對日 관계의 소극화를 의미하는 것은 아니었다. 성종이 일본의 제5회 요청을 거절한 4년 후 통신사 이형원을 파견하는 것이 그 단적인 例이다.

그런데 무로마치시대의 중재요청은 임진왜란을 전후한 시기와 에도

---

70) 荒野泰典, 1988, 『近世日本と東アジア』, 東京大學出版會, 169~171쪽.

막부시대(1603~1868) 초기에도 재현되니, 進貢과 貢路요청이 그것이다. 前者가 前시대의 답습이라면 후자는 조선의 陸路를 차용해 明에 조공하고 싶다는 요청이므로 진일보한 것이다. 그러나 이러한 요청은 조선에 의해 모두 거부되었다.[71] 이 시기의 貢路 요청은 조선침략을 정당화하고 조선을 위협하는 수단으로 이용되었다. 그러나 만약 조선침략과 관계없던 무로마치시대에 이 요청이 있었다면 똑같은 의도로 평가할 수는 없다. 당시 일본의 조공사절이 영파에 닿기에는 전술했듯이 출항한지 1~3년이 소요되었다. 규슈에서 영파에 도달하려면 봄·가을에 부는 계절풍을 이용해 일거에 항해해야 가능했으나, 이를 놓치면 1년 이상을 기다려야 했고, 시기를 잘 타서 일단 출항했다 해도 태풍 등을 만나 번번이 회항해야 했다.[72] 그런 면에서 일본의 조공 중재요청은 貢路요청으로 확산될 소지가 있었을 것이고 조선 또한 이를 우려하여 일본이 갖고 있는 스스로의 바닷길을 이용하여 조공하라고 답하려 하고 있던 것 같다(제9회).

조선은 이처럼 일본의 對明 관계에의 개입을 회피한 것만이 아니다. 明의 對日 관계에도 제삼자적인 입장을 견지하고 있었다. 조선과의 君臣관계를 강조하는 明으로서는 왜구문제 등의 對日 외교현안을 직접 바다를 건너가 교섭하는 것보다 조선을 경유해 사신을 파견하거나 조선에 대행시켜 해결하고 싶어 했을 것이다. 조선조가 건국 이래 對日 관계를 明에 비밀로 한 주요원인은 이를 예방하기 위한 것이었다고 보여진다. 막부와 아무런 외교관계도 갖지 않고 있다는 조선에 대해 明이 중재역을 강요하거나 조선을 경유하는 對日 사절을 파견할 수는 없었을 것이다.

이러한 조선의 정책은 주효했고 그 때문에 日·明관계에 동원된 것이 유구였다고 할 수 있다. 明의 책봉을 거부한 쇼군 요시모치가 왜구의 빈

---

71) 민덕기, 1994,「朝鮮·琉球를 통한 에도 바쿠후(江戶幕府)의 對明 접근」『한일관계사연구』2, 97~106쪽 또는 본서 제4장을 참고.
72) 田中健夫, 1982,『對外關係と文化交流』, 思文閣出版, 161쪽.

번한 중국 침구마저도 방치하자 1417년 영락제는 일본정벌을 계획하고 유구를 길잡이로 동원하려 하고 있다. 그 후 宣德帝가 즉위하여 일본에 조공을 권유하는 칙서를 내릴 때도 유구를 통해 전달하고 있다.[73] 영파의 난에 대해 明이 책임추궁의 對日 칙서를 내린 것도 유구 루트를 통해서였고 일본의 이에 대한 회답도 유구 루트를 이용하고 있다. 임진왜란 이후 다시 일본은 對明 관계회복을 유구를 통해 시도하나 실패하자 1609년에 가서 유구를 복속하고 만다.[74]

본 논문을 끝맺으면서 당시 동아시아의 국제관계를 다음과 같이 전망해 보려한다. 明은 책봉·授職을 매개로 주변국가·민족(몽고나 여진족)들과 縱的인 君臣관계를 형성하려 하였다. 그리고 주변국가·민족의 상호간 횡적 관계가 중국변방의 안녕에 악영향을 미치는 수준의 대립상황일 때, 또는 변방의 안녕에까지 영향을 끼치지 않더라도 천하의 지배자로서의 '天子'의 위엄에 손상을 가하는 특정국가·민족 간의 극한대립에는 '四海一家' 天子의 '赤子'란 논리로 이에 개입했다. 모두 일가이며 천자의 자식이란 논리로 개입하고 있는 것이다. 반대로 그들 상호간의 횡적 관계가 긴밀해져 중국을 위협하는 것으로 인식될 때는 '義無私交'란 명분으로 그들 상호간의 횡적 관계를 차단하려 했다. 천자의 신하 사이엔 私的인 교류가 금지되어 있다는 명분으로 상호관계를 차단하고 있는 것이다.

이러한 明의 이중적 對外정책에 의거한다면 당시 동아시아 국제사회에서는 상호 유기적인 관계가 형성될 수 없다. 오직 주변 국가·민족의 明과의 單線的인 종적 관계만이 기능할 뿐, 그들간의 횡적 관계는 상호 斷絶的이었다고 볼 수 있다. 주변국가·민족들 또한 자신의 입장을 전제로 明이 내건 명분들을 적절히 구사하여 횡적 관계를 전개해 나갔다고 볼 수 있다.

73) 佐伯弘次, 1994, 「室町前期の日琉關係と外交文書」『九州史學』111, 九州, 62쪽 ; 민덕기, 주 9) 앞의 책, 128쪽 ; 민덕기 주 1) 앞의 논문, 200쪽.
74) 민덕기, 주 71) 앞의 논문, 108~111쪽.

〈표 4〉 무로마치막부의 중재요청과 조선의 대응 및 해당시기 막부의 조공내용

요청 회수	요청 년도	요청 방법	요청 배경	조선의 대응	조공 회수	조공 출발년	조공선 내용	조공 船數	지참 감합
1	1429 (세종11)	口頭	조공 재개	묵살	1	1432	막부 外	5	永樂勘合
					2	1434	막부 外	6	宣德勘合
2	1448 (세종30)	口頭	왜구 소란	報告	3	1451	寺院船 大名船	9	宣德勘合
3	1458 (세조4)	국서	사절 소란	중재 수행	4	1465	막부 1 細川氏 1 大內氏 1	3	景泰勘合
4	1474 (성종5)	대마도 代行	감합 문제	거부	5	1476	막부 2 相國寺 1	3	景泰勘合
5	1475 (성종6)	국서	감합 문제	거부					
					6	1483	막부 2 朝廷 1	3	景泰勘合
6	1489 (성종20)	국서 (未 전달)	조공 확대		7	1493	막부 1 細川氏 2	3	景泰勘合
7	1491 (성종22)	대마도 代行	조공 확대	거부					
					8	1506	大內氏 2 細川氏 1	3	弘治勘合
					9	1520	大內氏 3	3	正德勘合
8	1525 (중종20)	국서	被虜人 송환	묵살	10	1538	大內氏 3	3	미상
9	1543 (중종38)	국서	감합 문제	묵살	11	1547	大內氏 4	4	미상
10	1581 (선조14)	국서	조공 재개	거부					

* 제8·제9차 朝貢時엔 細川氏가 각 1척을 별도로 파견했다.

제3장

중세 일본의 영파의 난 수습 노력과 朝鮮·日本·琉球·明 관계

I. 머리말

1402년 무로마치 막부(室町막부)의 쇼군(將軍) 아시카가 요시미츠(足利義滿)가 明의 永樂帝로부터 책봉을 받아 일본의 對明 조공관계가 정식으로 성립되었다. 이 관계는 그 아들 요시모치(義持)에 의해 일시 단절되었지만, 1432년 쇼군 요시노리(義教)의 조공을 계기로 다시 재개되어 이후 대체로 10년을 주기로 朝貢船이 중국에 파견되었다. 그러나 15세기말에 이르러 중앙정권으로서의 통제력을 상실한 막부에 대신하여 對明 조공무역의 이익을 독점하려는 오우치(大內)씨와 호소카와(細川)씨의 대립이 표면화되기 시작했다.

1506년 료안 게이고(了庵桂悟)를 正使로 중국에 파견된 일본의 조공선 3척은 오우치씨에 2척, 호소카와씨에 1척으로 할당되어 편성된 것이었다. 그러나 이에 불만이었던 호소카와씨는 송소경(宋素卿)을 正使로 1척의 조공선을 별도로 파견한다. 당시 明에서는 일본의 조공선 규모를 3척으로 제한하고 있었으므로 별도로 파견된 1척의 조공선은 허용될 수 없는 것이었으나 중국출신인 송소경이 중국측에 뇌물을 줘 조공을 성공시킬 수 있었다. 그러나 이때 게이고가 중국에서 급여 받아 온 새 勘合(조공 허가증)인 正德勘合은 막부에 전달되기 전에 오우치씨에게 강탈당하고 있다. 그 후 1523년 겐도 소세츠(謙道宗設)를 正使로 하여 파견된 3척의 조공선은 오우치씨가 독점 편성한 것으로 正德勘合을 지참하고 있었다. 이에 호소카와씨도 막부에 강요하여 이미 무효가 된 弘治勘合을 얻어 즈이사(瑞佐)를 正使, 송소경을 副使로 한 조공선 1척을 별도로 파견했다. 오우치씨가 정덕감합을 탈취했다고는 하나 그 이전에 이미 막부로부터 對明 조공무역 독점권을 확약 받고 있었으므로 그가 파견한 소세츠는 정식사절이었고 호소카와씨의 즈이사는 僞使의 입장이었다.

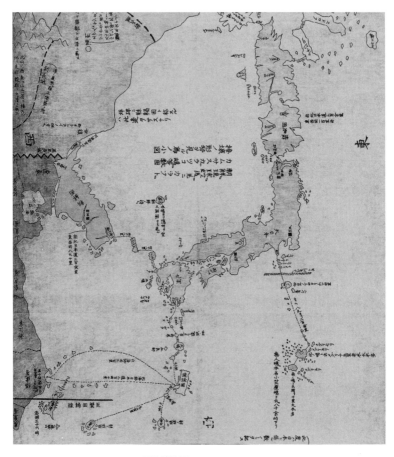

三國接壤地圖(서울역사박물관 소장)

에도시대 실학자 하야시 시헤이(林子平 : 1738~1793)가 1785년 작성한 지도

　그 해 4월 소세츠가 중국 寧波에 입항했다. 그러나 그 보다 늦게 도착
한 즈이사가 뇌물 등의 편법으로 입항수속을 먼저 마쳤을 뿐만 아니라
입항장의 연회석에서도 소세츠의 上席을 차지하기에 이르렀다. 이에 소
세츠側은 불만을 폭발하여 즈이사를 살해하고 달아나는 송소경을 추격
하면서 이를 진압하려는 중국 武官들을 살상하고 닥치는 대로 방화를

자행한다. 이를 영파의 난이라 한다.

이러한 영파의 난은 그 처리과정에서 日·明 양국만이 아니라 조선·유구까지도 관여되는 결과를 가져온다. 中林件과 袁璡件이 그것이다. 中林은 영파의 난을 일으키고 일본으로 도주해 가던 소세츠側의 일행으로 도중에 조선 水軍에 생포되어 중국으로 압송된 자다. 원진은 영파의 난 때 소세츠가 일본으로 납치해 간 중국 武官의 한 사람이다. 그의 송환을 위해 明은 유구를 동원하고 있고 오우치씨는 조선을 이용하려 하고 있다.

이와 관련해 기존연구에서는 영파의 난의 전말과 日·明관계에의 영향이라는 측면에서 中林件과 원진件이 부수적으로 다루어져 왔으나,[1] 본 논문에서는 이 두 件을 본격적으로 취급하려 한다. 그리하여 영파의 난에서 발생한 이 두 건에 대해 조선·일본·明의 三國이 각자 어떻게 대응하고 있었고, 그 결과 상호관계에 어떠한 영향을 주고 있는가 등을 분석하고자 한다. 주된 검토대상은 영파의 난을 일으킨 오우치씨의 조선을 통한 처리 교섭과정과 그의 朝·日 외교상의 지위, 中林件이 가져온 조선의 對日·對明 관계에의 파장, 그리고 특히 일본측의 원진 轉送 요청에 대한 조선의 대응에 주목하려 한다. 무로마치막부의 對明 조공 중재 요청에 대한 조선의 대응을 검토해 보면 對日 관계를 숨기는 것이 對明 외교상의 조선의 방침이었던 것을 알 수 있다.[2] 그렇다면 이러한 방침이 원진件에서도 일관되게 유지되고 있는가에 대해서도 관심을 기울이지 않을 수 없다.

---

1) 이와 관련한 기존연구로는 小葉田淳, 1941, 『中世日支通交貿易史の研究』, 刀江書院의 제4장 제2절 「영파의 亂とその後の經過」 ; 柏原昌三, 1915, 「日明勘合貿易に於ける細川·大內二氏の抗爭(4)」 『史學雜誌』 26-2 ; 민덕기, 1994, 「室町막부시대의 對明 册封관계의 성립과 변화」, 청주대학교史學會, 『淸大史林』 6을 수정한 本書의 제1장을 참고할 것.
2) 민덕기, 1995, 「室町막부의 對明朝貢 仲裁요청과 朝鮮의 대응」, 일본역사연구회, 『일본역사연구』 1을 수정한 本書의 제2장을 참고.

II. 조선의 왜인 中林의 중국 압송

　1523년 5월말 황해도 연안의 민가에 나타나 음식을 구걸하던 왜인의 무리가 있었다. 이들은 조선 水軍의 추격을 받아 대부분 도주했으나 그 중 中林이라는 자가 생포되었다. 이튿날 다시 나타난 60여명을 태운 왜선 1척이 수군의 추격을 받아 도주했다. 6월초에는 전라도 연안에서 왜선 한척이 나타나 수군에 의해 격파되고 왜인 30명이 참획되었다. 조선은 이들을 삼포왜란(1510) 이후 다시 나타난 왜구로 인식하여 연안 방비를 강화하는 한편, 이들의 출현을 임신약조(1512)의 무역 제한규정에 불만을 품은 대마도에 의한 武力示威로 의심하게 된다. 마침 이 때 대마도는 삼포왜란 이후 금지된 특송선 파견을 간청하기 위해 모리시게(盛重)를 조선에 파견하고 있었다.[3)]

　그러나 생포된 中林이 자신을 영파로 향하다 표류된 일본 조공사절의 일행이라고 진술하기에 이르자, 영파의 난에 대한 정보를 접하지 못한 조선은 당시 조선에 머물고 있는 쇼군의 사신인 日本國王使 이치가쿠(一鶚)에게 동반시켜 송환하기로 하는 한편, 왜선이 재차 출현할 때에 대비해 中林의 자필 서한을 작성하여 이를 가지고 왜인을 招諭해 생포하기로 한다. 그러나 왜인들이 무장하고 있고 수군에 대항하려는 자세를 취하고 있었기 때문에 생포하기 보다는 참획할 수밖에 없다는 의견이 제기되기도 한다. 급기야는 조선연안의 방비상태가 일본에 노출될 것을 우려하여 발견하는 즉시 섬멸하기로 한다.[4)]

---

　3)『중종실록』18년 5월 27일(병신)·28일(정유), 6월 1일(경자)·2일(신축)·3일(임인)·4일(계묘). 삼포왜란의 결과 맺어진 임신약조의 내용은 계해약조(1443)의 규정을 크게 제한한 것으로, 歲遣船·歲遣米豆의 半減, 三浦에서의 왜인 거주금지, 特送船 파견금지 등이 그 골격이었다.
　4)『중종실록』18년 6월 2일(신축)·5일(갑진)·6일(을사)·13일(임자).

그 후 영파의 난에 대한 부분적인 정보가 대마도에 의해 조선에 전달된다. 즉 일본 사절이 중국에 가서 중국 배와 중국 관리 두 사람을 납치해 오다가 표류되어 행방불명되었다는 내용이었다. 이에 中宗은 전라도 연안에서 섬멸된 왜인들이 그 중의 일부였다고 추정하고 中林을 다시 심문하기로 한다. 그러나 重臣들은 여전히 中林이나 전라도에서 섬멸된 왜인들의 출현을 조선의 허실을 탐지하려는 대마도의 소행으로 의심하고 있다. 그리하여 왜선이 다시 출현하면 무조건 섬멸하는 방향으로 그 대응책이 재차 反轉된다.5)

6월말, 전라도 수군은 다시 출현한 왜선을 추적해 13인을 참획하고 望古多羅라는 왜인을 생포한다. 조선은 望古多羅를 심문하여 영파의 난을 일으킨 왜인들이 중국인 8명을 납치해 오다가 서해안의 무인도에 방치해 놓았다는 사실을 알아내고 이들을 찾아내 서울로 이송한다. 이 중국인들의 진술에 의해 조선이 비로소 영파의 난의 전말을 깨닫게 되는 것은 7월에 이르러서이다.6)

여기서 조선이 6월말부터 1개월 동안, 조공 도중에 표류했다는 中林의 진술이나 대마도측의 영파의 난에 대한 정보를 불신하고 있었던 이유에 대해 검토해 보자. 당시 조선은 일본의 對明 조공사절이 영파를 통해 입항하고 있다는 사실조차 모르고 있었다. 조선이 그 사실을 겨우 추정하게 된 것도 마침 그 때 조선에 와 있는 일본국왕사 이치가쿠가 작성한 詩를 통해서였다.7) 또한 대마도측의 영파의 난에 대한 정보를 접하고도 이를 의심하여 포구에 머물고 있는 모리시게에게, '中原'에 새 황제가

---

5) 『중종실록』18년 6월 14일(계축)·26일(을축). 대마도가 5월 초에 일어난 영파의 난을 이 시점에서 파악하고 있었음은 동북아시아 해역의 정보에 대마도가 그만큼 민감해 있었음을 보여주는 것으로 주목된다.
6) 『중종실록』18년 6월 29일(무진) ; 7월 7일(을해)·20일(무자).
7) "今日本使臣一鶚東堂詩軸, 亦有寧波府之語, 而東堂乃於少時朝貢, 中朝之所經歷處也, 以此觀之, 則自日本向于中朝, 則必泊于寧波府也."(『중종실록』18년 6월 12일[신해])

즉위하면 조공하는 例가 일본에 있는가? 그런 예가 있다면 올해도 '중원'에 조공했는가? 등을 질문하려 하고 있다.[8] 이처럼 조선이 日·明관계에 대한 정보를 갖고 있지 않다는 것은 조선의 日·明관계에 대한 무관심의 반영이며, 동시에 日·明관계가 朝·日관계와는 전혀 무관하게 전개되고 있었다는 것을 보여주는 것이다.

8월, 陳慰使 김원기가 중국에서 돌아와 영파의 난에 대해 보고하고 있다. 그러나 당시 일본의 정식 사자가 송소경이었고 소세츠는 僞使였다고 전달하고 있다. 이는 송소경의 진술 만을 근거로 영파의 난을 파악하고 있었던 당시 明의 시각을 그대로 보고했기 때문이다. 송소경의 뇌물수뢰 등의 죄상이 밝혀지는 것은 그 후의 일이다.[9] 김원기의 보고에 의거하여 承旨 김희수는 中林 등이 소세츠의 휘하면 중국에 압송해야 하지만 송소경의 휘하면 그럴 명분이 없으니 이에 대해 中林 등을 직접 심문해보자고 하고 있다. 그러나 中宗은 이를 거부하고 있다. 조선측이 중국 변방에서 일어난 일을 신속 정확하게 알고 있으면 중국이 오히려 의심할 것이라는 이유에서였다. 中宗의 의견은, 중국인과 中林 등이 전에 한 진술을 다만 간단히 기록하여 중국에 보고하자는 것이었다.[10]

8월말, 조선은 참획한 '賊倭' 32명의 머리와 생포한 中林 등 2명 및 그들이 납치한 중국인 8명을 형조참판 성세창을 통해 중국에 보냈다. 이때 지참해 간 奏文내용은 중종의 의견이 반영된 소략한 것이었다. 이에 明은 中林 등 2명을 남방의 항주에 보내 그 곳에 억류되어 있는 송소경과 대질심문하게 되나 판결이 나기 전에 3명 모두 감옥에서 사망한다.[11]

---

8) "令宣慰使私問曰, 中原新君立, 則有朝貢之例乎, 曰然則更問曰, 今年亦朝貢于中原歟, 以此問之, 則似可知矣."(『중종실록』 18년 6월 28일[정묘])

9) 『明世宗實錄』 嘉靖 2년 6월 戊辰條 ; 鄭樑生, 1985, 『明·日關係史の硏究』, 東京: 雄山閣出版, 289쪽.

10) 『중종실록』 18년 8월 18일(을묘).

11) 『중종실록』 18년 8월 29일(병인) ; 鄭樑生, 주 9) 앞의 책, 291쪽.

조선이 영파의 난을 일으킨 왜인 수십명을 참획하고 그 중 생포한 中林·望古多羅를 중국에 압송한, 이른바 中林件은 조선의 사대·교린정책 사이의 괴리를 확대시킨 사건이 되었다. 즉 中林 등의 중국 압송을 결정하는 단계에서 判尹 한형윤은, 中林件에 의해 조선의 對日 관계를 '潛交'로 의심하는 중국의 오해가 풀릴 수 있을 것이라고 하여 사대관계의 好轉을 기대하고 있다. 그러나 中宗은 中林件이 對日 교린관계에 손상을 초래할 것으로 우려하여 일본국왕사 이치가쿠에게 양해를 구하려 하고 있다.

즉 中林 등이 중국에서 살상을 자행하고 중국인 8명을 납치하여 섬에 방치했을 뿐 아니라 조선측에도 도발했으므로 하는 수 없이 이들을 참획 생포한 것이며, 이들을 중국에 보낸 것도 사대의 성의를 표하기 위해서였다고 설명하고 있다. 또한 이치가쿠의 임신약조 제한규정의 완화요구에 대해서도 세견선 5척을 '別賜'하여 이전의 강경자세에서 후퇴하고 있다.[12) 중종의 우려처럼 그 후 일본은 中林件을 구실삼아 조선을 힐책하여 무역문제 등을 유리하게 전개하려 하게 되고, 한편 明도 中林件을 계기로 조선을 일본이 두려워하는 강대국으로 인식하게 된다(후술).

III. 영파의 난 수습 위한
일본의 조선·중국과의 교섭

1524년 8월 조선에 파견된 오우치씨 使者(大內殿使) 진슈쿠(仁叔)는, 오우치씨가 표류된 조선인 9명을 보호하고 있으며 영파에서 납치해 온 중국인 4명을 하카타(博多)의 聖福寺에 구류시키고 있다고 전해왔다. 이

---

12) 『중종실록』 18년 8월 4일(신축)·12일(기유) ; 9월 3일(경오)·6일(계유).

중국인들은 후술하는 원진 일행이다. 오우치씨는 이들을 조선을 경유해 중국에 송환하려고 이미 그 前年에 유구사람 等悶意를 통해 조선에 요청한 바가 있었다.[13] 이로 보아 오우치씨는 유구사람을 통해 원진 일행의 轉送을 조선에 요청해 놓고 있으면서도, 진슈쿠를 통해서는 그들이 구류되어 있다는 것을 환기시키는 방법으로 그 요청을 우회적으로 다시 제기한 듯하다.

이에 대해 조선의 반응이 없자 이듬해인 1525년 4월, 일본국왕사 게이린(景林)이 조선 표류민을 대동하고 와서 '日本國王源義晴'의 서계를 제출했다. 그 내용은, 1523년 일본이 중국에 조공사절을 파견했을 때, 이전에 國庫에 있던 弘治勘合을 훔쳐 달아났던 '奸細之徒'가 마침 영파에 입항하여 조공하려 하는 것을 목격했다. 조공사절이 추격해 보니 이들이 중국 武官 원진 등 3인을 길잡이로 삼고 있었으므로 그들을 잡아 귀국했다. 그러나 내년에 이들을 귀국시키고자 하니 조선이 중국에 이 사실을 통보해 달라는 것이었다.[14]

이 내용은 영파의 난의 사실을 전혀 왜곡하고 있다. 즉 홍치감합은 호소카와씨측의 송소경이 조공에 지참한 감합이지 도난당한 감합이 아니었다는 점, 원진 일행은 변방방위에 임했던 것이지 '奸細之徒'의 길잡이가 아니었다는 점이다. 이는 원진 일행의 납치를 왜곡시켜 정당화하고 있다는 점에서 오우치씨의 입장을 두둔한 내용이라 하겠다.

게이린은 上京에 즈음하여, 이번 조선 표류민의 송환에는 대마도 特送人 모리시게의 공로가 크니 그도 상경시켜야 할 것이며 아울러 대마도의 세견선도 증가해 달라고 요구하고 있다.[15] 한편 송환된 조선인과 함께 포구에 머물고 있던 大內殿使도 모리시게의 同伴 상경을 조건으로

---

13) 『중종실록』 19년 9월 2일(계해).
14) 『중종실록』 20년 4월 16일(을사).
15) 『중종실록』 20년 5월 13일(신미)·21일(기묘).

삼아 조선의 상경 재촉을 거부하고 있다. 大內殿使가 모리시게과 함께 상경하는 것은 6월이다.[16]

이로 보아 게이린과 大內殿使가 함께 대마도주의 입장을 적극 대변하고 있음을 알 수 있다. 즉 게이린이 오우치씨 領內의 조선인을 송환하면서도 송환의 공로로 모리시게의 上京을 요구하고 있고, 또한 대마도주의 현안인 세견선 증가를 요구하고 있다. 大內殿使 또한 모리시게의 상경을 요구하고 있다. 임신약조는 대마도 특송선의 파견을 금지하고 있었으므로 特送人 모리시게의 상경은 특송선의 부활을 의미한다. 이에 대해 조선 또한 애초부터 게이린의 파견을 대마도의 술책에 의한 것으로 인식하고 있다.[17] 게이린에 뒤이어 상경한 조선인 김필도, 근간에 조선에 파견된 일본국왕사 및 大內殿使를 모두 대마도인들이 사칭하여 파견한 자들이라고 주장하고 있다.[18] 그렇다면 마치 대마도가 일본국왕과 大內殿의 명의를 도용하여 조선에 자의적으로 사절을 파견하고 있는 듯이 보인다. 이의 사실여부를 파악하기 위해 당시의 대마도주인 宗氏·오우치씨·막부와의 삼자 관계를 검토해 보자.

우선 종씨와 오우치씨와의 관계를 살펴보자. 1520년대에서 1560년대까지 종씨가 규슈 북부의 다이묘(大名)나 그 가신에게 보낸 서간의 필사본인 「大永享祿之比御狀幷書狀之跡付」에는, 임신약조 이후 종씨가 경제적 자립을 위해 북쪽 규슈의 다이묘들과 긴밀한 관계를 확보할 필요에서 보낸 서간들이 수록되어 있다. 주목되는 것은 이 서간의 대부분이 오우치씨측을 수신인으로 하고 있다는 것으로 이는 종씨의 오우치씨와의 친밀한 관계를 보여주는 것이다.[19] 오우치씨는 자신이 장악하고 있던

---

16) 『중종실록』 20년 5월 16일(갑술) ; 6월 22일(경술).
17) 『중종실록』 20년 4월 22일(신해)조의 의정부 및 예조의 의견, 19일(무신)조의 중종 의견, 28일(정사)조의 영의정 남곤 의견.
18) 『중종실록』 20년 7월 3일(경신)·12일(기사).
19) 田中健夫, 1982, 『對外關係と文化交流』, 思文閣出版, 436쪽.

하카타 항구를 대마도에 개방하여 자유 통행할 수 있게 入港稅를 면제
하는 특별대우를 해 주고 있었다. 이것은 1478년 대마도가 이전까지 主
從관계에 있던 쇼니(少貳)씨를 배반하고 오우치씨에게로 전환한데 대한
보상이었다.[20] 종씨가 보다 다량의 조선 산물을 하카타에 입항시키는
것은 오우치씨의 입장에서도 경제적인 이익이 되기 때문에 임신약조의
제한완화에 공동보조를 취했을 것으로 추정된다. 이렇듯 양자가 협력적
주종관계에 있었으므로 宗氏가 오우치씨의 명의를 도용하여 조선에 사
절을 파견할 리는 없었을 것이다.

그러면 종씨와 막부와의 관계는 어떠했는가? 1493년 호소카와씨의 쿠
데타에 의해 쇼군직에서 요시타네(義稙)가 축출되자, 종씨는 오우치씨와
협력하여 요시타네를 재옹립하기 위해 규슈의 다이묘들에 대한 공작을
전개했다. 요시타네가 쇼군이 된 다음 해인 1509년 종씨는 그에게 사자
를 파견하여 조선 서적을 바치고 그의 이름 한 字를 내려줄 것을 요청했
고, 이에 요시타네는 종씨의 공로를 인정해 源氏 姓과 '義'字를 내려주
게 된다. 종씨가 그 이름에 '義'를 사용하게 된 것은 이 때부터이다. 종
씨는 1511년부터 8년간 교토에 체류하는 사이엔 요시타네에게서 토지도
받고 있다. 그러므로 삼포왜란 이후 임신약조의 체결에 이르기까지 수차
례 조선에 파견된 호츄(弸中)는 다름 아닌 쇼군 요시타네에 의해 파견된
일본국왕사였음에 틀림없다. 이는 대마도 사료「宗左衛門大夫覺書」를
통해서도 알 수 있다. 특히 1511년 4월 호츄의 도항 때는 쇼군의 서계만
이 아니라 오우치씨의 서계도 지참하고 있었다.[21] 이로 보아 당시 막부

---

20) 佐伯弘次, 1987,「中世都市博多の發展と息浜」『日本中世史論攷』, 文獻出版, 435~
436쪽.
21) 中村榮孝, 1965,『日鮮關係史の硏究(上)』, 吉川弘文館, 723쪽의 주 4) ; 中村榮
孝, 위의 책 下卷의 123쪽.「宗左衛門大夫覺書」는 대마도의 北端 大浦에서 宗左
衛門이 1510년부터 1515년까지의 조선과 대마도 사이를 왕래한 선박에 대한 기
록으로, 그 全文은 中村榮孝, 위의 책 下卷, 159~168쪽에 수록되어 있다.

와 오우치씨가 내마도를 적극응원하고 있었음을 알 수 있다. 그러나 이러한 막부와 종씨와의 협력관계가 호소카와씨에 의해 요시타네가 축출되고 요시하루(義晴)가 쇼군이 되는 1521년 이후에도 지속되지는 않았으리라 보인다. 그렇다고 종씨가 일본국왕사를 마음대로 조선에 파견할 수는 없었을 것이다. 후술하듯 막부의 정치에 부단히 개입하려 한 오우치씨의 입장을 종씨는 고려할 수밖에 없는 입장이었기 때문이다.

그렇다면 오우치씨와 막부와의 관계는 어떠했는가? 오우치씨는 일본 내에서 막강한 경제력과 군사력을 가진 세력이었으므로 중앙정치에 부단히 개입하고 있었다. 1467년에 일어난 오닌(應仁)의 난 때에는 막부를 지지하는 호소카와씨측의 東軍에 대항해 西軍의 중심세력으로 활약했고, 기존의 막부 대신 새 막부를 건설하려 하기도 했다.[22] 그 후 중앙정치에서 손을 떼고 領地 경략에 전념하던 오우치씨는 교토로부터 축출된 前쇼군 요시타네가 신변을 의탁해 오자 이를 보호하였고, 1508년에는 武力으로 교토에 진입하여 그를 다시 쇼군에 옹립한다. 이후 오우치씨는 교토에 체류하고 있으면서 막부의 정치를 좌우하지만 1518년엔 영지로 돌아와 그 경영에 다시 전념한다. 3년 후 호소카와씨의 쿠데타로 요시타네가 재차 축출되고 요시하루가 쇼군이 되자 오우치씨는 중앙정치 무대에서 소외된다.

전술한 바처럼 1525년 일본국왕사 게이린이 쇼군의 서계라고 조선에 제출한 것은 오우치씨를 두둔한 내용이었고, 그가 송환해 온 조선인은 오우치씨가 보호하고 있었던 자들이었다. 그러나 호소카와씨가 당시 막부권력을 좌우하고 있는 상황에서 그러한 내용의 서계를 쇼군으로 하여금 작성케 할 리가 없고, 일본국왕사라고 하여 오우치씨 영토 내의 조선인을 빼앗아 송환할 수는 없었을 것이다. 표류인 송환은 조선의 代償을 전제로 한 행위였으므로 오우치씨가 이를 양보할 리가 없다. 후술하듯

---

22) 민덕기, 주 2) 앞의 논문, 45~48쪽.

1527년 明에 제출한 요시하루의 답서는 오우치씨를 비난하고 호소카와 씨를 두둔한 것이었다. 이로 볼 때 일본국왕사 게이린과 그의 지참한 서 계는 오우치씨에 의해 날조된 것으로 여겨진다.[23] 게이린을 통해 조선 인이 송환된 것도 그 때문이다.

그렇다면 일본국왕사와 大內殿使가 모두 대마도인이라는 김필의 발언 은 어떻게 이해해야 할 것인가? 아마도 게이린과 大內殿使가 수행원으로 데리고 온 대마도인을 보고 착각한 것으로 보아야 할 것이다. 즉 오우치 씨는 일본국왕사와 大內殿使를 파견하면서도 그 수행원에 한해서는 조 선에 근접한 지역인 대마도 사람으로 충원하고 있었던 것 같다. 이는 주 종관계에 있으면서 對朝鮮 무역에 협력하고 있던 양자 사이의 긴밀한 관 계를 나타내 주는 것이라 하겠다. 그러나 오우치씨가 멸망하는 1551년 이후의 일본국왕사는 대마도 종씨에 의해 파견되는 것으로 추측된다.[24]

한편 쇼군 요시하루는 1527년 8월부로 작성된 明에 보내는 표문과 別 幅을 유구를 통해 전달하게 한다. 이는 1525년 6월 嘉靖帝가 유구를 통 해 일본국왕에게 내린 칙유에 대한 답이었다. 당시 가정제가 보낸 칙유 는, 영파의 난을 일으킨 主犯을 압송하고 원진 일행을 송환하지 않으면 조공을 거부할 뿐만 아니라 일본을 정벌하겠다는 내용이었다.[25] 이에 대한 요시하루의 답은, 송소경이 정식사절이며 소세츠는 僞使였다고 주 장하고, 영파의 난의 主犯을 이미 처단했으며 원진 일행은 前年에 송환 하려다가 풍랑으로 되돌아 왔으므로 근간에는 꼭 송환시키겠다고 약속 하고 있다. 그리고 중국에 억류되어 있는 송소경 등을 송환시켜 줄 것과,

---

23) 小葉田淳도 주 1) 앞의 책, 150쪽에서 게이린의 파견을 오우치씨의 행위라 하고, 이를 "博多商人의 商業的·對馬島의 政治的 배경하에 성립" 된 것으로 평가하고 있으나 구체적인 논증은 생략되어 있다.

24) 田代和生·米谷均, 1995, 「宗家舊藏『圖書』と木印」『朝鮮學報』156은, 최근 발견 된 대마도 宗氏가 사용했던 위조 圖書와 木印을 검토하여 대마도의 對朝鮮 통교 체제의 독점현상을 밝힌 것으로 주목된다.

25) 『明世宗實錄』嘉靖 4년 6월 己亥條.

金印과 감합을 다시 하사해 달라는 요청을 담고 있었다.[26]

이와 같이 요시하루가 소세츠를 僞使로 설명하고 새 金印과 감합을 요청하고 있는 것은, 쇼군 요시하루를 옹립하여 막부 정치를 좌우하고 있는 호소카와씨의 의도가 반영된 것이었다. 호소카와씨는 明으로부터 새 金印과 감합을 받아 오우치씨가 독점하던 對明 조공무역을 자신을 중심으로 새로이 전환시키려 한 것이었다.[27] 그러나 오우치씨 휘하에 있는 영파의 난의 主犯을 처단하고 원진 일행을 송환하려 했다는 요시하루의 주장은 신빙성이 적다. 당시 막부는 오우치씨를 제압할 능력을 갖고 있지 않았기 때문이다.

요시하루가 보낸 表文과 別幅은 유구를 통해 1530년 明에 전달된다. 이에 대해 明은 소세츠의 압송과 원진 일행의 송환이 선행되지 않는 한 일본의 요청을 수용할 수 없다는 입장을 견지하고, 그러한 뜻의 칙서를 재차 유구를 통해 일본에 전달하기로 한다.[28] 그러나 그 후 이와 관련한 明의 동향이 사료에 보이고 있지 않는 점으로 보아 논의에 그친 듯하다.

주목되는 것은 요시하루의 표문과 별폭이 작성된 한 달 뒤인 1527년 9월에 오우치씨가 유구에 서한을 발급했다는 사실이다. 서한의 내용은, 유구가 明의 對日 칙유를 막부에 전달한 사실을 알고 있으나 對明 조공무역은 오우치씨가 막부의 허용하에 독점적으로 행해 왔다는 사실을 밝히고, 원진 일행의 송환건 등은 이 서한을 가지고 가는 사자로 하여금 상세히 구두로 전하겠다는 것이었다.[29] 이러한 오우치씨의 움직임은 明－유구－막부를 통한 영파의 난 처리과정에서 자신이 소외되고 호소카와씨 주도의 對明 조공무역이 성립될지도 모른다는 우려에서 나온 것으로

---

26) 田中健夫編, 1995, 『譯注日本史料－善隣國寶記·新訂續善隣國寶記』, 集英社, 330~336쪽.

27) 栢原昌三, 주 1) 앞의 논문, 65쪽.

28) 『明世宗實錄』 嘉靖 9년 3월 甲辰條.

29) 湯谷稔編, 1983, 『日明勘合貿易史料』, 國書刊行會, 402쪽.

여겨진다. 또한 조선의 거부로 지체된 원진 일행의 송환을 유구를 통해 시도하려 했음도 알 수 있다. 그러나 오우치씨의 서한에 대한 유구의 반응이 관련 사료에 나타나 있지 않는 점으로 보아 묵살된 것으로 여겨진다.

1528년 7월, 오우치씨가 사자 도오운(東雲)을 조선에 파견해 예조와 중국에 보내는 두 통의 서계를 제출했다. 중국에 보내는 서계는 조선에 의해 수리가 거부되어 그 내용을 알 수 없으나 예조에 제출된 서계와 대동소이할 것으로 보인다. 예조에의 서계는, 袁希玉(원진) 일행 3명 중 1명이 질병으로 사망했다는 것, 이들이 계속 지리적으로 가까운 조선을 통해 본국에 송환되고 싶다고 호소하고 있다는 것, 그래서 재차 이들의 轉送을 요청하지만 다시 거절되면 유구로 전송하겠다는 것 등의 내용을 담고 있었다.[30]

도오운은 다음달 8월에 다시 서계를 제출했는데 그 내용은, 조선이 표류한 일본인 80여명을 살해하고 2명은 중국에 압송하여, 이를 들은 일본인들이 모두 원한을 품고 있으나 오우치씨는 조선과의 기존 관계를 변함없이 유지하려 하고 있다는 것이었다. 마침 이 때 일본국왕사 이치가쿠도 上京하여 서계를 제출했는데, 조선에 표류한 왜인을 송환해 달라는 내용이 들어있었다.[31] 이 두 서계가 모두 영파의 난을 일으키고 도망 오다 조선에 출현했던 왜인들을 단순히 표류인으로 표현하고 있는 것은 이들에 대한 조선측의 행위를 추궁하기 위한 술책으로 보인다. 그런데 이치가쿠가 삼포왜란 이후 상실된 오토모(大友)씨에 대한 圖書를 재발급해 달라고 요구하고 있는 점, 그것도 일본국왕의 서계로서 요구하고 있다는 점이 주목된다. 이 요구는 조선의 거부에도 불구하고 누차 제기된다.[32]

---

30) 『중종실록』 23년 7월 3일(임신). 여기서 大內殿使의 이름을 義興이라 기록하고 있으나 義興은 당시 오우치씨의 이름인 大內義興에 해당된다. 그러므로 같은 해 8월 21일(경신)조에 보이는 '大內殿使 東雲'을 잘못 表記한 것으로 여겨진다.
31) 『중종실록』 23년 8월 23일(임술)·29일(무진) ; 10월 27일(을축).
32) 『중종실록』 23년 윤10월 5일(계유)·7일(을해) ; 24년 2월 13일(기묘).

오토모씨는 오우치씨와 반목하고 있던 사이였다. 그러므로 이치가쿠를 막부가 아닌 오우치씨에 의해 파견된 僞使로 간주한다면, 오우치씨의 그러한 요구의 의도는 오토모씨 명의의 圖書를 발급받아 이를 가지고 오토모씨와 화해하려 했던 것으로 보인다. 오우치씨와 오토모씨가 막부의 조정으로 화해하는 것은 1538년이다.

1538년 3월 막부의 허용하에 오우치씨가 호소카와씨를 배제하고 독점 편성한 3척의 조공선이 중국으로 출발했다.[33] 이 때 조공사절은 明側에 송소경의 송환과 그의 지참했던 조공물품의 환납 및 새 감합을 요구하고 있었지만 明은 이를 모두 거부하고 있다. 明은 또, 일본이 조공재개의 전제조건이었던 소세츠의 압송과 원진 일행의 송환을 이행하지 않았는데도 조공을 허용한 것은 조공사절의 항해의 노고와 순종적인 자세를 참작한 결과라고 평하고 있다. 이에 대해 사절측은 소세츠가 영파의 난 때 이미 살해되었으며 원진 일행도 1531년 송환중 해난사고로 익사했다고 밝히고 있다.[34]

이로서 영파의 난의 처리는 일본의 조공재개와 이에 대한 明의 수용으로 일단락되었다고 볼 수 있다. 그러나 그 과정에서 양국은 인접국인 조선 또는 유구를 동원시켜 해결을 모색하려 하였다. 즉 明이 유구 루트를 활용하여 타결을 기도하고 막부도 이 루트를 개설하려 하자, 이미 조선루트를 통해 해결을 모색하던 오우치씨는 일시 유구 루트를 시도해 보기도 한다. 그러나 오우치씨는 기본적으로 조선루트로의 원진 일행의 송환을 통해 對明 관계의 회복을 희망하고 있었다. 그 과정을 보면 1524년엔 원진 일행의 구류를 통보하는 우회적인 방법으로, 그 다음해엔 원진件의 중국 轉達을 국서를 날조하여 막부의 의사로서 요청했고, 1528년

33) 柏原昌三, 주 1) 앞의 책, 69쪽.
34) 湯谷稔編, 주 29) 앞의 책, 478~532쪽에 수록된 당시 사절의 副使였던 策彦周良의 기행기록 중에서 天文 8(1539)년 6월 7일조, 天文 9년(1540)년 4월 14일과 16일조. 『明世宗實錄』嘉靖 19年 2月 丙戌條.

동북아시아 지도

엔 원진 일행의 轉送을 직접 요청하면서 유구로의 전송까지도 고려하고 있다고 밝혀 조선의 수락을 강요하고 있다. 더욱이 이때는 중국에 보내는 서계까지 동시에 지참시키고 있었으며 中林件을 가지고 조선을 비난하고 있다.

이처럼 강도를 높여가던 원진件에 관한 오우치씨의 요청은 원진 일행의 사망을 계기로 사라지고 그 대신 中林件 만이 한동안 제기된다. 일본 국왕사로 파견된 1537년의 도요(東陽)와 1542년의 안신(安心)이 조선에 제출한 서계가 그것이다. 그 내용은 中林 등이 표류민이었는데 조선은 이들을 참획하고 중국에 압송했다고 힐책한 것으로, 특히 조선이 1530년 제주도에 표류한 유구사람을 후대하여 중국으로 轉送한 것과 비교하면서 그 차별을 비난하고 있다.[35] 그러나 두 사신이 조선체류 중에 요구한 내용은 오히려 무역문제였다.[36) 그러므로 서계에서의 中林件 제기는 조선을 압박하여 보다 많은 무역이윤을 얻기 위한 수단으로 사용되었던 듯하다. 또한 도요와 안신 및 그들이 지참한 서계도 오우치씨에 의해 날조된 것으로 보인다.

Ⅳ. 일본의 중국 피로인 轉送 요청과 조선의 대응

원진 일행의 轉送件이 조선에서 처음 논의되는 것은 1524년이다. 전술하듯 조선에 파견된 大內殿使 진슈쿠가 하카타에 중국인이 구류되어 있다는 사실과 표류된 조선인을 근간에 송환하겠다는 뜻을 밝히자, 그 前年에 유구사람을 통해 원진 일행의 轉送요청이 있었음을 상기한 조선측은 머지않아 오우치씨로부터 정식으로 전송요청이 제기되리라 예상하고 이에 대해 논의하기에 이른다.[37)

이때 중종은, 조선측이 자국 표류민 송환을 요구하면서 중국인은 그곳에 방치해 둔다는 것은 사리에 어긋나는 것이라고 원진 일행의 轉送을 긍정적으로 여기고 있다. 그러나 領事 남곤은, 오우치씨가 영파와 가까운 지역에 위치하고 있으므로 원진 일행을 直送하여 중국에 사죄하는 것이 순리이며, 조선이 轉送하려 해도 오우치씨가 이를 거절하면 국체만 손상된다고 반대하고 있다.

---

35) 『중종실록』 32년 정월 13일(계사) ; 37년 4월 20일(경오). 표류한 유구인의 송환에 대한 기사는 『중종실록』 25년 8월 11일(무진)·10월 9일(을축) ; 26년 2월 28일(계미).
36) 『중종실록』 32년 4월 15일(계해)·24일(임신) ; 37년 6월 26일(을사) ; 7월 16일(갑자)·17일(을축)·25일(계유). 특히 安心은 未曾有의 銀 8만량을 지참해 와서 이에 대한 公貿易을 조선에 요구하고 있었다.
37) 『중종실록』 19년 9월 3일(갑자)·6일(정묘).

의정부와 예조도, 일본측의 중국인 전송요청에 대한 세종·성종대의 차등 대응을 예로 들어 반대하고 있다. 즉 세종대에는 조선에서 가까운 대마도에 잡혀있어 중국으로 돌려보냈지만, 성종대엔 일본 본토였기에 전송을 거부하고 還送한 것처럼, 지금 오우치씨는 조선보다 중국에 가까우므로 스스로 직송케 해야 한다고 하고 있다.

여기서 세종대의 중국인 송환은 서성을 말하는 것이며 성종대의 것은 잠엄의 예를 가리킨다. 그러나 성종대 잠엄의 조치에 대한 의정부 및 예조의 인식은 사실에 어긋난다. 즉 잠엄은 일본에 還送되지 않은 채 조선에서 여생을 마쳤고, 중국에 전송하지 않은 이유도 사로잡힌 지역을 문제 삼은 결과가 아니라, 그가 중국인인지 어떤지 불분명한 점과 전송했을 때 朝·日 외교관계가 중국에 노출된다는 점 때문이었다.[38] 또한 오우치씨의 지리적 위치가 조선보다 중국에 가깝다는 인식도 잘못된 것으로 오우치씨의 영역인 북부 규슈에서 영파까지의 거리는 조선보다 훨씬 멀다. 그런데 中林 등을 압송한데 이어 다시 원진 일행을 전송한다면 중국은 조선을 강대한 나라라고 의심할 것이라는 반대논리는 시사하는 바가 크다. 중국은 조선이 강국으로 인식되면 이를 견제할 것이기 때문이다.

1525년 4월 일본국왕사 게이린에 의해 쇼군 요시하루의 서계가 조선에 전달되었다. 그 내용은 전술하듯 원진 일행을 송환하려 하니 조선이 이를 중국에 알려달라는 것이었다. 이에 대해 중종은, 원진 일행의 전송은 朝·日관계를 중국에 노출시키는 결과가 되므로 허락할 수 없으나, 중국에서 노략질을 벌였던 왜구를 조선이 잡아 바친 前例도 있어[39] 이미 중국은 조선이 일본을 가까이 하고 있음을 알고 있을 터이니, 일본이 직

---

38) 有井智德, 1985, 『高麗李朝史の硏究』, 國書刊行會, 479쪽, 482~483쪽.

39) 有井智德, 주 38) 앞의 책, 492~499쪽에는 世宗代에 중국을 침략한 왜구를 조선이 잡아 헌상한 事例들이 보인다.

접 원진 일행을 동반하여 왔을 때는 마땅히 중국에 송환시켜야 한다고 전송에 찬성하고 있다.[40] 그러나 의정부는, 일본의 요청은 원진 일행의 납치에 대한 중국의 문책을 두려워하여 내어진 것으로 조선을 시험하기 위해 제시한 것이라고 추정하고 있다. 그러므로 설령 원진 일행을 조선이 전송한다 해도 중국은 그 쇄환의 경유를 문제 삼아 조선을 문책할 것이라고 반대의 입장을 명백히 하고 있다.[41]

이후 두 달이 지난 6월, 게이린이 데리고 온 조선인이 조정에 보고하길, 오우치씨에게 억류된 중국인 배대인(裵大人)으로부터 자신들의 송환 건을 조선으로 하여금 중국에 통보케 해 달라는 요청을 받았다고 알렸다. 이에 조정에서는 다시 논의가 벌어지니 『중종실록』 20년 6월 임자·갑인조를 통해 검토하면 다음과 같다. 중종은, 일본 국서에는 원진이라 하고 조선인은 배대인이라 하여 그 이름이 같지 않지만 중국의 변방 장수임에는 틀림없으므로 이 사실을 중국에 轉達하자고 하고 있다. 그리고 그들이 훗날 중국에 돌아가 조선이 자신들의 송환에 전혀 비협조적이었다고 밝히면 중국의 추궁을 받게 될 것이라고 우려하고 있다.

그러나 삼정승과 남곤(a), 정광필 外(b), 홍문관(c)은 다음과 같은 측면에서 轉達에 반대하고 있다. 사대의 성의로서는 전달하는 것이 도리이지만 피로인의 이름이 불명확하므로 이를 경솔히 전달했다가 허위였을 경우 오히려 그 성의가 훼손된다(a,b). 전달할 경우 朝·日통교 사실이 탄로날 뿐만 아니라(b), 영파의 난으로 日·中관계가 단절된 상황이므로 중국은 피로인 송환을 조선에 명령할 것이고 조선은 이를 거부할 수 없을 것이다(a,c). 이에 조선이 피로인을 송환해 오려고 서두르면 일본이 간교를 부려 지연책을 펼지도 모르고, 가뜩이나 일본의 무역적 요구들 때문에 이를 감당할 수 없는 처지인데 다시 일본이 다른 요구를 해 와도 송

---

40) 『중종실록』 20년 4월 17일(병오).
41) 『중종실록』 20년 4월 18일(정미).

환건 때문에 이를 전폭적으로 수용해 주어야 가능할 것이다(b,c). 겨우 그들을 송환한다 해도 이것이 前例가 되어 이후에 다시 피로인이 생기면 중국은 조선에 그 송환을 명령할 것이다(a,b). 그러므로 결코 전달해서는 아니 되며, 만약 그 피로인이 중국에 직송되어 조선이 자신들의 송환을 기피했다고 뿜해도, 조선은 피로인의 이름이 불명확한데다 조선에 동반해 오지도 않았다는 것을 구실로 삼아 대답하면 이에 대한 중국측의 힐책은 없을 것이다(b,c).

이와 같은 重臣들의 반대로 일본에 내어진 회답은, 일본에서 중국으로 가는 길은 가깝지만 조선을 경유해 가는 길은 멀고, 또한 일본은 중국의 외곽에 위치한 조공국('梯航之列')이므로 스스로 피로인을 직송해야 한다는 거부의 내용이었다.[42]

1528년 7월 초순 오우치씨가 사자를 파견해 두 통의 서계를 제출했다. 조선은 예조로 보낸 서계만을 수리하고, 중국에 보내는 다른 하나는 열람하지 않은 채 되돌리고 있다. 예조에의 서계내용은 전술했듯이, 袁希玉(원진) 일행이 아직도 조선을 통해 귀국하고 싶어 한다고 전하면서 재삼 그의 전송을 요청하고, 이 요청이 다시 거부되면 유구로 전송하겠다는 것이었다.

이에 대해 예조판서 허굉 등은 전번 답서처럼 거부하자고 하면서도, 원진 일행이 유구를 통해 송환된다면 일본측의 수차례 전송요청을 조선이 기피해 왔음이 중국에 밝혀질 것이라고 우려하고 있다. 중종도 그러한 결과를 염려하여 중신들의 의견을 묻고 있는 중에, 1525년 일본이 요청한 원진 일행의 전송을 조선이 거부한 이유가 다름 아닌 朝·日 통교관계를 중국에 숨기기 위해서였다고 술회하고 있다. 전송을 반대하는 영의정 정광필 등은 그 이유로, 전송을 요청하는 일본의 진의를 모른 채 들어주면 유사한 요구들이 잇따라 나와 이를 감당할 수 없을 것이고, 조

---

42)『중종실록』23년 7월 3일(임신)조의 예조판서 허굉 등의 의견을 참고.

종조부터 중국에 숨겨온 對日관계를 노출시키지 않기 위함이라고 듣고, 그러므로 원진 일행의 전송이 사대의 성의에 부합되지만 국가의 안위를 우선시해야 한다고 주장하고 있다. 또 만약 전송 거부를 중국이 문책한 다면 삼포왜란 이후 일본인들을 신임할 수 없었기 때문에서였다고 핑계 대면 된다고 제안하고 있다. 게다가 전송을 허락하면 반드시 원진 일행 만이 오지 않고 그들을 호송한다는 구실로 왜인들도 조선을 거쳐 중국에 다녀올 것이며, 이는 일본에 조선의 길을 열어주는 것이니 결코 허락할 수 없다고 반대하고 있다.[43)]

그러자 중종은, 황제가 일본에 잡혀간 중국인을 송환하라고 조선에 칙 유를 내린 前例 여하와, 일본이 잡아간 중국인을 전송해 달라고 조선에 요청한 전례 여하를 고려대 이후의 사료에서 찾아보라고 분부하고 있다. 이 분부를 받은 예조는 後者의 전례만이 하나 있으며 그것은 성종대의 잠엄件이라고 보고하고 있다.[44)] 이로서 오우치씨의 요청은 다시 거부되 었다.

1528년을 마지막으로 일본측으로부터의 원진件에 대한 요청은 보이지 않고 그 대신 中林件을 비난하는 서계가 여러 차례 제출되니, 1537년 日 本國王使 도요가 가져온 쇼군의 서계도 그러한 것이었다. 그 까닭은 원 진 일행이 이미 사망했기 때문이었다(전술). 그러나 이를 모르는 조선은 도요에게 건넬 답서를 작성하면서 다시 원진件을 거론하고 있다.[45)]

즉 중종은, 이전에 일본의 원진 일행의 전송요청에 응하려 했었는데 對日 관계의 중국에의 은닉을 위해 대신들이 거부했었다고 술회하고, 10여년이 지난 지금이라도 원진 일행이 아직 살아있다면 그를 전송할

---

43) 『중종실록』 23년 7월 3일(임신).
44) 『중종실록』 23년 7월 5일(갑술)·7일(병자). 그러나 중국 피로인의 송환을 일본이 조선에 요청한 사례는 잠엄件 이외에도 다수 있었다. 이와 관련해서는 有井智德, 주 38) 앞의 책, 463~484쪽 참고.
45) 『중종실록』 32년 4월 9일(정사)·10일(무오).

뜻을 답서를 통해 일본에 내비추자고 제안하고 있다. 그리고 전송 찬성의 이유로는 중국에 사대의 성의를 나타내주며, 원진 일행의 송환에 소극적이었던 이제까지의 조선의 태도를 상쇄시킬 수 있고, 이미 朝·日 통교관계를 중국이 알고 있을 터이니 숨길 필요가 없다고 논하고 있다.

그러나 영의정 김근사 등은, 원진 일행은 사대의 성의를 위해 당연히 전송해야 하지만, 한편 朝·日間의 친교를 중국에 숨겨 온 것도 개국 이래의 일로 이에는 반드시 깊은 뜻이 담겨있을 것이라고 반박하고 있다. 그리고 원진 일행을 송환하면 중국으로부터 일시적인 칭찬이야 받겠지만, 다시 원진과 같은 중국 피로인이 발생했을 때 중국은 이때에도 조선이 일본과 가까우니 사절을 파견해 송환하라고 독촉할 터이니, 이는 오히려 후일의 '無窮之患'이 될 뿐이라고 반대하고 있다. 그러자 중종도, 원진 일행이 가엾은 처지이지만 조선으로서는 "한 번 그런 발단을 열어놓는다면 훗날의 폐단이 한없을 것"('一開其端, 後弊無窮')이라고 김근사 등의 의견에 동조하게 된다. 이후 조선에서 원진件은 다시 거론되지 않게 된다.

이렇듯 일본측의 원진 일행의 전송요청에 대해 중종만이 明과의 사대관계를 고려하여 수용하려 하고 있지만 重臣들은 한결같이 거부하고 있다. 거부의 이유는 한마디로 明에 朝·日관계를 감추기 위해서였다. 그리고 원진 일행을 전송하면 그 과정에서 日·明관계에 조선이 피동적으로 개입하게 된다는 것이다. 그 결과 왜구에 의해 발생한 중국 피로인을 조선이 대신 송환시키는 前例가 만들어지고, 송환과정에서도 일본측에 막대한 代償을 지불해야 한다는 것이다. 게다가 피로인 호송을 명목으로 일본인이 조선을 경유해 중국을 왕래하려 할 것이라는 최악의 시나리오마저 예상되었다. 그러므로 중신들은 사대관계보다 국가안위를 우선시하여 원진 일행의 전송을 회피하는 明에 대한 조선의 입장을 정리하고 있다. 즉 피로인의 이름조차 불확실하고, 일본이 피로인을 동반해 오지도 않았으며, 삼포왜란을 일으킨 일본을 도저히 믿을 수가 없었다는 구실로 明의 예상되는 추궁에 대비하고 있다.

V. 맺음말

이상과 같이 영파의 난이 日·明間의 문제로 끝나지 않고 中林件과 원진件을 둘러싸고 조선·유구가 개입되어 전개되는 과정을 검토했다. 끝으로 영파의 난이 朝·明관계에 어떠한 영향을 미쳤는가를 살펴보기로 하자. 일본의 원진 일행의 전송요청을 조선이 거부한 주된 이유는 중종의 술회에서 보이듯, 원진 일행을 전송하면 조선의 對日통교관계가 중국에 탄로나기 때문에 이를 방지하기 위해서였다. 또한 정광필과 김근사 등은 조선이 對日관계를 중국에 비밀로 해 온 것은 개국 이래의 방침이었다고 평가하고 있다. 조선초의 왜구문제와 관련한 對明관계에서도, 朝鮮前期 일본의 對明 조공 중재요청에 대해서도 朝·日관계의 은닉이 거론되고 있는 것으로 보아,[46] 조종조 이래의 방침이라 함은 타당하다. 그러면 이러한 방침이 어떠한 배경에서 형성되었는가 검토해 보자.

1543년 4월 일본국왕사 쥬치쿠(受竺)가 일본의 對明조공을 중재해 달라는 내용의 쇼군의 서계를 조선에 제출했다.[47] 쥬치쿠는 또 중국에 제출할 疏까지 지참해 조선에 그 轉達을 의뢰하고 있었다. 물론 조선은 이 요청을 모두 거부했고 그 이유도 원진件에서처럼 조선의 對日관계를 중국에 감추기 위해서였다. 그런데 의정부의 의견이 주목된다. 일본의 요청을 전달하게 되면 중국은 朝·日관계가 긴밀한 줄 알고 일본을 책망하

---

46) 민덕기, 주 2) 앞의 논문 ; 민덕기, 2007, 『前近代 동아시아 세계의 韓·日關係』, 경인문화사, 122쪽.
47) 이에 대해서는 민덕기, 주 2) 앞의 논문, 53~54쪽을 참고.

는 일이 있을 때마다 조선에 이를 명령하여 시정케 하기를 마치 元나라
世祖처럼 할 것이라고 우려하고 있다.48) 여기서 조선이 對日관계를 중
국에 은닉한 이유가 명백해진다. 즉 그것은 한마디로 明의 對日정책 수
행에 조선이 타의적으로 동원되는 것을 회피하기 위함이었다. 그러나 의
정부의 우려는 10여년 후인 1550년대에 실제로 다음과 같이 나타난다.
1550년대는 후기왜구가 창궐하여 중국연안을 침략하는 시기이다.

　1556년 11월, 중국에 파견되었던 聖節使 윤부가 귀국하여 중국의 동
향을 보고하고 있다. 보고에는 우선 南京 工部尙書 마곤이 황제에게 올
린 上奏文의 내용과 이에 대한 明 조정의 대응이 소개되었다. 상주문은,
조선이 영파의 난 직후 왜적 中林·望古多羅와 노획한 무기를 헌상했고
또 근간에도 왜구를 헌상한 일이 있음을 들어, 조선으로 하여금 중국으
로 향하는 왜구도 섬멸케 하고, 일본에 칙서를 내려 禍福과 이해를 宣諭
하는 것도 조선으로 하여금 대행시키자는 내용이었다. 이에 황제가 이를
예부와 병부에 상의케 하자 兩部는, 조선에서 왜구를 헌상한 前例는 있
으나 宣諭하는 것까지 대행케 하면 '事體'와도 관계가 된다고 답하여 계
획이 유보되었음을 전하고 있다.49) 상주문에서 조선이 근간에 왜구를
헌상했다 함은 중국 사료로 볼 때 1553년 왜구 3인을 압송한 것을 가리
키는 듯하다.50)

　윤부의 이러한 보고는 중국측 기록으로 보아 사실이다. 이미 1553년
8월 南京給事 장승헌이, 1554년 8월에는 刑部主事 곽인이 왜구 대책으
로 조선에 칙서를 내려 일본을 轉諭케 하자는 의견을 제시하고 있었
고,51) 1556년 3월에도 병부가 조선으로 하여금 일본국왕에게 勅諭케 하
여 일본 각 지역의 왜구행위를 금압시키자는 의견("勅朝鮮, 令其傳諭日

---

48) 『중종실록』 38년 4월 21일(을미) ; 5월 16일(기미).
49) 『명종실록』 12년 4월 19일(임인).
50) 『明世宗實錄』 嘉靖 32年 11月 乙卯條.
51) 『明世宗實錄』 嘉靖 32年 8月 壬寅, 33年 8月 乙未條.

本國王, 禁戢諸島”)을 내놓고 있었다. 이에 대해 예부도 유구를 통한 2차례의 對日 宣諭사실을 들어, 이것은 오랑캐로 오랑캐를 길들이는 효과적인 방법이었다고 평가하고, 그러나 지금 조선이 유구보다 더 중국에 ‘慕義’하고 있으며 영파의 난 직후엔 소세츠를 죽여 여러 오랑캐들의 두려워하는 나라가 되었다고 논하여 병부의 의견에 찬성하고 있었다.[52]

윤부는 이어 明 예부 관리의 對日 선유 요구를 거부한 내용도 소개하고 있다. 주목되는 것은 양측의 논리이다. 明側의 논리는 조선이 일본과 교류하는 사이이므로 對日 선유를 대행하라는 것이었고, 조선측의 회피논리는 일본과 교류가 없을 뿐 아니라 中林件 등으로 원수지간이 되어 선유가 불가능하다는 것이었다. 윤부는 또한 중국인들이 元나라 세조의 일본정벌을 상기시킨 사실과, 조선으로 하여금 일본을 치게 하자는 의견이 조만간 明 조정에서 제기될 것이라고 말한 점을 보고하고 있다. 이러한 보고에 접한 承文院은 중국이 앞으로도 조선에 왜구 섬멸과 일본 선유를 요구할 것이며, 元 세조의 일본정벌을 전례로 삼자고 하여 조선의 對日 武力사용을 시사할 것이라고 예상하고, 이러한 요구를 거부하는 답변을 마련하고 있다.[53] 답변내용엔 윤부가 예부 관리에게 대답한 조선측의 논리가 그대로 반영되어 있다.

본 논문을 끝맺으면서 다음의 두 문제를 전망해 보려한다. 첫째는 조선왕조가 건국 이래 明에 대해 對日관계를 일관되게 은폐하는 방침을 갖고 있지 않았는가 하는 점이다. 때로는 對日외교관계가 탄로 나서 明으로부터 이를 추궁당해도 조선은 일관되게 버티기 작전으로 그 방침을 견지했고, 그 결과 明의 對日 관계에의 조선 동원은 항상 좌절되어, 유

---

52) 『明世宗實錄』 嘉靖 35年 3月 丙子·辛巳條. 禮部가 말한 유구를 통한 2차례의 對日宣諭란, 1432년 일본의 조공을 재촉하기 위해, 1525년에는 영파의 난의 책임을 묻기 위해 있었던 사실을 가리킨다. 예부의 발언 중에 조선이 소세츠를 죽였다는 것은 소세츠의 무리들을 참획하고 생포하여 압송한 中林件을 지칭한 듯하다.
53) 『명종실록』 11년 11월 1일(병진) ; 12년 4월 19일(임인).

구가 대타로서 언제나 동원되지 않았는가 하는 점이다.

둘째는 明이 조선을 強國視하는 경향이 있었고 그 때문에 조선을 부단히 견제하려 하지 않았는가 하는 점이다. 전술한 윤부의 보고 중에는 최근의 중국 동향을 분석한 그의 견해가 들어있다. 즉 중국이 왜구 섬멸과 일본 宣諭 혹은 정벌을 조선을 시켜 행하려 하는 것은 일본의 두려워하는 나라가 다름 아닌 조선이라고 인식하기 때문이라고 논하고 있다. 전술하듯 예부도 조선을 諸夷가 두려워하는 나라라고 인식하고 있다. 이러한 이른바 明의 '朝鮮 強國觀'은 예부나 마곤의 上奏文에서 보이듯 그 직접적인 동기는 中林件에서 비롯된 듯하다. 그러나 조선 초기 이래 明이 對女眞·對倭정책에 조선을 부단히 동원하려 하고 있었던 사실로 보아, ─물론 이를 女眞·일본에 대한 朝·明의 공동방위라는 측면에서 봐야겠지만, 이에 더하여 '強國 朝鮮'에 대한 明의 견제책이라는 측면에서 이해할 수도 있다면─ 明의 '조선강국관'은 中林件 이전에 형성되었다고 가정할 수 있다. 아무튼 明에 '조선강국관'이 존재했다는 사실은 임진왜란 초기 朝·明교섭과정에서 입증된다. 조선의 援兵 요청에 대해 明이 줄곧 불신하고 오히려 일본과 내통하여 중국을 칠 것으로 오해하게 된 것은 다름 아닌 '조선강국관'때문이었다. '強國 朝鮮'이 그처럼 쉽사리 일본에게 首都 서울을 상실했을 리 없다는 인식에서 였다. '조선강국관'은 결국 임진왜란으로 소멸되었을 것이다. 그러나 적어도 16세기 中·後半에는 明의 對朝鮮 인식으로서 확실하게 자리 잡고 있었던 것 같다.[54]

---

54) 1593년 2월 권율의 행주산성대첩을 明황제가 조선에 宣諭하는 글에 "조선은 원래부터 강국이라 칭해 왔다('朝鮮素稱强國')." (『선조수정실록』 26년 2월) 라는 인식을 표현하고 있다.

〈표 5〉 일본의 영파의 난 수습 과정

시 기	내 용	비 고
1523.4.	영파의 난 발생. 오우치씨측, 중국인 袁璡을 납치	
1523.5~6.	조선, 왜적 中林 등 생포	
1523.8.	조선, 中林 등을 明에 압송	
1524.8.	오우치씨, 조선에 사자 파견해 원진 송환을 시사	
1525.4.	오우치씨, 조선에 보낸 '日本國王源義晴' 서계에서 원진 송환을 중국에 통보 의뢰	
1525.6.	明, 琉球 통해 '일본국왕'에 칙유(원진 송환 요구)	
1527.8.	무로마치 막부, 유구 통해 원진 송환 약속과 감합부 요청	1530.3. 明에 전달
1527.9.	오우치씨, 유구에 서한 보내 원진 轉送에 협조 요청	
1528.7.	오우치씨, 조선에 서계 보내 원진 전송 요청하며 불응시 유구에 요청할 意思 표명,	明에 보낼 서한을 조선에 위탁
1530.3.	明, 유구 통해 일본 칙유 계획	실행 유보

제4장
근세 일본의 조선과 琉球 통한 중국 접근

I. 머리말

　도요토미 히데요시(豊臣秀吉)가 사망하고 임진왜란이 끝나자 도쿠가와 이에야스(德川家康)는 세키가하라(關原)싸움을 벌여 일본 전국을 장악하게 된다. 1600년의 일이다. 그는 이후 대마도를 통해 조선과 적극적인 講和교섭을 벌이는 한편으로, 琉球(현 오키나와)나 明의 福建軍門을 통해 明에 접근하려 하고 있다. 1607년 조선의 '回答兼刷還使'의 파견으로 조선과의 강화가 성립되자 이에야스의 에도 막부(江戶幕府, 1603~1868)는, 조선에 대해서 明에 조공하려는 일본의 희망을 대신 전달해 줄 것, 조선을 통과하여 明에 조공할 수 있게 해 줄 것을 요청하고 있다. 유구에 대해서는 1609년 규슈 남부의 다이묘(大名) 시마즈씨(島津氏)의 유구침략을 허용해 유구를 복속하기에 이른다. 이를 전후하여 복건군문과 유구를 통한 직접 간접적인 방법으로 明에 대한 접근시도가 한동안 이어진다.

　이러한 막부(江戶幕府, 이하 同一)의 조선·유구·福建 루트를 통한 對明 접근노력에 대해 기존 연구는 이를 일본의 對明 국교회복정책이라고 파악하고 있다. 즉 무로마치 막부(室町幕府, 1336~1573)의 對明 관계를 회복하기 위한 정책으로 보고 있는 것이다. 무로마치 막부는 1402년 明의 책봉을 받아 정권담당자인 쇼군(將軍)이 '日本國王'에 임명된 후 16세기 중반까지 明과 책봉을 수반하지 않는 단순한 조공관계를 유지하

도쿠가와 이에야스(德川家康 : 1542~1616)
에도막부 초대 쇼군. 임진왜란 직후 조선과의
講和 체결을 적극 추진

고 있었다.

기존연구는 그러나 막부의 희망한 對明 국교회복이 책봉을 전제로 한 조공무역의 재개가 아니라, 단순히 勘合(勘合符)만을 급여 받아 행하는 무역관계의 회복이었다고 보고 있다. 감합부란 원래 明이 책봉한 나라에게 급여하여 조공무역시 지참케 하는 일종의 무역허가증이므로 책봉이 전제 되지 않고서는 지급될 수 없는 것이었다. 그럼에도 불구하고 이러한 감합부를 요청하는 막부의 노력을 '국교회복'정책으로까지 평가할 수 있을까 의문이다.[1] 당시 주변국가의 對明 관계에 책봉을 전제로 하지 않는 國交나 감합부의 급여란 있을 수 없는 일이었고, 기본적으로 조공무역이 아닌 형태의 무역은 존재하지 않았다.

또한 기존연구는 일본의 對朝鮮 講和 및 유구침략·복속 등의 제반정책을 對明 관계회복의 전제로 보고 그만큼 對明 관계의 회복이 일본에 있어서 절실한 외교현안이었다고 논하고 있다. 그러나 책봉과 조공을 전제로 하지 않았다면 그러한 對明 무역의 실현이 얼마나 현실성 있는 과제로 막부에 인식되고 있었을까 의문이다. 더구나 對明 관계회복을 절실히 바랐다면 조선의 길을 빌려 明에 조공하겠다는 방법으로 조선에 이를 요청하고 있는가 하는 문제가 생긴다. 조선의 경우 일본의 이러한 요청은 임진왜란의 '假道入明' 요청을 곧바로 연상시키는 것이므로 거부할 것이 분명했다. 또한 본문에서 상술하겠지만 일본의 이러한 요청은 일과성적인 것으로 끝난다. 조선과의 관계정상화를 더 중시했기 때문이

---

1) 이러한 시각의 기존연구로는 田中健夫, 1975, 『中世對外關係史』, 東京大學出版會, 264~266쪽 ; 上原兼善, 1981, 「琉球の支配」加藤榮一 外 編, 『鎖國』第6章, 講座 日本近世史 2, 有斐閣, 340~343쪽 ; 荒野泰典, 1988, 『近世日本と東アジア』, 東京 大學出版會, 177~181쪽 ; 紙屋敦之, 1989, 「對明政策と琉球支配」深谷克己 外 編, 1989, 『幕藩制國家と異域·異國』, 校倉書房, 267~269쪽 등이 있다. 紙屋敦之 는 특히 1990, 『幕藩制國家の琉球支配』, 校倉書房, 22~26쪽에서 막부의 對明 정책 을 '勘合(日明貿易)부활'을 기도한 것이라 하고 있다. 이하 '머리말'에서 거론하고 있는 기존연구는 모두 이들의 연구를 근거로 한 것이다.

다. 유구를 복속하여 明과의 관계회복을 도모했다는 논리도 그렇다. 유구는 明의 책봉을 받은 주요 번속국의 하나였음으로 이를 복속한다는 것은 明과의 전면적인 대립을 의미하기 때문이다. 그러므로 일본의 조선과의 강화나 유구복속을 기존연구에서처럼 對明 정책에 종속시키기 보다는 그 자체로 평가해야 할 것이다.

그리고 막부의 對明 의도가 明에 어떻게 전달되고 明이 이에 대해 어떠한 반응을 나타내고 있었는가에 대해 기존연구는 소홀히 하고 있다. 대외관계란 상대적인 것으로 막부의 일방적인 對明 의지만으로 평가되어서는 안 될 것이다. 막부가 對明 접근을 위해 이용코자 한 것은 대마도-조선, 시마즈씨-유구 루트였다. 모두 하나같이 독특한 자기 입장을 가져 막부의 입장과 같을 수 없는 이 四者가 막부의 의도를 과연 그대로 明에 전달하고 있는가, 아니면 굴절·왜곡하여 전달하고 있는가, 明은 일본(막부)의 의도를 어떻게 평가하고 대응하고 있는가, 등을 분석해야 그 결과로서 막부의 對明 접근의 실상이 입체적으로 떠오를 수 있을 것이다.

본 논문은 이러한 문제점에 유의하며 막부의 對明 접근이 무엇을 의도했는가, 접근을 위해 동원한 대마도·조선·시마즈씨·유구가 각각 어떠한 입장에서 막부의 의도를 받아들이고 있는가, 明의 대응은 어떠한 것이었는가 등을 구체적으로 검토하여 막부의 對明 접근의 실체를 밝혀보고자 한다. 다만 시기로는 임진왜란 이후부터 1620년대 말까지를 그 대상으로 하려한다. 왜냐하면 막부의 對明 접근의 시도가, 또는 일본이 유구침략으로 인해 파국으로 치달은 유구·明의 관계가 대체로 이 시기에 대체로 마무리되고 있기 때문이다.

II. 조선을 통한 중국 접근

　임진왜란 이후 일본의 조선에 대한 講和교섭이 시작되는 것은 1599년
부터 대마도를 통해서이다. 이때부터 일본은 조선 被虜人과 조선 철수
때 잡아간 明의 인질을 송환하기 시작한다. 그러나 일본의 對朝鮮 강화
교섭 과정에서는 조선을 통한 明에 대한 접근 시도가 전혀 나타나고 있
지 않다. 조선과의 강화 자체가 일본의 중요한 외교현안으로 인식되고
있었기 때문일 것이다. 당시 일본이 조선과의 강화를 얼마나 바라고 있
었던가는 조선이 강화의 전제조건으로 일본에 내건 요구인 '二件', 즉
국서로 강화를 먼저 요청해 오고('先爲致書'), 임진왜란 때 조선 왕릉을
파헤친 일본군을 압송해 오라('犯陵賊縛送')는 요구에 응한 것을 봐도
알 수 있다. 이 요구는 임진왜란을 일본으로 하여금 침략전쟁으로 자인
하고 사죄하게 하는 의미를 담고 있었던 것이다.[2]
　그러나 일본의 '二件' 이행으로 강화가 가시화된 1606년 11월, 조선
은 일본이 明과의 관계회복을 조선에 요청해 오지 않을까 염려하게 된
다. 그것은 일본에 파견될 사절이 현지에서 일본측으로부터 내어질 질문
을 예상하고 이에 답하기 위해 마련한 '問答逐條'의 한 조문에서 보이고
있다.[3] 明에 조공을 바치려는(進貢) 일본의 의사를 조선이 대신 전달하
고, 일본의 明에 조공하는 길(貢路)을 조선에게 빌리겠다는 요청, 즉 進
貢의뢰와 貢路 차용의 요청이 있을 경우(이하 '進貢件' '貢路件'이라 각
각 약칭), 사절에게 다음과 같이 답하게 하고 있다. 進貢은 明이 거부한
것이 아니라 일본인이 중국에서 소란을 일으켰기 때문에(1523년, 寧波

---

2) 민덕기, 1990, 「朝鮮後期 朝·日講和와 朝·明關係」 『國史館論叢』 12, 국사편찬
　위원회, 193~198쪽.
3) 『선조실록』 39년 11월 9일(갑술).

의 亂) 단절된 것이다. 더욱이 1596년 히데요시를 책봉해 주려고 渡日한 明의 책봉사에 대해 히데요시가 책봉을 거부하고 내쫓았으므로 明 황제가 진노하여 對日 강화를 주장했던 尙書 石星과 심유경를 중벌에 처하고 그 후로는 강화를 논의하는 것마저 거부하고 있다. 그러므로 조선은 일본의 進貢件을 明에 제기할 수조차 없으며 더더욱 조선을 貢路로 삼는 것은 明의 금기하는 바이다. 다시는 이런 요청을 삼가야 마땅하다.

이러한 조선측의 염려는 적중한다. 다음해 '回答兼刷還使'로 도일한 조선사절이 일본측으로부터 進貢件의 요청을 받게 되는 것이다. 당시 사절단의 副使였던 경섬의 기행록인『해사록』을 통해 이를 검토해 보기로 하자.4)

진공건이 최초로 제기된 것은 5월 10일로 이에야스의 측근인 승려 겐푸(元豊)를 통해서였다. 두 번째가 6월 21일과 윤6월 1일로 대마도의 조선외교를 담당하고 있던 야나가와 토시나가(柳川智永, 조선에선 柳川景直이라 부름)와 다치바나 토시마사(橘智正)를 통해서, 마지막은 윤6월7일로 이때에는 겐푸와 토시나가가 일시에 제기하고 있다. 이 나흘간의 기사를 통해 다음의 사실을 파악할 수 있을 것이다.

첫째, 진공건을 제기하는 일본측의 자세이다.

최초로 이를 제기한 5월 10일은 사절이 에도(江戶)에 도착하기 전이지만, 두 번째인 6월 21일은 조선국왕의 국서를 전달하는 傳命禮의 의식을 마치고(6월 6일) 이에 대한 쇼군 히데타다(秀忠)의 답서를 받아(6월 11일) 에도를 출발한지 8일째 되는 날에 해당한다. 마지막인 윤6월 7일은 歸路의 교토에서였다. 그렇다면 진공건은 주로 사절의 귀로 중에 제기되고 있다. 또한 윤6월 7일 이전까지는 외교현안을 결정할 수 있는 사

---

4) 경섬,『해사록』(1974,『國譯 海行叢載 II』, 민족문화문고간행회).

신(正使·副使·書狀官인 三使)에게는 제기하지 않고 역관들에게만 거론하고 있으며, 윤6월 1일조에는 특히 사신에겐 아직 이러한 문제를 알리지 말라고 일본측은 당부하고 있다. 역관에게 제기했다는 것 자체가 사신에게 전달될 것을 전제로 한 것이 되며, 사신도 처음 제기되는 5월10일부터 이를 알고 있긴 하다. 그러나 일본측이 이를 사신에게 요청하는 것은 마지막인 윤6월 7일이었다. 이는 일본측의 진공건 요청이 극히 소극적이었음을 입증하는 것이다.

만약 일본이 진공건을 양국 강화의 전제이며 절실한 외교현안으로 여겼다면 쇼군이 조선사신을 접견하는 날 직접 거론하던가, 조선국왕에 대한 답서에 삽입하여 요청하던가, 그것도 아니라면 막부의 로쥬(老中; 총리)가 조선 예조참판에 대한 답서에 직접 넣었어야 할 것이었다. 그러므로 뒤늦게 조선사신에게 귀로에서 私的으로 진공건을 거론하는 일본측의 의도를 조선측이 의아하게 받아들이는 것은 당연한 일이다(윤6월 7일조).

이러한 의문에 대해 일본측은 다음과 같이 이유를 설명하고 있다. 즉 6월 21일조에서는, 쇼군이나 막부의 衆論이 조선국왕에 대한 답서에 진공건을 넣어 요청하려 했었지만, 막부의 외교고문 세이쇼 죠타이(西笑承兌)가 "일본에는 天皇이 있으므로 천자가 있는 明과 대등한 사이인데('相等之國') 어찌 대등한 나라인 明에 신하라 칭하면서까지 進貢해야 할 것인가" 하고 반대하여 중지했다고 전하고 있다. 그러나 윤6월 7일조에서는, 쇼군이 사신을 접견했을 때 이를 거론하려 했고 국왕에 대한 답서에도 넣으려 했지만 그리하면 조선국왕이나 사신을 번거롭게 하는 것이 되므로 중지했다고 하고 있다. 다소 서로 상반된 설명이긴 하지만 이로서 알 수 있는 것은, 일본의 진공건 요청에 대한 소극적 자세가 죠타이의 의견에서 보이듯 明에 君臣관계를 맺으면서까지 조공관계를 회복할 필요는 없다는 막부의 國體 의식과, 이제 갓 조선과 관계정상화를 이

룬 상황에서 진공건을 요청하는 것은 양국관계에 장애를 초래할지도 모른다는 우려에 의한 결과였다는 것이다.

그러나 막부의 이러한 자세는 국체 의식 때문이라기보다는 조선과의 관계를 더 중시한 결과로 보인다. 왜냐하면 대마도 루트를 통해서는 진공건을 그 후에도 조선에 타진하려하고 있기 때문이다. 윤6월 7일조에서 보면 막부는 대마도의 예조참의에 대한 답서에 이를 삽입하여 요청하는 방법을 택하려 하고 있다. 대마도는 일본에서는 일개 藩에 불과하지만 조선에서는 전통적으로 藩屛과 같은 존재로 간주되고 있었다.5) 이를 아는 막부는 대마도로 하여금 진공건을 요청하는 형태를 취해 양국관계에 직접적 파문을 일으키지 않고 막부의 체면도 손상당하지 않으려 한 것으로 보인다.

둘째, 조선측의 대응논리이다.

'문답축조'를 통해 알 수 있듯이 조선은 이미 일본의 진공건 요청을 예상하고 있었다. 임진왜란 직전 대마도측은 히데요시의 '征明假道' 요청을 進貢 의뢰의 형태로 바꿔 조선에 요청한 적이 있었다. 또한 임진왜란 중에도 일본측은 貢路를 빌려달라는 표현으로 침략행위를 희석시키고 있었으니 평양 회담에서 고니시 유키나가(小西行長)가 이덕형에게 한 요청이 그 한 예라 하겠다. 그러므로 임진왜란 이후 일본측이 제기한 진공건은 그 요청 자체가 임진왜란을 연상시키기에 충분한 것이었다. 경섬은 윤6월 7일조에서 일본측에 '문답축조'에 있는 답변을 그대로 사용하고, 조선에 進貢을 의뢰하지 말고 직접 明황제에게 요청할 것이며, 조선 땅을 빌려 貢路로 삼지 말고 무로마치시대에 이용했던 바닷길을 이용하라고 일축하고 있다. 또한 대마도를 통해 요청해 오는 방법에 대해서도 양국관계의 파탄을 초래하는 행위라고 거부하고 있다.

---

5) 민덕기, 주 2) 앞의 논문, 169쪽.

그런데 경섬의 이와 같은 거부에 대해, 일본측이 조선과 明은 한 몸과 같은 나라('一體之國')이므로 進貢을 의뢰하는 것이라고 답한 것은 일본의 조선관의 일면을 보여주고 있다는 점에서 주목된다(윤6월 7일조). 일본은 무로마치시대에 이미 여러 차례에 걸쳐 조선에 진공을 의뢰한 적이 있었다.『조선왕조실록』에는 세종·세조·성종대에 이러한 관련기사가 보이고 있다.6) 이는 明과 가장 통할 수 있는 나라가 조선이며 일본의 對明 관계 회복에는 조선의 중재가 필수불가결한 요소라는 인식을 전통적으로 일본측이 갖고 있지 않았는가를 추측케 한다.

셋째는 손문욱이 일본에 왔을 때 진공건을 약속했다는 것에 대해서이다.

일본측은 진공건을 처음 제기하는 5월 10일부터 이 주장을 펴고 있다. 손문욱이 도일한 것이 사명당을 수행했던 때라고 하니(윤6월 7일조) 1604년의 일이다. 당시 사명당 일행은 대마도에 조선과의 무역 재개를 허락하는 표면적 임무와 일본 본토의 정탐이라는 밀명을 받고 파견되었으므로 일본측과 어떠한 외교문제도 협의할 권한을 부여받고 있지 않았다.7) 그러므로 손문욱이 진공건을 일본측에 약속했다 해도 이는 사사로이 장담한 것 이상의 의미는 갖지 못한다. 다만 일본측이 이미 그 때부터 조선측에 진공건을 기대하고 있었던 것은 사실인 듯하다.

그 이후 진공건이 다시 제기되는 것은 1609년 3월이다. 당시 조선에 내항한 대마도의 外交僧 겐소(玄蘇)와 토시나가는 전년 초에 사망한 선조 임금의 영전에 上京하여 분향하고 싶다는 요청과 함께 貢路件을 요청하고 있다. 이에 대해 비변사는 공로건 요청을 서계로 하지 않고 구두

---

6) 朝鮮前期 일본측의 조선을 중개로 한 對明 관계 회복노력에 대해서는 本書 제2
   장을 참고할 것.
7) 민덕기, 주 2) 앞의 논문, 187~190쪽.

로 한 것을 가지고, 이는 막부의 의사가 아닌 대마도의 자의에서 나온 것으로 조선을 시험하려는 뜻이라고 단정 짓고 있다. 또한 일본이 진정으로 進貢할 의향이 있다면 바닷길을 貢路로 삼는 것이 직통으로 가깝고, 조선 길을 빌려 공로로 하면 우회하는 것이 되므로 멀뿐만 아니라 조선으로선 이를 절대로 허용할 수 없는 일이라고 거부의 논리를 정리하고 있다. 비변사는 이어 대마도의 이러한 요청을 막부의 권위를 빌린('借重') 계략으로 파악하고, 뒤늦게 대마도가 제출한 '國王書契'에 대해서도 대마도의 날조한 것으로 단정하고 있다.[8]

이때 대마도에 의해 내어진 貢路件 요청은 경섬의 『해사록』검토에서 밝힌 바와 같이 막부의 의향을 어느 정도 반영시킨 것임에는 틀림없어 보인다. 그러나 주목해야 할 것은 대마도측이 貢路件과 上京을 동시에 요청하고 있다는 점이다. 당시 조선과의 관계에 있어 대마도의 가장 큰 현안은 무역관계의 회복이었다. 임진왜란으로 단절된 조선과의 무역관계를 전쟁 이전의 상황으로 복구시키는 것이 제일의 목표였다. 그러나 조선은 임진왜란 때 일본군의 길잡이 역할을 한 대마도를 징벌한다는 의미에서도, 국가재정의 부담을 경감한다는 측면에서도 대마도와의 무역관계를 축소 재편한다는 방침을 이미 對日 講和 이전에 세우고 있었다. 上京 또한 조선 內地의 정탐기회를 봉쇄한다는 측면에서 금지할 예정이었다.[9] 조선의 이러한 방침을 감지한 대마도는 조선측이 결코 수용하지 않을 貢路件을 상경건과 함께 요청하여 조선과의 무역 재개교섭에 유리한 고지를 선점해서 상경 요청만은 관철하려 한 것으로 보인다. 마침 선조의 영전에 분향하기 위해서라는 그럴듯한 上京 요청의 명분도 있었다. 上京을 허용 받는다는 것은 국왕에 대한 肅拜儀禮, 예조의 宴會, 서울 왕복기간의 소요식량 지급 등이 수반되므로 막대한 물질적 수혜가

---

8) 『광해군일기』 원년 3월 28일(기유) ; 4월 2일(계축)·4일(을묘).
9) 민덕기, 2007, 『前近代 동아시아 세계의 韓·日관계』, 경인문화사, 234~238쪽.

보장되는 것을 의미한다.[10] 그러므로 대마도로서는 막부의 의향을 대신하여 요청하는 貢路件보다 오히려 上京 요청에 중심을 두고 있었음에 틀림없다.

이러한 대마도의 의도를 입증시켜 주기라도 하듯이 한동안 貢路件 요청은 양자간의 교섭에 보이지 않고 있다. 1610년 3월 對日 外交通인 영의정 이덕형이 조정에 건의한 對日 현안문제에도 開市의 여부가 그 중심을 이루고 있지 공로건에 대한 대책은 제기되고 있지 않고, 같은 달의 대마도측과의 논쟁에서도 進香·上京件만이 거론되고 있다. 다음 달 일본으로부터 송환된 정방경도 대마도측의 요청으로서 上京件만을 전달하고 있다.[11]

그후 대마도측의 貢路件 요청이 다시 있었음을 알 수 있는 것은 1614년 예조참의 김치의 대마도 종씨에 대한 답서에서이다. 그 내용은 上京·開市·貢路件에 대한 조선의 방침을 다음과 같이 명확히 한 것이다. 개시와 세견선의 수는 중국에 알려 그 의견을 따랐다.[12] 上京은 기존방침대로 불허한다. 일본이 진정으로 明에 進貢할 의사가 있다면 바닷길 택할 것으로 동남아 여러 나라도 그리하고 있다. 왜 군이 조선 길을 빌리려 하여 조선을 시험하려 하는가. 일본의 요청한 요동의 秋鶻(매의 일종)은 요동이 조선이 아닌 중국 땅이므로 들어줄 수 없다. 대신하여 조선의 말이나 매를 보내겠다.[13]

이 서계를 통해 알 수 있듯이 대마도측은 貢路件을 무역관계의 확대

---

10) 申叔舟,「朝聘應接紀」『海東諸國紀』(1974,『國譯 海行摠載 Ⅰ』, 민족문화문고추진회).

11) 『광해군일기』 2년 3월 6일(임오)·16일(임진) ; 4월 20일(을미).

12) 마치 조선의 對日 정책이 明에 종속되고 있는 것처럼 일본측에 표명하고 있으나, 이미 강화교섭 과정에서도 보이는 이러한 조선의 태도는, 明의 권위를 빌려 일본의 武力위협을 견제하기 위한 '借重之計'에 불과하다(민덕기, 주 2) 앞의 논문, 183~184쪽).

13) 松浦允任撰, 1978, 田中健夫·田代和生校訂,『朝鮮通交大紀』, 名著出版, 194쪽.

와 上京 등의 요청과 동시에 제기하고 있다. 당시 대마도는 1609년에 체결된 기유약조에 의해 조선과의 무역을 재개했지만 그 규모는 임진왜란 이전의 어떤 약조보다도 축소된 것이었으므로 그 규모의 확대를 위해 온갖 방법을 모색하던 때였다. 특히 上京件에 관해 조선은 금지의 방침이었으면서도 기유약조의 내용에는 싣고 있지 않고 있었다.[14] 그러므로 대마도측이 볼 때 조선이 上京금지를 관례화시키기 전까지는 유동적인 것이었다. 上京금지가 관례화되기 전에 상경을 일단 달성하여 오히려 상경을 관례화하려 한 것이 대마도의 의도라 볼 수 있다. 결국 대마도는 공로건 요청을 무역관계의 확대와 상경을 성취하기 위한 수단으로 부수시킨 것이라 할 수 있다. 이러한 대마도의 전략에 의해 막부의 공로건 요청은 이미 그 의미를 상실했다고 봐야겠다. 그 후 1617년과 1624년에 제2차 제3차 '회답겸쇄환사'가 도일하지만 그들의 기행록에 進貢·貢路件이 일본측에 의해 다시 제기되었다는 기록은 없다.[15] 이로 보아 일본의 조선을 통한 對明 접근은 1609년을 전후하여 이미 포기한 것으로 간주된다.

1627년 1월 조선이 後金의 침략(丁卯胡亂)을 받자 대마도는 그해 3월 사자를 보내왔다. 그리고 후금의 요동 함락을 즉시 보고하지 않았다고 쇼군 이에미츠(家光)가 대마도의 외교고문인 야나가와 시게오키(柳川調興)를 문책했으나 요동이 조선 땅이 아님을 알자 이를 불문에 그쳤다는 것, 요즘 일본에서는 조선에 원병을 파견하자는 움직임이 있다는 것 등을 보고해 왔다.[16] 이에 의하면 막부가 조선의 전란에 대해 비상한 관심을 갖고 원병 파견까지 고려하고 있는 듯이 보인다. 그러나 이는 일본의 원병파견 여하가 대마도의 노력여하에 달려있다는 것을 조선에 과시하

---

14) 민덕기, 주 2) 앞의 논문, 195~201쪽.
15) 1974, 『國譯 海行叢載Ⅱ·Ⅲ』, 민족문화문고간행회에 있는 1617년의 오윤겸, 『동사상일록』·1624년의 이경직, 『부상록』·강홍중, 『동사록』을 참고할 것.
16) 『인조실록』 5년 3월 11일(무인)·25일(임진).

기 위한 술책으로 간주할 수 있다. 즉 조선은 임진왜란의 경험으로 일본의 여하한 이유에서의 군사파견을 경계하고 있었고, 이를 잘 파악하고 있는 대마도는 일본의 원병파견 중지는 대마도에 맡겨도 될 사항이라고 시사하고 그 대신 조선과의 무역량을 증가시켜 보려 했던 것이다.[17]

가미야(紙屋)는 조선을 貢路로 하여 明과의 관계를 교섭하려 한 막부에게는 조선의 明에 대한 朝貢路인 요동이 중요한 의미를 갖게 된다고 논하고, 전술한 대마도가 조선에 전한 이에미츠의 요동함락에 대한 반응을 들어, "요동함락이 막부의 對明 정책에 얼마나 충격적인 사건이었던가를 입증하는 것"이라고 평가하고 있다.[18] 그러나 이 기사를 통해 그러한 평가가 가능할지 의문이다. 오히려 이에미츠가 중국 땅인 요동을 조선 땅으로 알고 있었다는 사실자체가 요동에 대한 막부의 인식 결여를 보여주는 것으로, 막부의 조선을 통한 對明 접근 의도는 이 시점에서는 거의 소멸된 단계에 머물고 있었다는 것을 반증하는 것이라고 볼 수 있다. 1620년대 후반기 이후의 일본의 대륙에 대한 관심은 明에 대한 접근의도에서라기보다는 대륙정세가 일본에 미칠 파장을 염두에 둔 것으로 봐야 할 것이다. 즉 조선·明·후금관계가 일본 안보에 미칠 영향을 우려한 것으로, 進貢과 貢路件은 이미 이 단계에서는 이러한 우려를 감추어 장식하는 포장용 정도로 평가해도 좋을 것이다. 후술하는 막부의 조선에의 '平遼通貢' 요청이 그러하다 하겠다.

1628년 막부는 대마도에게 조선의 서울까지 사자를 파견해 조선의 내정을 탐색하고 후금과의 전란상황이 급박하면 일본이 원병을 보내겠다는 뜻을 전달하라고 명령하고 있다.[19] 이에 대마도의 사자 겐포(玄方)가 부산에 내항하는 것은 1629년 봄이다. 겐포 일행은 임진왜란 이후 일본

---

17) 田代和生, 1980, 「寬永 6年(仁朝 7, 1629), 對馬使節の朝鮮國 "御上京之時毎日記"とその背景(1)」『朝鮮學報』96, 90쪽.
18) 紙屋敦之, 1990, 『幕藩制國家の琉球支配』, 校倉書房, 84·87쪽.
19) 田中健夫, 1975, 『中世對外關係史』, 東京大學出版會, 266쪽.

인에게 금지되어 있던 上京을 예외조치로 특별히 허용 받아 서울에 올라와 막부의 뜻을 전달하게 된다. 겐포의 입을 통해 조선에 전달된 막부의 요청은, 조선 길을 빌려 요동을 평정하여 明에 進貢한다("借路平遼, 通貢大明" "平遼通貢")는 것이었다. 그러나 조선은 이를 무역관계의 확대를 위한 대마도의 구실로 간주하여 일축하고 있다.[20] 이러한 조선의 반응은 이미 1610년대에 있은 대마도의 進貢·貢路件 요청에 대한 그것과 같다. 이미 1610년대부터 일본의 對明 접근 의도는 없는 것으로 조선은 간주하고 있었던 것이다.

겐포는 그 후 귀국하여, 조선과 후금이 강화했으므로 일본의 원병이 필요하지 않다고 한 조선의 뜻을 막부에 전달함으로서 '平遼通貢'件은 일단락되었다. 그런데 그가 조선에서 초지일관 조선측과 마찰을 벌인 것은 막부의 '平遼通貢'件이 아니라, 대마도 종씨가 지급받을 미수분의 목면을 조선으로부터 회수받는 일이었다.[21] 결국 막부의 조선 전란에 관한 관심이나 원병件은 대마도에 의해 외형상의 목적으로 장식되는데 그치고, 오히려 이를 기회로 조선에 대한 목면의 회수라는 무역현안을 해결하려 한 대마도의 목적은 충분히 달성되었던 것이다.

Ⅲ. 琉球·福建을 통한 중국 접근

유구는 明의 건국 초기부터 明과 책봉관계를 맺고 고려와 조선에도 사신을 파견하여 '稱臣奉表'하는 事大의 禮를 표해 왔다. 당시 유구는

---

20) 『인조실록』 7년 윤4월 24일(기묘).
21) 玄方의 조선 왕복에 관한 구체적인 연구로는 田代和生, 1980~1982, 「寬永 6年 (仁朝 7, 1629), 對馬使節의朝鮮國 "御上京之時每日記"とその背景(1)(2)(3)」『朝鮮學報』 96·98·101.

유구국왕이 거처하던 오키나와 首里城 正殿과 玉座(우측 하단)

3국으로 분립되어 있었지만 그 중심은 中山王이었다. 15세기 초 3국을 통일한 중산왕은 유구왕으로서 明에 더욱 활발히 조공무역을 행하고 조선에 대해서도 대등외교를 표명하게 된다.[22]

그러나 지리적으로 일본의 사츠마(薩摩)에 가까웠던 유구가 사츠마의 다이묘 시마즈씨(島津氏)에 의해 정치적 지배를 획책당하기 시작하는 것은 16세기 후반부터의 일이다. 시마즈씨는 유구에 도항하는 일본 상선에게 자신이 발행한 '印判'을 휴대케 하고 이를 휴대하지 않고 도항한 일본상선과는 무역하지 않을 것을 유구에 서약시켰다. 그러나 종종 유구가 이를 위반하였고 이에 대해 시마즈씨는 유구를 문책하기도 했다.

그러다가 규슈를 평정한 히데요시는 시마즈씨를 통해 유구의 來朝를 요구했고 유구가 이에 답하여 1598년 5월 히데요시에게 축하 사절을 파견해 오자 히데요시는 이를 유구의 복속으로 간주했다. 조선침략에 즈음

---

22) 閔德基, 1990, 『中·近世の朝鮮·日本關係と對馬』, 東京: 早稻田大學, 박사학위논문 제1장 제3절 ; 高良倉吉, 1987, 『琉球王國の構造』, 吉川弘文館, 12~15쪽.

하여 히데요시는 시마즈씨에게 유구까지도 포함하여 軍役에 동원시킬
것을 명령했고 이에 시마즈씨는 유구에게 7천명 兵士의 10개월분 군량
을 부담할 것을 요구했다. 그러나 유구는 요구의 일부만을 부담했다.[23]

그 뒤 히데요시의 사망 이후 정권을 주도한 이에야스가 임진왜란 때
잡아온 明의 인질 茅國科를 시마즈씨를 통해 중국 福建 루트로 송환하
는 것은 1600년 8월이다. 모국과를 대동하고 복건을 통해 北京에 들어
간 사츠마의 상인 시마바라 무네야스(島原宗安)는 시마즈씨 등 3人 명의
의 大明總理軍務都指揮 茅國器 앞으로 발송하는 서한을 지참하고 있었
다. 그 내용을 보면, "우리나라(本邦)가 조선과 화평을 맺는다면 중국(皇
朝)에 이르러 또한 이전처럼 金印과 勘合으로서 왕복할 수 있을 것이
다"("本邦朝鮮作和平, 則到皇朝, 亦如前規, 以金印勘合, 可作往返")라
하여, 우선 조선과의 국교를 회복한 이후 明으로부터 금인과 감합을 받
아 통교관계를 회복하고 싶다는 의향을 표명하고, 이어 중국 인질들을
조선을 통해 송환하겠다는 것이었다. 이 서한은 이에야스의 명령으로 외
교고문인 죠타이(承兌)가 작성한 것이었다.[24] 여기서 주목해야 할 것은
'금인'을 요청했다는 점이다. 무로마치시대의 例로 보아 '日本國王之印'
이라 새겨질 이 '금인'을 요청했다는 것은 明의 책봉을 받겠다는 것을
의미하기 때문이다.

가미야(紙屋)는 이 직후 明의 神宗이 茅國科의 송환을 기뻐하여 이후
로 매년 두 척의 중국상선을 福州로부터 사츠마에 파견할 것을 약속했
고, 다음해인 1601년 중국 상선이 일본으로 파견됐으나 사카이(堺) 상인
들에게 해적 행위를 당해 행방불명되었으므로, 그후 福建루트로의 對明
직접교섭은 좌절되었다고 한다.[25] 그러나 明황제가 과연 自國 상선을

23) 紙屋敦之, 주 18) 앞의 책, 19~23쪽.
24) 伊地知季安·季通編, 1971, 『薩藩舊記雜錄』, 鹿兒島縣 ; 後編 卷45, 1600년 1월
    27일부의 告文.
25) 紙屋敦之, 주 18) 앞의 책, 84~85쪽.

일본에 파견할 만큼 일본의 중국인 송환을 적극 평가했을까 의문이다.
우선 明의 對日 관계회복 의지가 당시 전혀 없었다는 점이 그렇고, 조공
의 형태로 외국이 중국에 와 무역하는 것만이 허용되었던 明의 海禁정
책으로 보아, 중국 상선을 황제의 허락하에 외국에 파견한다는 것은 있
을 수 없는 일이기 때문이다. 아마도 일본정탐이라는 밀명을 띄고 예부
레벨 정도의 허가하에 파견된 것이 아니었나 추측된다.

이에야스는 1602년 일본 동북지방에 표류해 온 유구인을 시마즈씨를
통해 본국 유구에 송환하면서 유구왕의 '來聘'을 요구했다. 여기서 '내
빙'이란 표현은 대등한 의미에서의 聘問을 가리킨다. 아마도 유구측의
사자파견을 용이하게 하기 위해 고의로, 아니면 '내빙'을 '來朝'와 혼동
하여 사용했을지도 모르겠다. 왜냐하면 무로마치시대부터 일본은 유구
를 대등한 나라가 아닌 小國으로 인식하고 있었기 때문이다.[26] 그러나
유구는 이를 거부하고 있다.

같은 해 초에는 가토오 키요마사(加藤淸正)가 중국 福建金軍門에 사
람을 보내 임진왜란 때 잡아간 중국인과 서한을 보내왔다. 그러나 그 서
한은 조선을 상대로 한 것으로 조선이 강화에 응하지 않으면 무력을 사용
할 것이라는 위협적인 내용이 담겨있었으므로, 朝·日의 강화교섭에 일시
장애를 초래했고 明 또한 일본의 對明 접근을 더욱 경계하게 되었다.[27]

1606년 6월, 만성적인 재정 적자를 유구 점령으로 해결하려는 사츠마
藩은 유구정벌을 이에야스에게 요청했고 이에야스는 이를 허가했다. 그
러나 유구침략은 조선과의 講和 이후로 연기되었다. 유구침략이 조선에
알려지면 일본의 강화의도를 의심한 조선이 강화교섭 자체를 외면할지
도 모른다는 우려 때문이었을 것이다. 조선사절이 도일하여 양국간에 강
화가 성립되는 것은 그 다음해의 일이다(전술).

---

26) 田中健夫, 1982,『對外關係と文化交流』, 思文閣出版, 123~127쪽.
27) 민덕기, 주 9) 앞의 책, 174~178쪽.

奉使琉球圖(오키나와 현립박물관)
유구국왕을 책봉하러 오는 책봉사 일행의 旅程을 20개 풍경으로 그린 것

유구침략을 연기한 막부는 같은 해, 유구왕 尙寧을 책봉하는 明 황제의 칙서를 휴대한 책봉사가 유구에 도착하자, 이를 기회로 시마즈씨를 통해 明과의 관계 회복에 대해 교섭할 용의가 있음을 책봉사측에 전달했다. 이에 대해 책봉사는 유구왕을 통해 시마즈씨에게 1601년 중국에 왔었던 적이 있는 무네야스를 유구에 보낼 것을 요청해 왔다. 이는 전술한 1601년 사츠마에 파견한 중국 상선의 그 후 소식을 탐문하기 위해서였다. 이에 시마즈씨는 9월, 그를 유구에 보내면서 막부가 관계 회복을 희망한다는 뜻을 적은 '呈大明天使書'를 책봉사에게, 또 유구왕에게도 양국 교섭의 알선을 의뢰하는 '呈琉球國王書'를 보냈다.[28]

우선 '呈大明天使書'를 보면, '日本國薩摩州刺史'가 '大明國天使兩老大人'에게 보낸다는 형식으로 시작되어, '皇朝'를 '恭敬'하여 이전에 '華人' 모국과를 '中華'에 송환했으며 이러한 자신의 '恭順之誠'을 평가하여 앞으로 '中華'의 상선이 사츠마에 와 무역할 수 있게 한다면 '皇恩

---

28) 林輝編, 1912, 『通航一覽』 卷22, 國書刊行會, 琉球國部 22, 251쪽 ; 薩藩叢書刊行會編, 1971, 『新薩藩叢書』 第四卷, 鹿兒島縣 歷史圖書社, 513쪽.

德澤'으로 알겠다고 적고 '拜獻'하는 물품 품목을 적고 있다. 마치 明의 신하와 같은 공순한 표현을 하고 있는 점이 주목된다. 이로 보아 이 시점의 시마즈씨의 對明 접근은 明과의 君臣관계 설정까지도 감수한 접근으로 이해된다. 그리고 '呈琉球國王書'는 매년 일본과 중국의 상선이 유구에서 무역을 행할 수 있게 明에 요청하라는 내용이었다.

그러나 明으로부터 이에 대한 반응이 보이고 있지 않는 가운데 유구 침략은 실행에 옮겨진다. 1608년 8월 막부는 시마즈씨의 유구원정 요청을 정식으로 허락하면서도, 원정군을 동원하기 전에 다시 한 번 유구에 '내빙'을 재촉하는 사자를 파견할 것, 그래도 유구왕이 이에 응하지 않을 때는 출동할 것이나 가능한 한 무력이 아닌 방법으로 '내빙'문제를 해결해야 한다고 당부하고 있다.[29]

그러나 유구에 대한 영토 획득을 목적으로 한 시마즈씨는 1609년 3월 3천명의 군대를 파견하고 5월에는 유구왕을 비롯한 1천여명의 유구인을 포로로 하여 귀국한다. 사츠마가 유구왕을 포로로 하여 신속히 귀환하고 있는 것은 유구왕 구원을 위한 明의 유구 출병에 대비하여 이를 회피하기 위한 것이 아닌가 생각된다.

다음 해 9월, 유구왕을 데리고 에도에 온 시마즈씨에게 쇼군 히데타다(秀忠)는 유구에 대한 조세 징수를 허용하여 그 지배를 인정하는 대신, "유구는 대대로 尙氏가 다스리는 나라이므로 다른 姓을 가진 사람을 국왕으로 세우지 말 것"이라고 하여 기존의 유구왕국의 존속을 명령했다.[30]

그러면 여기서 일본의 유구복속의 의미에 대해 검토해 보기로 하자.

가미야는 유구침략을 허가하는 막부의 의도를, 1606년 단계에서는 일본과 유구와의 관계 성립을 서둘러, 當年 明 책봉사의 유구 입국을 기회로 對明 통교회복 교섭을 행하기 위함이었다고 추정하고 있다. 그리고

---

29) 紙屋敦之, 주 18) 앞의 책, 153~154쪽.
30) 林輝編, 주 28) 앞의 책 卷3, 琉球國部 3, 31쪽.

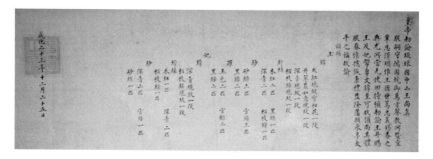

明 孝宗勅諭 琉球國中山尙眞宛(오키나와 현립박물관 소장)

成化 23(1467)년 12월 25일부로 明 황제 효종이 유구국 中山王 尙眞에게 보낸 칙서.
전반부는 칙유문, 후반부는 국왕과 왕비에게 내리는 예물 목록이 적혀있다. 明 연호 위엔
'廣運之寶'라고 날인되어 있다. 가로 178.8cm × 세로 47.1cm

유구복속 직후 유구왕을 존속시킨 막부의 조치에 대해서는, 明의 조공국
인 유구를 對明 정책의 중개자로 예정하여 福建 루트를 통한 對明 교섭
에 동원하기 위함이었다고 논하고 있다.[31] 아라노(荒野)도 유구왕을 온
존시킨 것은 유구와 明의 기존관계를 존속시켜 일본의 對明 외교루트를
확보하기 위해서였다고 분석하고 있다.[32]

그러나 이러한 견해는 유구침략이 초래할 明의 반응을 막부가 全的으
로 고려하지 않았다는 일방적인 논리가 되고 만다. 明이 동아시아 국제
사회의 중심을 자처한 것은 책봉을 통해 주변국과의 君臣관계를 성립시
켰기 때문으로, 더욱이 유구는 조선에 이어 明의 화이관념적 대외질서를
구현하는데 필수불가결한 존재였다. 무로마치시대 일본의 貢期(朝貢週
期)가 10年1貢이었던 것에 비하여 유구는 1년1공이 관례였고, 국왕의
즉위 때마다 책봉사를 파견하여 冊封儀式을 직접 행해 준 나라도 조선
에 이어 유구뿐이었다. 그러한 유구를 정복하여 明과의 관계회복을 막부
가 도모했다는 것은 수긍하기 어렵다. 조선을 침략했다가 그 종주국인

---

31) 紙屋敦之, 주 18) 앞의 책, 24~25쪽.
32) 荒野泰典, 주 1) 앞의 책, 178쪽.

明의 원병을 맞아 싸운 경험이 있는 일본으로선 더욱 그렇다. 유구를 복속하면 이를 통해 일본의 입장이 明에 더 적극적으로 전달되리라 추측했는지 모르지만, 明의 반발로 오히려 對明 관계회복에 절대적인 장애를 초래할 것이 확실하기 때문이다. 실제로 보아도 明은 유구침략 직후인 1612년, 유구의 貢期를 2년1공에서 10년1공으로 대폭 제한하고 유구의 貢物에 들어있던 日本産品의 수납을 거부했을 뿐만 아니라 입항한 조공사절의 입국마저도 거부하고 있다. 유구에 대한 이러한 응징조치는 이를 복속한 일본을 겨냥한 것이었다(후술).

이렇게 볼 때 막부의 유구침략 허용은 유구를 복속시켜 '내빙'을 가능케 하려 했음이 주된 배경이었다고 할 수 있다. 즉 유구침략 허용 그 자체로 막부의 對明 관계의 회복 의지는 이미 방기되었음을 의미하는 것으로 봐야겠다. 또한 그 직후 유구왕국을 존속시킨 조치도 종주국인 明의 체면을 유지시켜 明과의 전면적인 대치상황을 회피하기 위함이었으리라 보여진다. 明의 책봉국인 유구왕국 그 자체를 멸망시키면 明과의 대립은 더욱 첨예화될 것이고 이는 막부로서도 큰 부담이 아닐 수 없었을 것이다. 나아가 막부로서도 유구왕국을 존속시켜 쇼군에게 정기적으로 來朝케 함은 막부의 권위를 드높이기 위해서도 필요했을 것이다. 아울러 유구를 복속시켜 실질적 지배를 획책하고 있는 시마즈씨를 견제하기 위해서도 유구왕국의 존속은 고려됐을 것이리라.

그러면 유구침략을 전후하여 계속된 막부의 福建과 유구 루트를 통한 對明 접근은 무엇을 획득하기 위함이었는가. 전술한 1600년에 있었던 일본측의 '金印'요청으로 보아 막부가 원래 희망했던 것은 책봉관계의 회복이었다고 볼 수 있다. 그러나 明이 반응을 보이지 않자 책봉을 전제로 한 국교회복 의도를 포기하고 대신 감합만을 요청하기에 이른 것으로 보인다. 이는 1610년 12월 일본에 온 중국 상인 周性如에게 막부가 위탁한 서간, 즉 내용상으로는 이에야스가 明 황제에게 보내는 것이지만 형식상으로는 막부의 각료 혼다 마사즈미(本多正純)의 명의로 福建省總督 앞으로 보낸 서간을 통해서도 파악할 수 있다.[33]

그 내용은 이에야스가 일본을 통일한 후 조선·유구가 일본에 대해 신하라 칭해 왔을 뿐만 아니라 동남아시아 여러 나라들도 복종의 뜻을 나타냈다고 피력하며, 明과의 관계회복을 요청하고 있다. 그리고 福建의 상선이 나가사키에 와서 무역을 행할 수 있게 해줄 것을 요청하고, '大明天子'가 감합을 '賜'한다면 일본은 大船 한척을 보내겠다고 하고 있다. 즉 중국 상선을 나가사키에 보내 일본과 무역케 하고, 일본 또한 중국연안에 가서 무역할 수 있게 감합부를 급여해 달라는 요청을 하고 있다.

여기서 감합부란 明이 책봉한 나라에게 급여하여 조공무역시 지참케 하는 일종의 입국증명서로, 조선이나 유구는 국왕의 明 황제에 대한 表文만으로 입국이 허락되었지만 그 외 일본(무로마치막부) 등은 감합부를 지참해야 했다. 그러나 이 서간으로 보아서는 막부의 감합부 요청은 책봉을 전제로 하지 않고 있는 듯하다. 만약 막부가 책봉을 통한 조공무역의 회복을 원했다면 明 황제의 신하 입장으로서의 공순을 표했어야 할 것이나, 오히려 明과 조공관계에 있는 동남아시아 여러 나라, 더욱이 明이 번속국으로 간주하고 있는 조선이나 유구까지도 일본에 복종하고 있다고 표현하고 있기 때문이다. 그리고 감합부를 받아 大船 한척을 중국에 보내겠다는 내용으로 봐도 그렇다. 무로마치시대에는 조공무역시 최소한 大船 3척을 파견하고 있다.[34] 만일 책봉을 전제로 한 감합부의 요청이라면 중국과의 무역을 갈망하고 있는 막부로서는 3척 이상의 배를 파견하겠다고 했음에 틀림없다. 그러므로 막부의 요청한 감합부는 책봉을 전제로 한 것이 아니라 일본상선이 중국 연안에 가서 무역을 할 수 있게 허가해 주는 증서 정도로 간주하여 요청한 것이라 볼 수 있다.

---

33) 京都史蹟會編, 1979, 『林羅山文集(上)』 卷12, ぺりかん社, 卷12, 131쪽.
34) 田中健夫, 주 26) 앞의 책, 19~20쪽.

이러한 막부의 자세는 1613년 봄 시마즈씨-유구 루트를 통해 유구
왕 명의로 福建軍門에 보냈다는 다음의 '與大明福建軍門書' 내용에서
도 보이고 있다.[35] 유구는 300년 전부터 사츠마에 방물을 헌납해 왔으
나 최근에 '貢期'를 태만히 하여 사츠마의 군사를 맞게 되었고 이에 유
구가 황폐하게 된 것은 하늘의 뜻이었다. 자신(유구왕)이 사츠마에 3년
간 있으면서(억류기간) 시마즈씨로부터 귀빈으로 후대를 받았다. 일본이
희망하는 것은 첫째로는 일본상선이 중국의 변방에 가서 무역하는 것,
둘째로는 중국 상선과 일본 상선이 유구에 와서 무역하는 것, 셋째로는
중국 상선이 일본에 와서 무역하는 것이라고 한다. 이 세 가지 중에 하
나라도 이뤄지면 양국의 인민이 부유해질 것이고 중국의 입장에서도 왜
구에 대한 방비 부담이 없어질 것이지만, 그러나 이 중에 한 가지도 허
락하지 않으면 '日本西海道九國數萬之軍'을 중국에 보낼 것이고 그리하
면 중국 연안 수십 州는 반드시 피해를 당할 것이라고 일본측은 말하고
있다. 중국이 일본의 이러한 요청을 허용한다면 유구는 영원히 '藩職'을
준수할 수 있을 것이다.

여기서도 막부는 明의 책봉국인 유구를 사츠마의 조공국으로 명언하
고 있고 일본의 요청을 거부할 때에는 무력행사도 사양치 않겠다는 위협
적인 태도를 보이고 있다. 또한 막부가 요청하는 세 가지 무역방법 중에
조공무역의 형태는 보이지 않는다.

이로 보아 막부의 對明 정책을 기존연구에서 보이듯이 '국교회복' '감
합무역의 부활'을 일관되게 의도한 것이라는 견해는 타당하지 않다고 하
겠다.[36] 유구침략 이전까지는 '국교회복'을 의도했지만, 그 후는 무로마
치 막부와는 다르게 단지 무역의 재개를 요구하고 있기 때문이다. 그러

---

35) 林輝編, 주 28) 앞의 책, 『新薩藩叢書』 第四卷, 508쪽.
36) 幕府의 對明 정책이 '國交회복'이나 '감합무역의 부활'을 의도한 것이라는 관점
    은 일본의 관련학자들의 공통된 것으로 주 1)을 참조할 것.

므로 이를 무로마치시대의 對明 관계의 '회복' '부활' 요구로 규정지울 수는 없고 단순히 '私貿易 관계의 체결' 요구로 보는 것이 타당하다 하겠다. 즉 막부는 책봉에 의한 조공무역의 재개가 좌절되자, 明의 허락을 전제로, 福建 等地의 중국연안에서 양국상인이 행하는 무역, 유구에서 양국 상인이 무역하는 방법, 1610년을 전후해서는 나가사키에 중국 상인이 와서 무역하는 것을 주로 희망하고 있었다고 볼 수 있다.

막부는 특히 나가사키에 집중적으로 중국 상선을 내항케 해 이를 통해 對明 무역의 독점을 꾀하고 있었다. 1606년 막부가 사츠마에 내항하는 중국 상선에 대해 시마즈씨로 하여금 이를 중국의 市舶司와 같은 임무를 띤 나가사키奉行에게 통보케 했다거나, 1610년 나가사키에 내항한 중국 상인에게 전례를 깨고 일본 상인에게만 지급하던 朱印狀(쇼군이 날인한 무역허가증)을 급여한 것이 이를 반영하는 것이다.[37] 막부가 1610년과 1613년에 明측에 보낸 서한에서 공순하기는커녕 위협적인 내용을 담을 수 있었던 것은 그 요구가 이러한 私貿易 정도의 무역관계의 체결 요구였고, 또 실제로 중국 상선이 사사로이 나가사키에 와서 무역 행위를 하고 있었기 때문으로 보인다.

그러므로 막부의 유구복속 이후의 對유구 정책에는 對明 국교회복의 도가 전혀 반영되고 있지 않다고 보아야 한다. 시마즈씨가 유구복속 직후인 1611년부터 시행한 유구에 대한 일본 동화정책을 막부는 1616년부터 중지시킨다. 오히려 막부는 유구왕의 정치적 주체성을 부여하고 일본과의 이질성을 강조하여 유구에 대한 일본풍속을 금지한다. 이를 기존연구에서는 막부의 對明 정책의 실패로 보고 있다.[38] 그러나 이는 막부가 유구왕의 존속을 명령한 1610년부터 이미 예정되어 있었다고 보아야 한

---

37) 中村質, 1989,「東アジアと鎖國日本」深谷克己 外 編,『幕藩制國家と異域·異國』, 校倉書房, 343쪽 ; 林鴻章, 1988,『近世日本と日中貿易』『東アジアのなかの日本歷史(4)』, 六興出版, 41쪽.

38) 紙屋敦之, 주 18) 앞의 책, 29쪽.

다. 그 뒤 1624년 시마즈씨에 의해 유구왕이 수도인 首里의 王府領에
대한 지배와 재판권·제사권을 인정받는 것도,[39] 1634년 유구의 막부에
대한 사은사의 파견도, 막부의 對유구정책이 일본의 '異國'으로 유구를
규정하여 막부의 영광을 드높이는 존재로 만들려 한 결과였다. 에도시대
유구는 조선과 같이 신의를 통할 수 있는 나라 즉 '通信國'으로 위치되
어졌다. 유구가 明과의 조공관계를 지속할 수 있었던 것은 막부의 이러
한 유구의 '異國'化 정책의 결과였다고 볼 수 있다.

막부의 유구침략 이후의 對明 요청이 私貿易관계의 체결이었다는 것
은 국교수립을 희망하지 않았다는 것을 의미한다. 막부가 이러한 자세를
갖게 된 배경에는 임진왜란을 통해 대적한 明이 일본과의 책봉관계를
결코 원치 않을 것이라는 선입견, 明의 책봉에 의해 쇼군이 천황의 신하
입장에서 明의 신하 입장으로 바뀌는 것에 대한 내정상의 반대여론이
작용한 것으로 보인다. 그러므로 1619년 6월, 浙直(浙江·直隷省)總兵官
이 나가사키에 사자를 파견하여 왜구의 금지를 청했을 때도, 막부는
1621년 6월에 낸 회답에서 "명나라와 일본의 通信은 근래 조선에서 대
마도로 전해주면 대마도가 이를 上奏하는 형태를 갖추었다. 그런데 지금
執奏의 경로를 멋대로 거치지 않아서 되돌리는 바이니, 조선 通詞를 거
쳐 요청하는 바를 진술해야 할 것이다."고 하여 요청을 거부하고 있
다.[40] 즉 明과 일본의 通信은 조선에서 대마도로 전달하는 루트로 한정
시켜 행하므로 그 루트가 아니면 받지 않겠다는 것이다. 즉 일본의 조선
과의 국교회복에 의해 明과의 국교회복은 오히려 불필요한 것으로 수용
되고 있음을 알 수 있다.

마지막으로 시마즈씨의 對明 접근과 유구복속이 갖는 의미를 살펴보

---

39) 紙屋敦之, 주 18) 앞의 책, 309쪽.
40) "大明·日本之通信, 近代自朝鮮告對馬, 對馬奏上之, 今猥無由執奏之, 忽還邦,
而以朝鮮譯通, 可述所求之事也."(近藤守重撰, 1967, 『外蕃通書(第9册)』『改訂
史籍集覽』第21册, 東京: 臨川書店, 78쪽.)

자. 전술한 1606년의 '呈大明天使書'에서 보이듯이 明에 대한 시마즈씨의 희망은 明의 허가하에 중국상선이 사츠마에 와서 무역하는 것으로 이는 막부가 나가사키에서 對明 무역을 독점 장악하려는 의도와는 상치되는 것이었다. 그러므로 同 서한에서 보이듯 국가의식 같은 것은 무시한 채 明에 대한 신하로서의 입장에 선 공순한 표현도 삼가지 않았던 듯하다. 그러나 明에 대한 이러한 희망이 좌절되자, 막부의 시마즈씨에 대한 유구에의 '내빙'교섭의 지속 요청이나 무력동원 자제 요청에 대해 이를 무시하는 형태로 유구침략을 단행한 것도 시마즈씨의 유구에 대한 私的 영토편입의 욕망의 결과로 보아야 한다. 이처럼 시마즈씨는 막부와는 다른 의도하에 對明 접근과 유구복속을 추진한 것이며, 유구왕국의 존속이나 유구의 '異國'化는 막부의 압력에 의한 것으로 이해된다.

Ⅳ. 일본에 대한 琉球·明의 대응

막부가 유구와 福建루트를 통해 明에 접근한 것은 책봉을 전제로 감합부를 급여 받아 행하는 조공무역의 회복이 아니고 다만 새로이 私貿易관계를 체결하려는 의도에서였다고 앞서 분석했다. 그러면 이러한 일본측의 의도가 과연 상대방에 의해 어떻게 받아들여지고 있었나를 유구와 明의 관계에서 살펴보기로 하자. 이를 위해 양국간의 외교문서를 수록한 『歷代寶案』을 중심으로 검토해 보자.[41]

임진왜란 중 일본을 정탐하기 위해 明으로부터 일본에 밀파된 史世用

---

41) 『歷代寶案』이란, 총 270권으로 구성된 琉球의 외교문서집으로 1424년부터 1867년까지의 중국을 중심으로 조선 등과의 외교문서가 수록되어 있어 유구의 대외관계 연구에 중요한 기초사료로 이용되고 있다. 본 논문에서 이용하고 있는 것은 國立臺灣大學印行, 『歷代寶案』이다.

이 풍랑으로 유구에 표착하게 된다. 이에 유구는 그를 1594년 12월 중국에 호송하면서 자국의 정세를 咨文을 통해 다음과 같이 보고하고 있다. 1591년 '關白'[42] 즉 히데요시가 白金의 '進貢'을 요구하여 그 다음해에 이에 응했다. 히데요시가 조선에 파병할 일본군 1만명의 3년치 식량을 부담하라고 요구해 왔으나 거부했다. 그러면서도 히데요시의 아들 출생에는 축하를 명목으로 한 사절을 보내 일본을 정탐케 했다. 유구는 일본에 가까워 히데요시가 점령하려고 획책하고 있으며 만약 유구가 일본에 점령당하게 되면 福建 等地의 중국연안도 위협당할 것이 우려된다. 유구는 히데요시의 '侵擾'에 시달리고 있지만 그에게 신하라 칭하지 아니하고 오직 明만을 섬기고 있다. 이러한 내용의 보고를 끝맺으면서 유구는 王世子 尙寧의 책봉을 요청하고 있다. 이에 대해 明은 유구가 일본의 위협('擾害')에 굴복하지 않고 明에 歸服하여 책봉을 청하니, 유구로 하여금 일본을 제어케 하기 위해서라도 정식으로 책봉을 요청하는 왕세자의 表文을 보내오면 이를 수락할 것이라고 답하고 있다.[43]

여기서 유구가 히데요시에게 신하라 자칭하지 않고 그의 조선침략군 1만명의 3년치 군량 부담의 강요에도 굴복하지 않았다고 하고 있지만 이는 사실과 다르다. 이미 1589년 사절을 일본에 파견하여 히데요시의 來朝 강요에 굴복했고 7천명 군대의 10개월치 군량 부담을 명령받아 그 일부를 부담했기 때문이다(전술). 이를 통해 알 수 있듯이 유구가 강요당한 군량부담의 숫치를 일부러 불린 것은 일본의 강압적인 위협아래서도 굴복하고 있지 않음을 강조하기 위해서였을 것이다. 또한 유구가 일본에 점령될 경우 福建省 등이 위험해진다는 논리도 유구의 지리적 위치를 明에 환기시키고자 함이었다. 유구의 경우 중국과의 조공무역은 생명선

---

42) 조선이나 중국이 주로 에도 막부의 쇼군을 칭한 칭호로 여기서는 히데요시를 가리킨다.

43) 주 41) 앞의 책, 241~249쪽(福建等處承宣布政使司 咨文[萬曆 23년 5월 27일·萬曆 24년 6월]) ;『明神宗實錄』卷285, 萬曆 23년 5월 丙辛條.

渡閩航路圖(오키나와 현립박물관 소장)
유구의 나하(那覇) 항구에서 중국 福州까지의 항로를 그린 것

과도 같은 중요한 위치를 점하고 있었다. 조공무역의 유지나 확대를 위해서도 일본과의 관계를 가능한 한 은폐시키려 하는 것이 유구의 입장이었다. 유구의 明에 대한 貢期를 보면 1年1貢이 관례였다. 그러나 유구사절의 非禮가 明에 문책되어 1475년부터 1507년까지 2년1공으로, 1507년부터 1년1공으로 일시 회복되었다가 1523년 이후 2년1공으로 후퇴했다.[44] 그러므로 유구는 3년2공이나 가능하다면 1년1공의 회복을 바라고 있었다.

유구가 明의 속국으로서 일본의 정세를 예의 주시하고 있었음은 히데요시의 사망을 飛報로서 明에 보고하고 있다는 사실이다. 즉 유구는 일본을 정탐하기 위해 사람을 밀파하고 있었고 이를 통해 히데요시의 사망을 전달받은 것이 1598년 9월 14일이다. 그리고 이를 明에 전달하기 위해 서둘러 사절을 편성하여 파견한 것이 10월 3일이다.[45] 다만 유구가 그의 사망일인 8월 18일을 7월 6일로 파악한 것은 그가 이미 7월 단계에서 회복불능의 중병에 시달리고 있었기 때문에 사망했다는 소문이 돌고 있지 않았나 생각된다. 오히려 사망 일자를 서둘러 단정해 明에 보고한 유구의 태도에서, 조선에 大軍을 파병하여 임진왜란을 맞고 있는 明에게 톱뉴스에 해당하는 히데요시의 사망을 하루바삐 전달하여 明에 호

---

44) 小葉田淳, 1939,『中世南島通交貿易史の硏究』, 日本評論社, 155쪽.
45) 주 41) 앞의 책, 250쪽(福建等處承宣布政使司 咨文[萬曆 27년 5월 11일]).

進貢船 그림(오키나와 현립박물관 소장)
유구의 조공선은 중국 쟝크선과 같은
타입으로 만들어졌다.

감을 사고 이를 통해 조공관계의 확대를 바라고 있는 유구의 입장을 읽을 수 있을 것이다.

1603년 3월 明황제는 尙寧을 유구왕으로 책봉하는 칙유를 내린다. 尙寧의 아버지 尙永이 사망한지 15년만의 일이고, 유구가 책봉을 明에 거론한지 9년만의 일이다. 이처럼 책봉이 늦어진 이유에 대해 유구는, 히데요시의 '侵擾' 때문에 감히 정식으로 책봉을 요청하지 못하다가 그가 사망함에 이르러 요청하게 되었다고 표현하고 있다. 그러나 明으로서는 1594년 중국에 왔던 유구사절중의 한 사람이 왕세자의 表文으로 해야 할 책봉요청을 무례하게도 구두로서 거론한 사실, 또 조공사절 중의 일부가 일본인 복장과 日本産品을 지니고 있었다는 사실을 확실히 규명하기 위해서였다.[46]

夏子陽을 정사로 한 明의 책봉사가 유구에 건너가는 것은 책봉의 칙유가 내린지 3년 뒤인 1606년의 일이다. 이 때 책봉사는 明황제의 사망한 유구왕 尙永에 대한 諭祭文도 지참하고 있었다.[47]

1607년 유구는 明에 요청하여 福建의 상인에게 통항증명서('引')를

---

46) 주 41) 앞의 책, 27~28, 133~140, 254~263쪽(皇帝勅諭[萬曆 31년 3월 3일], 禮部 咨文[萬曆 29년 11월 22일], 浙江等處提刑案察 咨文[萬曆]).
47) 주 41) 앞의 책, 29쪽(諭祭文[萬曆 34년]).

급여하여 매년 한 두척의 상선으로 유구에 와서 무역케 해달라고 하고 있다. 이에 대해 明은 하자양의 咨文을 통해 전례가 없음을 들어 거부하고, 나아가 유구의 대외무역까지도 금지시키고 있다. 즉 하자양 자신이 前年에 책봉사로 유구에 갔을 때 일본상선이 와서 무역하는 것을 발견했으나, 앞으로는 유구의 그 누구도 '倭夷'와 교역함을 엄금하며 일본상선이 유구에 와 무역하던 것도 금지시키라고 명령하고 있다. 덧붙여 유구가 富國이 되고 싶어 일본과의 '通商'을 다만 '왕래'라고 핑계대고 있다고 언급하고, 그처럼 '倭夷'와의 무역을 비밀로 하면 유구나 중국에게도 우려되는 일이 될 것이라고 경고하고 있다.[48]

전술했듯이 막부는 유구에 책봉사가 온 1606년, 시마즈씨에게 의뢰하여 對明 무역관계 체결을 희망하는 '呈大明天使書'를 책봉사측에 전달하고 있었다. 그렇다면 이 서한을 받은 사람은 책봉사절의 정사인 하자양일 것이다. 또한 막부는 같은 해 일본과 중국의 상선이 유구에 와서 무역할 수 있도록 明에 요청해 달라는 서한인 '呈琉球國王書'를 유구측에 전달했었다. 그러나 하자양의 자문내용으로 보아 이 막부의 요청도 거의 반영되지 않은 듯하다. 다만 福建의 상인이 유구에 와서 무역하도록 해달라는 유구의 요청은 아마도 막부의 희망을 유구측에 유리하도록 개작한 것으로 보인다. 이 요청에 대해 明은 유구의 對日 무역을 비롯한 제반 對日 관계를 단절하도록 명령하고 있다. 尙寧을 책봉하여 유구를 번속국으로 다시 편입시킨 明의 입장에서는, 임진왜란에서 대적한 일본과 유구가 사사로이 관계를 지속하고 있는 것을 허용할 수 없었을 것이다.

1609년, 시마즈씨의 유구침략이 있은 직후 유구왕 尙寧은 이를 明에 급보하여 自國의 패배상황을 상술하고 이 침략을 '薩摩州倭奴'의 침략 또는 '왜란'이라 표현하고 있다. 다음해 정월 유구 왕비와 왕의 아우가 明에 보고한 자문에서도 '遭亂', '倭人率兵'한 '왜란'으로 표현하고 있다.[49]

---

48) 주 41) 앞의 책, 265~266쪽(太常寺少卿夏光祿寺寺丞王 咨文[萬曆 35년 12월 19일]).

일본의 유구침략에 대해 明이 처음으로 반응을 보인 것은 1610년 중국에 간 유구의 조공사절에게 내린 12월 16일자의 明 황제의 칙유를 통해서였다. 그 내용은 다음과 같은 것이었다. 유구의 사절이 표문과 방물을 가지고 와서 말하길, 유구가 "왜란을 만나 조공기간을 지키지 못했다"고 한다. 유구왕이 이러한 '喪亂'을 당하고 있다니 측은하다. 이에 칙유를 내려 유구왕을 위로하는바 일본으로부터 귀국하게 되면 다시 나라를 잘 다스리고 조공을 이전처럼 바쳐야 할 것이다. 유구와 '왜국'과의 前後 사정은 마땅히 다시 보고하면 이에 의거하여 처리하겠다.[50]

이에 대해 유구는 1612년 1월 福建等處承宣布政使司에 자문을 보내 明 황제의 칙유가 내리자 '倭君'도 황제를 두려워해 자신을 귀국시켰다고 말하고, 이로서 드디어 '왜구' '왜란'이 '평정'되었다고 표현하고 있다.[51] 유구왕이 귀국한 것은 그 전년인 1611년 9월이었다.

그러나 1612년 3월 福建에 입항한 유구의 조공사절은 충격적인 황제의 칙유를 전달받게 된다. 칙유 내용은 유구가 새로이 "殘破"를 만나 재정도 궁핍할 것인즉 굳이 멀리 중국까지 올 필요가 있겠는가, 10년 후에 재력이 회복되면 다시 조공해도 될 것이다, 이번 貢物중에 '倭產'이 있으면 모두 받지 않고 돌려보내고 유구의 산출하는 공물에 한해 받을 것이다, 또한 조공사절의 입국을 사양하여 北京까지 가는 수고로움을 덜게 할 것이라는 것이었다. 실제로 이 유구사절은 중국에 입국하지도 못한 채 日本物產이라고 明에 의해 판명된 金銀 등의 貢物을 되가지고 귀국하게 된다.[52]

明이 이처럼 대폭적인 貢期 제한에다가 조공물의 선별적 수납, 조공사절의 입국거부라는 대대적인 제한조치를 행하자, 이에 놀란 유구는 지

---

49) 주 41) 앞의 책, 570~574쪽(琉球國中山王尙寧 咨文[萬曆 37년]).
50) 주 41) 앞의 책, 30쪽(皇帝勅諭[萬曆 38년 12월 16일]).
51) 주 41) 앞의 책, 579~581쪽(琉球國中山王尙 咨文[萬曆 40년 1월]).
52) 주 41) 앞의 책, 267~268쪽(福建等處承宣布政使司 咨文[萬曆 41년 5월 13일]).

금까지 200년 동안 '通倭'한 적이 전혀 없다고 역설하여 일본에의 복속을 은폐하고 오히려 3년1공을 요청하고 있다. 이에 대해 明은 유구가 '倭情'이 과연 없다면 3년1공을 허가하겠다고 답하고 있다.[53] 그러나 당시 明은 일본이 유구를 복속하고 유구의 對明 조공무역에 적극관여하고 있음을 이미 숙지하고 있었다.[54]

막부는 유구침략 직후부터 유구의 明에 파견하는 조공사절을 통해, 또는 일본에 온 중국상인 周性如에게 서한을 위탁하는 형식(1610), 그리고 잡아온 유구왕을 귀국시키는 방법, 나아가 1613년에는 유구왕의 명의로 '與大明福建軍門書'를 보내는 형태로 중국과의 무역관계의 체결을 요청하고 있었다(전술). 그러나 이에 대한 明의 반응은 유구와 明의 관계에서 전혀 나타나지 않고 있다. 明은 일본의 유구침략에 대해서는 황제의 칙유를 유구사절의 귀국에 휴대케 하여 유구왕의 귀국 요청을 일본에 간접적으로 시사하는 선에서 머물러, 책봉국인 유구를 구원하려고는 생각지도 않고 있다. 유구침략에 대해 明측 사료에는, 明이 浙江總兵官으로 하여금 해안경비를 엄히 하게했다고만 기록되어 있다. 일본측 사료에도, 당시 유구를 통해 이를 통보받은 明이 임진왜란과 같은 일본의 거국적인 침략으로 오해하여 유구를 구원하는 것은 엄두도 내지 못하고 해안경비를 강화하는 데 그쳤다고 기록되어 있다.[55]

당시 明은 동북방으로는 급격히 세력을 증강하여 가는 누루하치에 대한 방어 때문에, 바다 건너 일본에까지 군대를 파견하여 유구왕을 구출하고 유구를 회복시키기에는 明의 국력으로 보아도 역부족이었을 것이다. 또한 내정상으로는 당쟁과 환관의 발호 등으로 기강이 해이되어 동아시아 세계의 주관자로서의 책임의식도 희박해졌다고 볼 수 있다. 그러

---

53) 주 41) 앞의 책, 268~269쪽(欽差福建總鎭府 咨文[萬曆 41년 6월 9일]).

54) 『明神宗實錄』 498卷, 萬曆 40년 8월 丁卯條.

55) 『明史』 卷323, 列傳 第211 - 外國4 - 琉球 ; 林輝編, 주 28) 앞의 책, 『通航一覽』 卷2, 琉球國部2, 20쪽.

므로 明은 일본의 유구복속에 대해 자국의 연안경비를 강화하고 유구와
의 조공관계를 현격히 제한하여 일본의 조공무역에의 개입을 배제하는
소극적인 입장을 취한 것으로 여겨진다. 당시 明의 조정에서는 유구의
조공사절에 일본인이 섞여 있을 것이라든가 유구의 중국과의 조공관계
가 일본을 윤택하게 할 것이라는 논의로 떠들썩했다고 한다.[56]

　이러한 입장에 있는 明에게 유구가 1613년 유구왕 명의로 된 '與大明
福建軍門書'를 전달했다는 일본측의 사료는 특히 신빙성이 적다. 더구
나 일본은 이 서한에서 明이 일본의 요구에 응하지 않으면 무력도발도
서슴치 않겠다고 표현하고 있었다. 그렇다면 유구는 이 서한을 明에 전
달하기 않았음에 틀림없다. 당시 유구는 일본에 복속된 것을 明에 은폐
하고 있었으며 10년1공을 철회시키기 위해 안간힘이었기 때문이다.

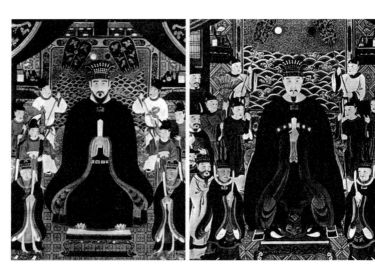

유구왕 尙寧과 尙豊(우)

상녕(1589~1620 재위)은 1609년 사츠마의 시마즈 군대의 침략을 받아 포로로 일본에 2년간
억류되었던 비극의 왕. 그 다음 왕이 상풍(1621~1640 재위).

---

56) 野口鐵朗, 1977, 『中國と琉球』, 開明書院, 168쪽.

1614년 유구는 예부에 대한 자문에서 明의 10년1공을 철회해 달라고 간곡히 요청하면서, '强狡'한 일본과 인접해 있으면서 여지껏 나라를 보전한 것은 황제의 은덕이며, 왜란을 당했던 조선에겐 그 구원을 서두르지 않았으면서도 '狡倭'가 유구를 침략하자 그 대응을 서둘러 '倭'로 하여금 유구를 떠나 30리를 퇴각케 하고 포로로 잡은 유구인들을 방치한 채 철수케 한 것도 황제의 은덕에 의한 것이라고 사실이 아닌 일을 만들어 칭송하고 있다. 이어서, 교활한 일본과의 관계를 끊는데 그치지 않고 다시 공순한 유구마저 저버리면서 屬國(유구)의 마음을 이으려함은 잘못으로, 만약 유구를 거부하고 倭를 막으려 한다면 이는 짧은 생각이라고 明에 대한 비판까지 하고 있다.[57] 그 후에도 유구는 일본 내정을 飛報의 형태로 중국에 전달하기도 하며, 일본의 침략을 막지 못한 죄를 근신하며 明에 충성하여 공순을 지키고 있다고 강조하고 있다.[58]

유구왕 尙寧의 사망으로 왕세자 尙豊이 책봉을 요청한 것이 1622년이다. 이 때 그는 아울러 2년1공을 요청하고 있다. 明은 이에 대해 5년1공을 허용하지만, 책봉요청은 수락하지 않고있다. 尙豊은 그 후에도 1625년, 26년, 27년까지 도합 4회에 걸쳐 책봉을 요청하지만 거부되었다. 明의 거부이유는 尙豊의 신원증명서('印結')가 구비되지 않았다는 것이었다. 尙豊이 책봉되고 2년1공이 회복되는 것은 1633년의 일이다. 이렇듯 尙豊이 책봉을 요청한지 11년의 세월이 소요된 것은 시마즈씨의 유구침략이 그 배경이라 할 수 있다. 明이 전례 없이 尙豊의 신원증명서 문제를 거론하며 책봉을 계속 연기한 것은 尙豊이 尙寧의 진짜 장남이냐 아니냐 보다도 사츠마씨가 尙豊을 대신한 것이 아닌가 하는 의구심에서였다.[59] 明은 尙豊이 완전 허수아비 또는 가상인물로 실제로는 시마즈씨

---

57) 주 41) 앞의 책, 583~585쪽(琉球國中山王尙寧 咨文[萬曆 42년 9월 24일]).
58) 주 41) 앞의 책, 269~270쪽(福建等處承宣布政使司 咨文[萬曆 44년 6월 22일]) ; 邊土名朝有, 1992, 『'歷代寶案'の基礎的研究』, 東京: 校倉書房, 235~237쪽(禮部 咨文[天啓 3년 3월 6일]).

가 對明 조공무역을 주관하고 있지 않을까 의심하고 있었던 것이다.

유구가 독립왕국의 형태는 유지됐지만 사츠마에 복속되어 그 조공무역마저도 조종당하고 있다는 사실을 明은 알고 있었다. 그럼에도 불구하고 결국 尙豊을 책봉하고 2년1공을 회복시켜 유구와의 관계를 정상화한 배경은 무엇일까? 이는 明의 말기상황에서 파악하지 않으면 안 될 것이다. 이미 1616년 후금을 건국하여 帝位에 오른 누르하치는 2년 후 明에 대해 선전포고를 하고 그 다음해에는 사르후 전투에서 明에 결정적인 타격을 가했다. 1627년에는 조선을 침략하기도 한다(정묘호란). 이러한 가운데 1628년 즉위한 明의 마지막 황제 신종은 다음해 8월 尙豊을 책봉하는 칙유를 내린다. 그 내용을 보면 일본의 침략('隣侮')을 받았지만 이를 잘 극복하여 회복했다고 칭찬하고 있다.[60] 이는 즉 일본에 복속은 되었으나 독립왕국의 형태를 유지한 유구의 현실을 눈감아 주고 책봉과 조공관계를 회복시켜 일본측으로부터 있을지도 모를 福建 等地에의 무력적 시위를 사전에 예방하여 연안경비의 부담을 회피하려 한 것이었다고 볼 수 있다. 결국 明의 對유구정책의 전환은 북방 여진족에 국방을 전력 경주하기 위한 동남방에 대한 소극책의 결과로 이해된다.

V. 맺음말

이상으로 살펴본 것처럼 막부의 對明 접근은 그 중개자가 누구냐에 따라 또 시기에 따라 달랐던 것을 알 수 있다.

우선 임진왜란 직후 조선을 통한 접근은 進貢·貢路件에서 알 수 있듯

---

59) 邊土名朝有, 주 58) 앞의 책, 152쪽 ; 주 41) 앞의 책, 278~282쪽(福建等處承宣布政使司 咨文[崇禎3년 6월 6일]).
60) 주 41) 앞의 책(封王詔書[崇禎2년 8월 16일]).

행렬지어 가는 중국의 琉球 책봉사절(오키나와 현립박물관 소장)
책봉사는 400명에 이르는 사절단으로 유구에 가 약 반년 간 체류하며, 사망한 先王에 제사하고 새로 즉위하는 국왕을 책봉한다. 그림은 正使·副使를 중심으로 책봉사의 행렬을 그린 것. 『中國册封使行列圖卷』 수록

이 明에 조공하겠다는 의사를 명백히 하고 있다. 조선의 중개에 의한 것이라면 明의 책봉까지도 받겠다는 것으로 보여 주목된다. 이러한 막부의 의도는 조선과의 講和로 표출되나 조선과의 관계정상화를 유지하기 위해서 소극적이고 일과성적인 것으로 끝난다. 이는 일본의 對조선 정책이 對明 정책에 종속되어 있지 않음을 보여주는 것이다. 막부는 간접적으로 대마도를 통해 貢路件을 가지고 對明 접근을 시도해 보기도 하나, 대마도는 이를 조선과의 무역관계의 확대나 上京을 얻어내려는 수단으로 이용한다. 대체로 막부의 조선루트를 통한 對明 접근 시도는 일본의 유구 침략이 단행되는 1609년을 전후해 끝났다고 할 수 있다. 이후의 일본측의 조선을 통한 對明 접근 의사표현은 대마도가 對조선 무역관계와 관련하여 자의적으로 내놓은 것이며, 1620년대 후반에 있었던 '平遼通貢'은 後金의 조선침입과 관련하여 대륙의 혼란한 정세에 대한 일본의 국가안위와 관련한 대륙에 대한 관심에서 나온 것으로 이해된다.

막부의 進貢·貢路件 요청에 대한 조선의 반응은 시종 이를 묵살하는 태도를 견지한다. 임진왜란 직전에도 있었던 이러한 일본측의 요청은, 조선의 중개에 의해 조선의 內地를 통과하여 明에 조공을 바치겠다는 것이었다. 그러므로 自國의 국방을 위해서도, 對日 국교회복을 거부하고 있는 明에 '通倭'와 같은 오해를 사지 않기 위해서라도 조선으로서는 묵살 이외의 선택의 여지가 없었을 것이다.

유구나 福建루트를 통한 막부의 對明 접근은 1600년부터 시도된다. 그 초기에는 '金印'을 요청하는 책봉요청이었으나 구체적이지 못했고, 유구침략에 즈음해서는 책봉을 전제로 하지않는 감합부의 요청으로 나타난다. 이러한 막부의 접근은 국교관계의 회복이 아닌 '私貿易관계의 체결' 요청이라 평가할 수 있다. 즉 明의 허락을 전제로 3가지의 형태의 무역을 막부는 희망하고 있었다. 우선 福建 等地의 중국 연안에 일본 상인이 가서 행하는 무역으로 이것이야말로 막부가 가장 원한 형태였다. 차선책으로는 유구에서 양국 상인이 행하는 무역을 희망하기도 했다. 그러나 明의 반응이 없자 나가사키에 중국 상인이 와서 행하는 무역을 요청한 것이 1610년경의 일이다. 당시 明의 해금정책은 크게 이완되어 있었으므로 속속 중국 상인이 일본항구에 와 무역하고 있었다. 막부는 이러한 추세를 보고 明의 허락하에 중국 상인을 나가사키에 집중적으로 내항·무역하게 하여 　對明 무역을 독점하려 했던 것이다.

그러나 '私貿易관계의 체결'이라는 막부의 희망은 책봉과 조공무역을 전제로 한 明의 政經不分離의 외교 원칙에 위배되는 것이었다. 막부도 이를 알고 있었음일까, 별로 구체적이고 지속적인 對明 접근은 시도되지 않고 있다. 오히려 武力 시위를 하겠다는 등의 위협적인 태도로 요구를 관철하려 하고 있다.

전술한 바와 같이 일본의 유구복속은 일본의 對明 관계재개 정책의 연속선상에 올려놓을 수 없다. 오히려 유구 루트를 통한 對明 접근의 포기로 이해된다. 시마즈씨가 유구를 복속하여 영토 확장과 유구의 조공무역에의 이윤을 착취하려 했다면, 막부는 유구를 일본에 복속시키되 유구왕국체제는 존속시켜 막부의 영광을 드높이는 속국인 '異國'으로서 위치시키려 했던 것이다. 이는 동시에 明과의 전면적인 대립국면도 회피할

수 있었다. 그러나 유구는 일본에의 복속을 철저히 明에 은닉하여 조공
무역의 유지를 期했고, 이에 대해 明도 후금과의 전면대립 상황 때문에
일본의 유구복속의 현실을 묵인하고 유구의 조공무역 재개요청을 허락
하기에 이른다.

〈표 6〉 에도시대 일본의 對明 접근

시 기	내 용	비 고
1600.8.	이에야스, 大明總理軍務都指揮 茅國器에의 서한에서 조선과 국교재개 이후 金印과 勘合을 희망	明, 무반응
1606.	막부, 유구에 온 明 책봉사측에 明과의 관계 회복을 요청	책봉사, 묵살
1606.	시마즈씨, 유구에 온 책봉사에게 '呈大明天使書'를, 유구왕에겐 '呈琉球國王書' 통해 對明 중재 요청	책봉사, 거부. 유구, 묵살
1607.5.	막부, 渡日한 조선의 '회답겸쇄환사'측에 進貢(明에의 조공 중재) 요청	사신, 거부
1609.3.	대마도, 조선에 上京과 貢路(明에의 조공로 借用) 요청	조선, 거부
1609.5.	시마즈씨, 유구를 침략·장악	
1610.12.	막부, 福建省總督에의 서한에서 감합부를 요청	明, 무반응
1613.	시마즈씨, 유구왕의 명의로 '與大明福建軍門書'에서 양국 무역을 희망	유구, 전달 회피
1614.	조선, 대마도의 上京·貢路 요청을 거부	
1629.	대마도, 조선에 '平遼通貢'(요동 평정해 貢路를 개통) 요청	조선, 묵살

제5장

근세 일본의

琉球사절과 조선사절

I. 머리말

근대 이전의 일본역사에서 에도(江戶)시대(1603~1868)만큼 외교관계가 체계화된 시대도 없을 것이다. 조선과는 通信使 초빙을 중심으로 한 국가적 차원의 외교와 대마도 宗氏를 통한 부산 왜관을 중심으로 한 외교 실무 및 무역이 행해졌다. 琉球와도 사절 受容을 통한 외교가 이어졌지만 사츠마(薩摩)藩의 시마즈(島津)씨에 의해 유구는 실질적으로 지배되고 있었다. 중국과 네덜란드와는 외교관계는 없었으나 나가사키(長崎)를 통한 무역이 이루어졌다.

그런데 에도시대의 對外 관계연구에서 유구와 조선이 한 세트로 취급되는 논리가 있다. 그 하나가 이미 정착한 '通信國'論이다. 이것은 서양세력의 거센 개항요구에 직면한 19세기 중반의 막부가, 조선과 유구를 사절을 통해 신의를 교환하는 나라라 하여 '通信國', 중국과 네덜란드는 무역만 행하는 나라라 하여 '通商國'으로 자리매김한 데에 비롯된다.[1] 즉 사절외교라는 측면이 강조되어 유구와 조선이 한 세트로 구분되고 있다.

그 둘째가 최근에 정착하고 있는 '네 개 窓口'論의 '家役'論이다. 이것은 에도시대의 대외관계가 4개의 窓口에 의해 전개되었다는 것으로, 조선과의 관계를 매개하는 對馬藩(對馬口), 유구를 지배하고 있는 사츠마藩(薩摩口), 아이누族을 지배하는 마츠마에藩(松前口), 중국인과 네덜란드인과의 교역을 관장하는 나가사키(長崎口)로 구분하고 있다. 그리고 막부의 직할령이었던 나가사키를 제외한 3개의 창구를 통한 대외관계는, 대마藩의 宗氏·사츠마藩의 시마즈씨·마츠마에藩의 마츠마에씨가 각각 조선·유구·아이누를 제어하는 임무를 막부로부터 '家役'으로 부여

---

1) 中村英孝, 1970, 『日鮮關係史の研究(下)』, 吉川弘文館, 551~553쪽.

받고 있다고 설명하고 있다.[2] 여기서도 시마즈씨와 宗氏의 '家役'논리로서 유구와 조선이 동일선상에서 취급되고 있다.

그러나 이같은 '通信國'·'家役'論에 의거하여 유구와 조선을, 또는 시마즈씨-유구와 대마도 宗氏-조선을 한 세트로 보려는 시각은 근본적인 문제점을 내포하고 있다. 유구는 당시 시마즈씨가 지배하고 있었고 시마즈씨는 또 막부의 지배하에 있었다. 즉 중층적인 지배구조하에 유구가 처해 있었다. 그러나 조선은 일본과 대등한 외교를 전개하고 있었고, 일본의 조선과의 외교를 대행한 종씨는 막부의 지배하에 있으면서도 조선왕조 건국 이래 君臣관계에 처해 있었다. 즉 종씨는 兩屬的인 존재였다.

본 논문은 위의 두 이론의 한계를 밝히기 위해 유구와 조선의 사절을 상호 비교 검토하는 방법을 이용하고자 한다. 이 방법론은 물론 획기적인 것은 아니다. 여지껏 韓·日의 관련학자들에 의해 부분적으로 논해져 왔기 때문이다. 그러나 그것은 단편적인 것에 지나지 않았다. 전반적이고 구체적인 비교검토는 아직 이루어지고 있지 않다. 논문의 前半부분에 유구와 일본과의 관계를 상술하고 있는 것은 유구사절의 외교적 지위를 보다 구체적으로 이해하기 위해서이다.

Ⅱ. 일본의 琉球 복속

일본 역사책에 유구 지역을 가리키는 것으로 추정되는 '南島' '阿兒奈波'란 이름이 처음으로 등장하는 것은 『日本書紀』이며 시기로는 616년이다. 이후 8세기 초에 이르기까지 '南島'의 사람들이 일본에 조공을

---

2) 이 이론은 1978년 荒野泰典에 의해 시작된 것으로 그의 1988, 『近世日本と東アジア』(東京大學出版會) 서론과 217~222쪽 ; 鶴田啓, 「近世日本の四つの'口'」(荒野泰典 外編, 1992, 『アジアのなかの日本史Ⅱ』, 東京大學出版會)를 참고.

행하여 왔다고 기록되어 있다. 그러나 이러한 기록은 단편적이고 일방적인 기록에 불과하다. 일본과 유구간에 국가적인 차원에서의 교섭이 기록에 나타나기 시작하는 것은 무로마치(室町)시대(1336~1573)에 와서였다. 확인할 수 있는 최초의 것은 1414년 12월에 쇼군 아시카가 요시모치(足利 義持)가 유구왕 尙思紹에게 보내는 답서이다. 그 내용은 유구왕의 서한과 '進上物'을 확실히 受領했다는 것이었다. 1480년 2월 막부가 시마즈씨를 통해 유구의 조공을 재촉하고 있는 서한에도 유구의 '朝貢'船을 이전처럼 파견하라는 구절이 보인다. 이렇듯 무로마치막부와 유구와의 관계는 유구가 貢物를 헌상하는 형태를 취했으므로 일종의 조공관계였다. 그러나 양국간엔 조공무역보다 유구가 南海產의 향료를 중심으로 하는 다수의 무역품을 일본의 사카이(堺)에 가져와 행하는 私貿易 관계가 주로 행하여졌다. 무로마치시대 후기 규슈(九州) 북부의 하카타(博多) 상인이 점차 세력을 키워 기존의 사카이상인과 해상무역권 쟁탈을 벌이게 되자, 琉球商船의 일본 내에서의 무역 항구는 하카타로 한정되어 간다.3)

15세기 중반 일본이 내란(應仁의 亂)으로 혼란해지자 유구상선의 일본도항이 격감되는 반면 일본 商船의 유구 도항이 빈번해졌다.4) 이에 무로마치막부는 유구를 왕래하는 일본상선에 대한 무역통제책으로 막부의 印判(도항증서) 지참을 의무화했다. 그러나 이를 지참하지 않고 유구에 도항하는 상선이 증가하자, 그 통제를 유구와 가장 인접한 규슈 남부의 호족 시마즈씨에게 요청하게 된다. 이로써 시마즈씨는 유구에 도항하

---

3) 小葉田淳, 1939, 『中世南島通交貿易史の硏究』, 日本評論社, 15쪽 ; 橫山學, 1987, 『琉球國使節渡來の硏究』, 吉川弘文館, 36·51쪽 ; 田中健夫, 1983, 『對外關係と 文化交流』, 思文閣, 108~109쪽 ; 喜舍場一隆, 1993, 『近世薩琉關係史の硏究』, 國書刊行會, 147쪽.
4) 무로마치시대의 일본·유구관계는 喜舍場一隆, 주 3) 앞의 책, 19쪽, 35~39, 111~115쪽.

는 일본상선에 대한 감찰권을 막부로부터 부여받고, 16세기 초에는 인판의 발급권까지 위임받아 일본상선의 유구 도항을 통제하게 된다. 이후 시마즈씨는 일본내에서 유구와의 교역상에 절대적 우위를 인정받게 된다. 그러나 이러한 시마즈씨의 지위는 유구와 협의한 결과가 아닌 막부·시마즈씨간의 합의에 의한 것이었으므로 일본 내에서만 통용되는 특권에 불과했다. 그러므로 대외무역을 장려하여 국가재정을 윤택하게 하려는 유구로서는 시마즈씨의 유구에 대한 독점적 특권을 수용할 수 없는 입장이었다. 특히 16세기 중반 동아시아 해역에는 에스파니아·포르투갈 상인세력의 등장과, 중국연안을 약탈하는 후기왜구의 창궐로 유구의 동남아시아에 대한 무역이 급격히 축소되어 일본과의 무역 비중이 상대적으로 증대되어갔다.

무로마치시대 유구와 시마즈씨와의 관계는 대등한 선린관계였다. 당시 양자간의 왕복문서에 '隣交' '修好' '同盟' '善隣' '友邦之國' '脣齒之國' 등의 표현이 자주 등장하는 것이 이를 입증한다. 이러한 대등관계를 강조한 측은 유구보다 오히려 시마즈씨였다. 시마즈씨의 유구에의 서한에는 유구왕을 '中山王殿下'나 '閣下' 또는 '陛下'로까지 표기하고 있다('中山王'은 유구왕의 대외적 칭호). 그러나 印判을 지니지 않은 일본 상선의 유구 도항을 유구가 통제하지 않자, 16세기 중반부터 시마즈씨는 이의 통제를 유구에 강요하게 되었고, 통제를 요구하는 문서에서는 유구를 자신의 속국으로 자리매김하려 한다. 이에 이르러 유구는 시마즈씨와의 관계를 점차 멀리하게 된다.

1588년 일본전국을 통일한 도요토미 히데요시(豊臣 秀吉)는 시마즈씨를 통해 유구의 복속을 요구해 왔다. 이에 답하여 유구가 히데요시에게 축하의 사절을 파견하는 것은 그 다음 해이다. 유구사절을 접견한 히데요시는 유구를 복속국으로 간주하고 조선침략(임진왜란)에 즈음해서는 유구에게도 부담을 지우게 된다. 즉 조선을 침략하는 일본군 7천명의 10

개월치 군량 징납을 강요한 것이다. 유구는 국가안위를 염려하여 이에 응하기로 했으나 재정의 빈약으로 요구분의 반을 징납하고 나머지는 시마즈씨에게서 借用해 해결하고 있다.

그러나 유구가 히데요시의 복속정책에 그저 굴복한 것만은 아니다. 오히려 히데요시의 중국침략 계획을 신속히 명에 전달하여 일본에 대한 경계를 촉구하고 있다. 유구의 이러한 親明자세는 200여년간 명과 책봉관계를 맺어왔기 때문이었다. 유구는 기본적으로 명에 2년을 週期로 조공을 행하고 있었고 이 조공무역의 이윤은 유구의 국가경제에 절대적인 비중을 차지하고 있었다. 임진왜란 중에도 유구는 줄곧 친명자세를 견지하였으며 1598년 9월의 히데요시의 사망 정보에 접해서도 재빠르게 이를 명에 전해주고 있다.[5]

1600년 세키가하라(關原)전투로 히데요시派의 군대를 격파하여 일본 전국을 장악한 도쿠가와 이에야스(德川 家康)는 유구를 통한 명과의 관계회복을 희망하고 있었다. 마침 1602년 말 유구선박이 일본 동북지방에 표류해 오자 시마즈씨를 통해 이들 유구인을 송환했다. 이때 시마즈씨는 유구에게 답례의 사절을 일본에 파견하라고 요청했다. 물론 이에야스의 의향에 의한 요청이었으나 유구에게 거절당했다. 이에야스가 에도막부를 세운 것은 그 다음해이다. 1605년 7월 명에서 귀국하던 유구선박이 규슈 히라도(平戶)에 표착하자 에도막부는 다시 유구인을 송환시키고 있다. 그리고 막부는 두 차례에 걸친 유구인 송환에 대해 유구왕이 사절을 파견해 謝意를 표하도록 하라고, 이번에는 히라도의 다이묘(大名; 領主) 마츠우라(松浦)씨에게 명령하고 있다. 마츠우라씨가 이 사실을 시마즈씨측에 알리자, 막부가 마츠우라씨에게도 유구에의 대책을 강구한 것을 알게 된 시마즈씨는 초조해졌다. 이제껏 일본의 유구에 대한 교

---

5) 민덕기, 1994, 「朝鮮·琉球를 통한 江戶幕府의 對明접근」『韓日關係史硏究』2, 한일관계사연구회, 13·24쪽.(본서 제4장에 해당)

섭창구를 독점적으로 위임·장악해 왔던 시마즈씨의 입장에서 이를 상실할 위기를 느끼게 된 것이다.[6]

당시 시마즈씨의 사츠마藩은 만성적인 재정적자로 시달리고 있었다. 그러므로 유구를 복속시켜 이 상황을 타개하려고 1606년 6월 유구침략을 막부에 요청했다. 막부는 이를 허가하면서도 그 해 가을에 계획된 유구침략을 연기시켰다. 그 이유는 두 가지로 들 수 있다. 우선 그 해는 유구왕 尙寧을 책봉하기 위해 명의 冊封使가 도항하는 해였다. 막부로서는 책봉사측에 명과의 관계회복 의사를 전달하여 이를 도모하는 것이 명과의 전면대립을 초래하는 유구침략보다 유리하다고 판단되었기 때문이다. 이에 막부는 시마즈씨를 통해 책봉사에게 명과의 관계회복을 요청하게 된다. 또 하나의 이유는 조선과의 講和교섭이 순탄하게 진행되고 있었기 때문이다. 만약 유구침략을 단행하여 이 사실이 조선에 알려지면 일본의 강화 의도를 의심한 조선이 강화를 지연시킬 우려가 있었다.[7]

그러나 1607년 조선의 回答兼刷還使가 도일하여 양국간 강화가 성립되고, 책봉사측으로부터 일본의 관계회복 요청에 대한 반응이 보이지 않자, 시마즈씨의 유구침략 요청이 재차 막부에 전달되었다. 이에 이르자 막부는 다음해 8월, 다시 한 번 유구의 사절파견을 재촉해 보고 이에도 불응한다면 출병하라는 분부를 내린다. 이에 의거하여 시마즈씨는 다음 달 유구에 사절파견을 재촉하는 동시에 일본의 對明무역 부활의 중재를 요청했다. 그러나 유구가 구체적인 반응을 나타내지 않기에 이르자 유구침략이 행해진다.

시마즈씨의 3천명의 군대가 유구에 상륙한 것은 1609년 4월 초이며 유구전역을 장악하여 유구왕 尙寧 및 重臣 100여명을 포로로 하여 철수한 것은 5월 말이었다. 다음해 9월 시마즈씨는 尙寧을 대동하여 에도에

---

6) 橫山學, 주 3) 앞의 책, 39~40쪽.
7) 민덕기, 주 5) 앞의 논문, 15~16쪽.

동중국해를 항해하는 중국의 琉球 책봉 사절 선박(오키나와 현립박물관 소장)
유구에 파견하는 책봉사 일행의 선박(封舟). 왼쪽은 항해 중을, 오른쪽은 나하(那覇)항구에
도착한 모습을 그린 것. 『奉使琉球圖卷』 수록.

가 제2대 쇼군 히데타다(秀忠)를 알현했다. 이때 히데타다는 시마즈씨의
유구지배를 인정하면서도 尙氏의 유구왕통을 존속시키도록 명령했다.
막부는 유구왕국의 체제라도 존속시켜야 명과의 전면적 대립을 회피할
수 있을 것이라고 인식한 듯하다. 시마즈씨의 입장에서도 中山王의 명
의로 對明 무역을 유지시키기 위해서는 허수아비로라도 유구왕국을 존
속시킬 필요가 있었던 것이다.

　한편 시마즈씨의 침략 이전의 유구 내정에 대해 살펴보자. 당시 유구
에는 외교상 두 개의 대립적인 그룹이 있었다.8) 그 하나가 親明그룹이
다. 이 그룹의 형성은 1392년 유구왕 察度의 조공에 대해 명이 36개 姓
의 중국인('閩人三十六姓')을 하사함으로서 시작되었다. 이 중국계 전문
집단은 대를 이어 造船과 항해 및 통역관으로 종사하며, 무역만이 아닌
중국과 그 외 주변국가와의 외교문서 작성에도 관여해 왔다. 즉 애초에
는 단순하게 중국계의 전문집단이었으나 대를 거듭하면서 숫자가 증가
하여 久米系라 불리는 집단을 형성하였고, 관리로 진출하여 중용되거나
중국과의 외교와 무역에도 중대한 역할을 수행했다. 그들은 유교를 체득
하고 도교를 신봉하며 스스로 중국문화의 계승자로 자처했다. 이들에 의
한 중국계 문화는 유구문화의 중요한 일부를 형성하였고, 유구문화를 특

8) 이에 대해서는 橫山學, 주 3) 앞의 책, 37~39쪽.

징짓는 하나의 요소가 되었다.

　다른 하나로 親日그룹이 있었다. 유구에 불교가 전래된 것은 13세기 후반으로 일본인 승려에 의해서였다. 16세기에 이르러 시마즈씨를 중심으로 하는 일본과의 교섭이 빈번해지자 유구의 對日 외교문서 작성과 사절파견도 점차 중시되었다. 여기에 동원된 사람들이 유구에 건너가 유구왕으로부터 후대 받고 있던 일본인 禪僧들이었다. 이들에 의해 일본적 문화도 尙寧시대(1588~1620)에 이르러서는 유구문화의 중요한 요소로 침투하게 되었다. 특히 유구의 상층계급은 불교에 귀의하고 和歌(일본 고유형식의 詩)와 茶道를 익히는 등 일본문화를 일종의 교양으로 중시했다.

　이처럼 유구는 중국이나 조선 및 동남아 국가와의 관계에는 久米系의 관리가, 일본과의 관계에는 일본인 선승들이 각각 외교적 역할을 담당하게 되었다. 그런데 시마즈씨의 침공이전 유구는 구미계의 친명그룹이 장악하고 있었다. 그 대표자가 중국 南京에 유학했던 친명파 謝名利山(중국명; 鄭逈)으로 관직은 三司官이었다. 유구의 최고 행정기구 관리인 삼사관에는 본래 왕족이 취임했지만 이 시기엔 예외적으로 사명리산 등 구미계 출신 2명이 그 지위에 올라있었다. 사명리산은 국정을 장악하고 적극적인 친명정책을 전개하였다. 이러한 친명정책은 아마도 임진왜란의 영향에 의한 것으로 이해된다. 당시 유구에는 명의 군대가 조선을 침략한 히데요시의 군대를 격퇴시켰다는 인식이 팽배해 있었으리라 여겨진다. 그러므로 사명리산 등의 친명파는 일본측의 압력에 대해서도 명의 군사적 지원을 신봉하여 강경하게 맞섰던 것으로 보인다.

　유구를 침략한 시마즈씨는 우선 이들 친명그룹을 숙청하고 친일그룹을 삼사관 등의 요직에 임명했다. 그리고 포로로 잡아온 사명리산이 명의 유구 지원을 은밀히 도모하며 복종하지 아니하자 처형했다. 이로 볼 때 시마즈씨의 유구침략의 주된 원인은 유구의 친명세력을 제거하고 對

明조공무역을 장악하는 것이었다고 하겠다. 1611년 9월 시마즈씨가 尚寧을 귀국시키면서 유구에 내린 15개조 법령에서 무엇보다 무역통제를 강조하고 있는 것도 그 때문이다.

尚寧은 시마즈씨의 침략 직후, 이를 즉각 명에 '薩摩(사츠마)州倭奴'에 의한 '倭亂'의 발발로 급보했다. 조선이 히데요시의 침략을 '왜란'으로 命名한 것과 같은 인식이다. 유구는 임진왜란에서처럼 명의 군사적 지원을 기대해 마지않았다. 그러나 명은 당시 유구를 구원하려는 어떠한 움직임도 보이지 않고 있다. 다만 浙江省 연안의 경비 강화를 명령하고 있을 뿐이다.9) 명은 압록강을 경계로 국경을 접한 조선의 '왜란'에 대해 自國의 안전에 직결된다는 위기의식으로 군사적 지원을 행했지만, 바다 건너에 있는 유구의 '왜란'에 대해서는 차별적 대응을 한 것으로 보인다. 또한 이미 명은 임진왜란의 파병 이후 정치 경제적으로 말기적 상황을 맞고 있었으므로 유구의 '왜란'에 적극 대응할 수 없었을 것이다.

유구가 시마즈씨의 재촉에 의해 明에 조공을 재개한 것은 침략 직후부터이다. 이로써 유구의 조공선 파견이 거듭되자 1612년에 가서 명은 구체적인 반응을 나타낸다. 즉 명은 이 해에 파견된 유구 조공선에 대해 조공품에 일본물품이 섞여 있다고 그 입항마저 거부하고 있다. 게다가 전란으로 피폐해진 유구의 국력회복을 위해 조공의 노고를 면제하여 10년 후로 연기한다고 통고하고 있다. 국력회복을 위해서라는 것은 구실에 불과한 것으로 실제로는 조공을 기존의 2년 週期의 1회 조공(2年1貢)에서 10년 주기의 1회 조공(10年1貢)으로 대폭 통제하기 위한 것이었다. 명이 이처럼 10年1貢을 규정한 것은 유구의 조공무역이 일본에 장악되어 있음을 이미 알고 있었기 때문이었다. 명은 일본의 유구복속에 대해 군사적 대응을 회피하고 조공통제라는 소극책으로 응징하려 했던 것이다.

---

9) 시마즈씨의 유구침략에 대한 明의 대응책에 대해서는 민덕기, 주 5) 앞의 논문, 17~18, 26~30쪽.

琉球에서 복건성에 이르는 進貢船 航海路 圖卷(오키나와 縣立박물관)

유구선박의 도항지는 福建省 福州였다. 복주는 유구 전용의 지정 항구로서 琉球館이 설치되어 있었다. 동중국해를 횡단한 유구선박은 閩江의 河口로부터 강을 거슬러 올라가 복주에 다다랐다. 그림은 항로 圖卷의 일부로 閩江 연안에 형성된 복주의 시가지를 그리고 있다.

이에 대해 尙寧은 조공 통제의 완화를 명에 줄기차게 요청하고 있다. 아울러 그는 유구를 침략한 '倭'가 황제의 위엄으로 퇴각하여 유구가 독립을 보전할 수 있었다는 거짓 주장을 펴, 명에 시마즈씨의 유구지배를 철저히 은폐하고 있다. 이에 대해 명은 1622년엔 5年1貢, 나아가 1633년엔 2年1貢으로 조공관계를 회복시켜주고 있다. 특히 1633년은 조공관계의 회복 뿐만 아니라 尙寧의 아들 尙豊이 책봉을 받았다는 점에서 양국 관계가 정상화된 해라 할 수 있다. 尙豊의 책봉은 유구의 요청이 있은지 11년 만에 이루어진 것이다. 이것은 명의 유구를 둘러싼 對日정책의 후퇴를 의미하며, 누루하치의 후금 건국(1616)에 이은 명에 대한 적극 공세로 말미암은 것이다. 명은 후금에 대한 대응 때문에 시마즈씨의 유구지배를 묵인하고 유구왕국이 허수아비의 형태로라도 존속된 것에 만족할 수밖에 없었다.

1644년 명이 멸망하고 淸이 중국을 석권해 나가자 유구의 중국정책도 변화하기 시작했다. 애초 유구는 明의 부흥을 기대하며 청의 조공 요구에는 소극적이었다. 그러나 명의 부흥이 절망시되었던 1663년 이후 청의 조공국으로 자세를 전환했다. 청에 대한 유구의 조공은 明代처럼 2년1공을 허용 받게 되었다. 그 후 1678년 청이 조공선 1척의 별도 파견을 허용하자 유구는 2년 주기의 조공선에 이어 接貢船의 파견을 항례화 시

킨다. 접공선은 그 전년에 파견된 조공선을 영접하는 명목으로 파견되는
것이나 실제로는 조공의 역할을 수행했고 이로써 1년1공의 조공이 가능
해졌다.10)

한편 시마즈씨는 유구침략 직후부터 유구에 대한 토지조사를 실시하
여 지배를 구체화하기 시작했다. 토지조사를 기초로 1611년에는 유구왕
의 지배영역을 미곡산출량으로 헤아려 8만 9천여 석을 산출할 수 있는
토지로 제한하고 이 중 5만석 산출의 토지는 왕의 직할지로, 나머지는
유구 상부지배층에 분배했다. 그리고 사츠마藩에 조세로써 미곡 9천석
과 유구의 특산품 등 9개 종목을 지정하여 매년 바치게 했다. 그리고 사
츠마번에 근접한 아마미(奄美)諸島인 5개 섬(2만 4천 석 정도의 미곡산
출 토지)은 시마즈씨의 직할령으로 빼앗았다. 그러나 대외적으로는 이
5개 섬을 유구의 명의로 놓아두어 에도시대 말기까지 막부조차도 이를
파악하지 못했다. 또한 시마즈씨는 유구를 통치하기 위해 두 개의 기관
을 설치했다. 유구에 설치한 사츠마가야(薩摩假屋)와 사츠마번에 둔 류
큐가야(琉球假屋)가 그것이다. 특히 사츠마가야는 사츠마번에서 파견된
관리들에 의해 유구의 내정과 외교를 감시하는 역할을 했다.11)

또한 시마즈씨는 유구의 주요 재생산의 기반인 무역을 전면적으로 그
관리하에 두었다. 즉 유구가 사츠마번 이외의 일본의 다이묘세력이나 다
른 국가와 일체의 관계를 갖지 못하도록 금지시켰다. 다만 중국과의 조
공무역은 가능했지만 그 조공품도 시마즈씨가 주문하는 물품에 한정시
켜 조달해야 했다. 게다가 조공무역에 의해 가져온 물품도 시마즈씨가
허가한 사츠마번의 특정상인에게만 매각해야 했다.12) 그 결과 유구의
조공무역의 이윤은 전적으로 시마즈씨의 몫으로 돌아갔다.

---

10) 喜舍場一隆, 주 3) 앞의 책, 70쪽, 572~579쪽.
11) 紙屋敦之, 1990, 『幕藩制國家の琉球支配』, 校倉書房, 160쪽.
12) 紙屋敦之, 주 11) 앞의 책, 161쪽.

이처럼 시마즈씨가 허수아비로라도 유구왕국을 존립시켜야 했던 이유는 중국에 대한 유구의 조공체제를 유지시켜 그 무역 이윤을 갈취하기 위해서였다. 때문에 시마즈씨는 유구 침략직후부터 유구지배의 사실을 중국에 은폐하는 정책을 실시했다. 즉 시마즈씨는 유구침략 직후 유구왕 이하 중신들에게 "유구가 시마즈씨에게 장악되고 있는 사실을 중국에 알리지 말 것. 유구에 관한 제반사항도 중국에 누출시키지 말 것"을 철저히 주지시켰다. 또한 유구의 인민들에게도 유구선박이 오키나와諸島를 항해하거나 사츠마번으로 파견되는 도중에 중국영내에 표류하는 경우에도 대비하여 이 정책을 주입시켰다. 나아가 중국선박이나 중국의 책봉국인 조선의 선박이 유구에 표류되는 경우에도 이에 대한 상세한 대응책을 지시하고 있었다.[13]

시마즈씨의 은폐정책이 얼마나 철저했는가는 중국의 책봉사가 파견되는 때에 알 수 있다. 책봉사가 유구에 파견되어 首都 나하(那覇)에 오면, 이곳에 거주하던 모든 사츠마번측의 관리들은 중부지역의 촌락으로 격리되고 나하의 시가지에서 일체의 일본적인 것은 일시 자취를 감추게 된다. 이러한 은폐정책에 유구왕국도 적극 호응하는 입장이었다. 시마즈씨와 유구와의 관계가 드러나 중국과의 조공관계가 단절된다면 유구왕국의 체제도 존속될 이유가 없어지기 때문이었다. 유구는 중국측에서 사츠마번과의 관계를 힐문할 때에 대비하여 이에 대한 변명으로 '寶島'라는 架空의 섬을 만들어 놓았다. 그러므로 사츠마번의 존재는 유구에 의해 때때로 중국측에 가공의 '보도'로 탈바꿈했다. 유구의 正史『球陽』에서 조차 사츠마번을 '보도'라고 기록하고 있을 정도이다. 그러나 이러한 철저한 은폐정책에도 불구하고 유구의 사정은 중국측에 이미 파악되고 있었다.

---

13) 시마즈씨의 은폐정책에 대해서는 喜舍場一隆, 주 3) 앞의 책, 65~67쪽, 264·323쪽.

III. 琉球의 對日 사절

시마즈씨에 복속된 유구가 최초로 사절을 막부에 파견하여 쇼군을 알현하는 것은 1634년 윤7월의 일이다. 유구의 외교가 시마즈씨에게 장악되었음을 생각할 때 유구의 막부에 대한 사절파견도 시마즈씨의 의도에 의한 것임은 말할 나위도 없다. 그러면 그 배경은 무엇인가?

기샤바 가즈타카(喜舍場 一隆)는 이 제1차 유구사절이 급조된 것이었다는 다음과 같은 주장을 펴고 있다. 즉 시마즈씨의 경제적 지원에 의존하여 1633년 명의 책봉사를 환대할 수 있었던 유구는 다음해에 시마즈씨에게 감사하는 謝恩使로 佐敷朝益을 파견했다. 그러나 마침 시마즈씨는 쇼군을 따라 교토에 체류중이었다. 이에 좌부조익은 당시 年頭使(매년 정월 유구가 시마즈씨에게 파견하는 사절)로 사츠마에 파견되어 있었던 金武朝貞과 같이 교토에 가서 시마즈씨를 알현했다. 그러자 시마즈씨는 좌부조익을 慶賀使로, 금무조정을 사은사로 꾸며 쇼군에게 의례를 행하게 했다. 이때 경하사란 쇼군의 승계에 대한 축하사절을, 사은사란 유구왕 자신의 즉위를 쇼군의 은혜로 간주하여 쇼군에게 謝恩하는 사절

琉客談記(오키나와 현립박물관 소장)

유구 조공사절의 중국 견문기록을 1796년 사츠마藩의 赤崎楨幹이 그린 그림

을 의미한다. 이처럼 유구 조정은 사은사를 시마즈씨에게 파견한 것뿐이었으나, 시마즈씨는 일방적으로 유구 사자를 경하·사은의 명목으로 쇼군에게 알현시킨 것이다. 1600년의 세키가하라 전투 이후 이제껏 도자마 다이묘(外樣 大名; 反幕府 다이묘그룹)로 낙인이 찍혔던 시마즈씨가 조금이라도 자기의 입장을 유리하게 할 필요에서 유구사절의 알현이란 형태를 통해 의도적으로 쇼군에게 충성을 표현하기 위해서였던 듯하다. 이는 사절일행이 지참한 쇼군에의 헌상품 내용으로 보아도 명확하다. 즉 헌상품이 이후의 그것과 비교할 때 비교가 되지 않을 정도로 너무 빈약했던 것이다.14)

그러나 기샤바의 이러한 주장은 수긍하기 어렵다. 당시의 상황으로 보아 유구사절의 파견은 시마즈씨에 의해 계획적으로 준비된 것이라 여겨진다. 당시 막부는 소위 쇄국정책을 강화시키는 과정에 있었다. 막부는 이미 1616년 나가사키(長崎)를 무역항으로 지정하여 중국 상선을 비롯한 모든 외국상선을 이곳으로만 도항케 했다. 시마즈씨의 반대로 2개월 후 중국 상선의 사츠마번 영내로의 도항을 이전처럼 허용하기도 하지만, 1630년대에 들어서자 다시 막부의 무역독점을 위한 정책이 속속 내려지고 있었다. 중국 상선의 기항지를 최종적으로 나가사키에 국한시켜 일본 내에서의 중국무역을 막부가 독점한 것은 1635년이었다.

한편 만성적인 재정적자에 시달리는 사츠마번에겐 이러한 막부의 무역통제책에 민감할 수밖에 없었을 것이다. 일본에 도항한 중국 상선과의 무역이 금지되어감에 따라 시마즈씨는 유구의 조공무역에 기대를 걸 수밖에 없게 되었다. 사츠마번의 적자경제를 감소시킬 수 있는 방법은 이 길뿐이었다. 그러나 이에는 선결조건으로 유구의 조공무역을 온전히 시마즈씨의 것으로 막부로부터 인정받는 것이 중요했다. 쇄국정책을 통해 다이묘의 대외무역을 금지시켜 이를 독점하려는 막부가 유구의 조공무

---

14) 喜舍場一隆, 주 3) 앞의 책, 312~313쪽.

역에까지 제약을 가하려는 경우에 대비하기 위함이었다. 이 때문에 시마
즈씨는 유구사절을 쇼군에게 알현케 하여 자신의 유구지배를 허용 받으
려 한 것이다. 그러므로 유구사절이 쇼군취임에 대한 경하와 유구왕 계
승에 대한 은사의 명목으로 파견되면서도, 이에미츠(家光)의 쇼군취임
11년 이후에, 유구왕 尚豊의 즉위 13년이 경과한 뒤에야 파견된 이유는
그 때문이다. 마침 1633년 책봉사가 유구에 도착하여 상풍을 책봉하고
조공 주기도 2年1貢으로 회복시켜 시마즈씨의 유구침략 이후 소원했던
유구와 명의 관계가 정상화 되었다. 그러므로 유구의 조공무역에 대한
시마즈씨의 기대도 한껏 부풀었을 것이다.

막부 또한 유구의 對明관계가 정상화되었으므로 더 이상 유구를 일본
의 속국으로서만 볼 수 없었던 듯하다. 유구가 다시 정식으로 명의 被책
봉국이 되었으므로 적어도 형식상으로는 외국으로 간주해야 할 필요가
있었을 것이고, 그 사절을 외국사절로서 수용하는 편이 막부의 위엄을
높이는데 효과적일 것이라 판단한 듯하다. 더구나 막부는 유구의 '중국
의존주의'에 깊은 우려를 갖고 있었다.[15] 이러한 우려는 유구·명의 관계
정상화로 더욱 증폭되었다고 볼 수 있다. 시마즈씨를 통해 무력으로 지
배시키고는 있으나 유구역사에서 명과의 책봉관계는 200여년 지속되고
있었으므로 유구 상층부의 중국 지향성은 단시일 내에 불식시킬 수 없는
것으로 인식되었을 것이다. 그러므로 막부는 유구사절의 쇼군 알현을 받
아들여 유구로 하여금 일본에 복속되어 있다는 자각을 갖게 하고, 이를
통해 유구의 중국 의존자세에 제한을 두게 하는 효과를 기대한 듯하다.

막부는 1634년의 제1차 유구사절 파견에 대해 원칙적으로는 사절이
아닌 유구왕의 직접적인 來朝가 합당하다고 여긴 듯하다. 1610년 사츠
마번에 구류되어 있던 유구왕 尚寧이 직접 쇼군을 알현한 전례에 의거
한 것이다. 에도시대 외교사료인 『通航一覽』의 1634년의 관련기록에는,

---

15) 宮城榮昌, 1982, 『琉球使者の江戸上り』, 第一書房, 24쪽.

유구왕이 직접 내조해야 마땅했지만 막부가 '恩免'하여 그 대신 使者로
대체하게 되었다고 적혀 있다. 1634년 윤7월 막부의 로쥬(老中; 총리)가
낸 시마즈씨에의 서한에도, 유구왕이 새로 즉위했을 때엔 직접 유구왕이
쇼군에게 예의를 표해야 하지만 당시 왕이 와병 중이어서 아들로 대체된
것을 승낙한다는 내용이 있다.16) 애초 막부가 유구왕의 직접 내조를 기
대했다는 것이 의식된 탓일까, 이후 유구사절의 正使에는 왕의 아들을
의미하는 '王子'가 줄곧 임명되고 있다(후술).

에도시대 막부에 파견된 유구사절이 어떻게 구성되었으며 사절의 신
분은 어떠했는가에 대해 검토해 보자.17) <표 7>를 통해 알 수 있듯이
사절인원은 대체로 100명 미만으로 편성되어 있다. 예외로 제7·8회가
100명을 초과하고 있는 것은 사은과 경하를 겸한 사절이었기 때문이다.

사절의 구성에서 먼저 上官으로 正使와 副使 등이 있다. 이 명칭은
1710년부터 불리워진 것으로 이전엔 御使者와 附役이라 각각 칭했었다.
正使에는 '王子'칭호를 사용했다. '왕자'는 姓과 이름 사이에 넣어 칭한
것으로, 왕의 아들만이 아니라 손자 및 왕의 숙부 등 왕실과 혈연관계가
가까운 사람에게 부여하기도 했다. 이 칭호는 일본과의 외교에 사용했으
므로 파견 직전에 붙여지기도 했다. 대개 30세 전후의 나이에 해당하는
자가 '왕자'가 되나 예외적으로 최하 17세, 최고 51세인 자도 있었다.
부사에는 親方이 임명되었다. 친방이란 유구 최상의 지배층으로 조선의
재상에 해당하는 三司官에 임명될 수 있는 한정된 가문에서만 배출된다.
친방에게 부사 경력은 三司官 승진에 중요한 요인이 되고 있다. 그만큼
막부에의 사절파견을 중시했다는 증거이다. 부사는 젊은 正使를 보좌하
는 실질적 책임자로 장년의 연령을 가진 자가 선출되었다. 다음으로 讚

---

16) 林輝編, 1912, 『通航一覽』 卷3, 國書刊行會, 琉球國部3, 24쪽 ; 宮城榮昌, 주 15)
    앞의 책, 44~45쪽.
17) 이에 대해서는 橫山學, 주 3) 앞의 책, 419쪽 ; 宮城榮昌, 주 15) 앞의 책, 41~46
    쪽.

議官에는 차관급이 임명되어 부사의
상담역이며 동시에 사절의 지휘 역
할을 담당했다. 유구왕의 서한이나
일본측의 답서를 휴대하는 역할을
담당한 자로는 掌翰使가 있다.

　이상의 上官들은 학문적으로 일
본과 중국에 정통한 자가 임명되었
다. 특히 漢詩와 書道에 능했고 일
본 和歌에도 능숙하여 다수의 작품
을 남기고 있다. 더욱이 장한사는 서
한 휴대의 책임자이면서 동시에 일

琉球人舞樂圖(오키나와 현립박물관)
에도로 간 유구사절의 일부로 에도의 사
츠마藩 저택 등에서 많은 유구 예술을
선보였다.

본측으로부터 제시된 질문에 대해서는 이를 書面으로 회답해야하는 역
할을 담당했으므로 문장에도 탁월한 사람이 선출되었다. 상관들은 모두
일본어에도 능통했으나 시마즈씨측이 사절에게 異國風을 강요했기 때문
에, 일본어를 일체 사용하지 못하고 불필요한 통역관을 항상 대동해야
했다.

　이러한 상관들 외에는 예능인 가문에서 발탁된 樂正이 있다. 그는 음
악을 연주하며 행진하는 儀衛正들을 감독하는 역할을 한다. 12·13세의
미소년에서 선발된 6·7인의 歌舞를 행하는 樂童子가 있고 이들을 지휘
하는 樂師가 있다. 그 밑에 최하급으로 從者가 따른다. 제7~제9회를 제
외하고는 대체로 악사와 악동자의 숫자는 11명으로 고정되었다. 그 외에
쇼군에게 헌상하는 말을 지참할 때는 圍師가 가세했다. 특징적인 것은
쇼군에의 알현의식에는 참가하지 않으면서도, 에도의 사츠마번 저택에
서 바둑 대국이나 유구 음악의 연주를 위해 특별히 사절에 포함시켜 동
원된 자도 있었다.

　유구의 사절파견 대상은 막부에 한정되지 않았다. 시마즈씨나 중국에

도 경하사와 사은사를 파견했다. 특히 시마즈씨에겐 매년 정월마다 年頭
使가 별도로 파견되었다. 중국에 파견하는 사절의 정사는 親方級이며
부사에는 그 아래의 인물이 임명되었다,[18] 이는 막부에 파견한 사절의
정사가 '왕자', 부사가 친방급이었던 것과 비교되는 것이다. 중국보다 막
부와의 관계를 우위에 두지 않으면 안 되었던 유구의 정치적 입장을 이
를 통해서도 알 수 있다.

유구사절이 막부에 파견되기 위해 출항하는 시기는 중국에 파견한 유
구 조공선이 귀국하는 직후에 맞추어져 있었다. 조공무역을 통해 받아온
回賜品과 무역품 일부를 막부에 헌상품으로 지참하기 위해서였다. 중국
에 파견된 조공선의 귀국이 대부분 5
월경이라면 에도로 향하는 유구사절의
출항은 6·7월경이 된다. 그러므로 조
공선의 귀국이 늦어지면 유구사절의
에도行도 연기될 수밖에 없었다. 1762
년에 예정된 에도행이 2년 뒤로 연기
된 것은 청이 유구의 조공을 일시중지
한 결과 조공사절의 귀국이 늦어졌기
때문이었다. 1830년의 에도행도 조공
선이 귀국중 조난하여 무역품을 분실
하는 바람에 그 2년 뒤로 연기되기도
했다.[19]

유구왕이 자신의 즉위에 감사하는
사은사를 에도에 파견하는 것은 기본
적으로 즉위한지 2년 이내였다. 이에

유구의 『歷代寶案』

유구왕국의 외교문서집.
1424~1867년의 440여년에 걸친
중국과의 관계를 중심으로 조선 및
동남아 여러 나라와의 한문체
외교문서집.

---

18) 喜舍場一隆, 주 3) 앞의 책, 87~88쪽.
19) 宮城榮昌, 주 15) 앞의 책, 32~33쪽.

비해 중국의 유구왕에 대한 책봉사 파견은 대체로 즉위 후 3년 만에 이루어지는 것이 관례이다.[20] 그 이유는 유구가 왕위계승을 막부로부터 우선 승인받고 그 시점에서 비로소 중국에 책봉을 요청하기 때문이다. 이는 유구왕의 즉위가 중국의 책봉에 전제되지 않는 막부의 專決사항임을 강요한 결과로, 유구로 하여금 중국의 책봉사를 맞이하기 이전에 사은사를 막부에 파견케 하여, 유구를 중국이 아닌 일본에 복속된 존재로 막부가 대내적으로 과시하고자 한 것이다. 유구의 막부에의 사은사가 중국의 책봉 이후에 파견된 것은 제1회에 국한된다.

유구가 막부에 사절을 파견하는 것과 관련하여 가장 선행하는 행위는 쇼군을 알현하고 싶다는 뜻을 시마즈씨를 통해 막부에 탄원의 형태로 요청하는 것이다. 시마즈씨가 이 뜻을 막부에 전달하면 막부는 시마즈씨에게 유구사절의 쇼군 알현시기를 지시하게 된다. 이 과정을 밟아 본격적인 사절파견 준비가 시작된다. 유구를 출항한 사절이 사츠마번에 도착하는 것은 동남아시아 계절풍을 이용하기 때문에 대체로 6·7월이다. 사절은 이곳에서 시마즈씨의 에도參勤 행렬에 동반되는 형태로 에도로 향하게 된다. 여기서 에도참근이란 參勤交代制라는 제도에 의거한 것이다. 즉 막부가 전국의 다이묘를 효과적으로 통제하기 위해 에도시대 초기에 정비한 이 제도는, 다이묘들을 격년으로 에도와 영지에서 번갈아 거주케 하고 있다. 시마즈씨의 참근시기는 기본적으로 4~6월로 규정되어 있지만, 유구사절을 동반할 때에 한해서는 막부의 허용하에 수개월 연기된다. 시마즈씨가 유구사절을 동반해 에도참근을 행하면 막부는 그 노고의 대가로 次期年度의 참근을 면제해 준다. 유구사절의 에도왕복에는 대략 1년이 소요된다.

외교사절은 기본적으로 출신국 君長의 서한을 휴대하여 파견된다. 그러면 유구사절이 막부에 제출하는 서한에 대해 살펴보자.[21] 1634년 막

---

20) 宮城榮昌, 주 15) 앞의 책, 30쪽.

부에 최초로 파견된 유구사절이 어떠한 서한을 제출했는지는 사료가 남아있지 않아 알 수 없다. 그러나 1644년에는 쇼군의 아들 출생에 관한 축하 내용의 서한 1통과 유구왕 즉위에 대한 감사 내용의 서한 2통이 막부에 제출되고 있다. 그 이후의 파견에도 매번 여러 통의 서한이 내어지고 있다. 특징적인 것은 서한의 발신인은 유구왕이면서도 수신인은 일본의 외교권자인 쇼군을 명의로 하지 않고, 4·5인의 로쥬를 각각 명의로 하여 제출하고 있다는 점이다. 로쥬는 막부의 총리격으로 4·5인이 임명되어 매월 교대로 정무를 본다. 또한 막부가 유구왕의 서한을 '披露狀'으로 규정하고 있는 점이다. 즉 로쥬에게 보내 쇼군의 안부를 묻는 정도의 서한으로 쇼군의 열람이 필요 없는 것으로 규정하고 있다. 그렇다면 유구왕의 서한은 쇼군을 수신인 명의로 하지 않고 쇼군의 열람도 없었다는 점에서 '國書'라고 칭할 수 없다. '국서'란 발신인과 수신인을 외교권자로 명시해야하기 때문이다.

유구왕의 서한 내용은 기본적으로 그 파견목적, 즉 경하인가 사은인가에 따라 달라진다. 경하의 경우엔 "쇼군의 승계에 대해 萬萬歲의 祝儀를 표하기 위해 사절을 파견한다"고 하는 내용이 골간을 이루고 있다. 사은의 경우엔 "쇼군의 뜻을 받들어 시마즈씨가 왕위를 잇게 해 주었으므로 쇼군에게 토산품과 감사의 말씀을 올리기 위해 사절을 파견한다"는 내용이 중심이다. 이러한 사은의 서한 내용이 정착된 것은 1671년부터이다. 당시 유구왕 尙質이 사망하자 시마즈씨는 상질의 아들 尙貞의 왕위계승을 막부의 명으로 허락할 것인가를 막부에 질의하였고, 이에 대해 막부는 시마즈씨가 우선 왕위계승을 허용하고 추후에 막부에 보고하라고 답하고 있다. 이를 통해 막부가 유구의 왕위계승에 직접적인 관여는 하지 않고 시마즈씨에게 위임하여 事後승인으로 처리했음을 알 수 있다.

유구와 일본간의 외교문서는 일본 문어체를 사용하는 것이 무로마치

---

21) 이에 대해서는 宮城榮昌, 주 15) 앞의 책, 139~140쪽.

도쿠가와 이에노부
(德川家宣-德川記念財團 :1662~1712)
에도막부 제6대 쇼군. 아라이
하쿠세키(新井白石)를 중용하여 조선과의
외교에 '일본국왕'이라 칭하는 등 쇼군의
권위 고양에 힘씀.

도쿠가와 요시무네
(德川吉宗 : 1684~1751)
에도막부의 제8대 쇼군. 조선과의 외교에
前例를 중시하여 도쿠가와 이에노부 때의
외교개혁을 대부분 폐지.

시대 이후의 관례였다고 추정되고 있다. 사료상 입증될 수 있는 것은 일본측의 문서이다. 1414년 쇼군 아시카가 요시모치(足利義持)가 유구왕 尙思紹 앞으로 보낸 서한을 보면 수신인 명의를 'りうきう國のよのぬし'라 하고 있다. 즉 '琉球國之世主'라고 한문체로 표기할 수도 있는 것을, 히라가나를 섞은 일본음으로 표기하고 있다. 서한의 내용 또한 일본문이었다.22) 일본에 복속된 뒤에도 유구왕과 로쥬와의 왕복문서는 일본문이었다. 그 후 17세기 말에 한문투의 문체를 유구측 만이 이용하기도 했으나 1714년에 외교 문제화되어 다시 일본문으로 환원되었다(후술)

유구사절의 체제가 정비된 것은 1710년의 일이다. 이때의 유구사절은 제6대 쇼군 이에노부(家宣)에 대한 경하 및 유구왕 尙益의 왕위 승계에 대한 謝恩을 목적으로 파견된 것으로, 사절의 구성이나 제반 의례 및 헌상물의 내용 등이 대부분 이 시기에 이르러 정비되었다. 또한 이 시기에 집중적으로 일본측의 관련 사료나 일본 인민에게 하달된 막부의 관련 법령이 많이 남아있다. 이로 보아 당시 막부가 유구사절을 맞기 위해 주도

---

22) 田中健夫, 주 3) 앞의 책, 108~114쪽.

면밀한 준비를 했던 것을 짐작할 수 있다. 시마즈씨가 유구사절에 대해 '異國風'을 강요한 것도 이때부터로 알려지고 있다. 1709년부터 막부의 제반정책, 특히 대외정책은 제6대 쇼군 이에노부(家宣)의 정치고문인 아라이 하쿠세키(新井白石)에 의해 좌우되고 있었다. 그러므로 그가 제8대 쇼군 요시무네(吉宗)에 의해 정계에서 축출되는 1716년까지의 유구정책은 하쿠세키와 불가분의 관계를 갖고 있다.

그런데 이때의 유구사절이 애초 막부로부터 무작정 환영받은 것은 아니었다. 오히려 시마즈씨의 여러 차례의 탄원에 의해 파견된 것이다.[23] 즉 1704년 9월, 당시의 쇼군 츠나요시(綱吉)가 대를 이을 아들이 없어 자신의 후계로 고후(甲府)藩의 다이묘인 이에노부를 양자로 들여오자, 시마즈씨는 유구의 경하사를 맞이하도록 요청했다. 시마즈씨는 그 前例로 1644년 쇼군 後嗣의 탄생을 축하하기 위해 파견된 경하사를 들었다. 그러나 막부는 이를 거절했다. 1709년 정월 쇼군 츠나요시가 죽고 이에노부가 취임하자 시마즈씨는 다시 경하사 맞이하기를 요청했다. 이를 막부가 다시 미루자 사츠마는 다음달 書面으로 요청의 타당성을 상세히 설명하고 있다. 그 내용은 다음과 같은 것이었다.

유구는 무로마치막부가 이미 시마즈씨에게 하사한 영토이며 1610년 에도막부로부터도 재차 이를 승인받았다. 이에 시마즈씨는 유구의 경하·사은사를 대동하여 쇼군에게 알현시키는 임무를 수행하여 왔다. 그런데 1704년에 이어 이번에도 유구사절을 막부가 거부하면 시마즈씨의 막부에 대한 임무를 수행하지 못하는 것이 되며, 이로 인해 유구에도 시마즈씨의 면목이 서지 않는다. 유구는 작은 나라이지만 중국이 책봉을 통해 조선에 다음가는 후대를 해 주는 나라이다. 이러한 유구를 지배하므로 시마즈씨에겐 그에 상응하는 적절한 官位가 주어져야 한다. 그러나 역대 시마즈씨의 관위는 대체로 從四位下小將이었다. 이 관위로는 유구

---

23) 이에 대해서는 橫山學, 주 3) 앞의 책, 61~66쪽.

지배에 위신이 서지 않는다.

여기서 보이듯 시마즈씨는 유구지배를 무로마치시대 이래의 일로 날조하고, 유구사절을 쇼군에게 알현시키는 것이 자신의 임무였으며, 이를 수행하지 못하면 유구에게 輕視된다는 논리를 펴고 있다. 아울러 중국의 책봉을 받은 유구의 대외적 지위를 강조하여 자신의 현재의 관위가 유구지배에 권위가 서지 않는 낮은 것이라고 하며 관위승진을 우회적으로 요청하고 있다.

같은 해 3월 시마즈씨는 다시 막부에 탄원을 행하여, 시마즈씨가 지배하는 유구의 왕은 쇼군의 陪臣에 해당하므로 쇼군이 배신의 사절을 맞는 것은 당연한 일이며, 쇼군의 위엄을 과시하는 기회도 된다고 주장하고 있다. 즉 시마즈씨는 자신의 지배하에 있는 유구왕을 쇼군의 신하로서 규정하고, 그 사절을 받아들여 국내외에 쇼군의 권위를 과시해야 한다고 권유하고 있다.

그러면 시마즈씨의 수차례 요청을 막부가 거절한 배경은 무엇인가? 당시 막부는 유구－사츠마번의 對淸 무역을 통제해 나가고 있었다. 즉 중국 전역을 제압한 청이 해외통상 억제조치였던 遷界令을 1684년 철회하자 중국 상선의 일본내항이 급증하게 되었고, 다음해 막부는 이에 대응하여 金銀의 해외유출 방지책을 제정한다. 그리고 1686년엔 사츠마번과 유구간의 상품거래 규모를 축소시키고, 다음해엔 유구의 對淸 조공무역의 규모까지 제한하려 하고 있다. 나아가 사츠마번에 의해 나가사키나 오사카에서 자유로이 판매되고 있었던 중국물품을 통제하기에 이른다. 막부는 이러한 무역통제에 머물지 않고 유구에 대한 영유인식마저 강화해 나가고 있었다.[24]

이처럼 막부는 유구의 對淸무역을 직접적인 통제하에 놓고 유구를 일본영토로 설정하여, 유구와 그 조공무역을 장악하고 있는 시마즈씨의 특

---

24) 紙屋敦之, 주 11) 앞의 책, 245~250쪽.

유구의 예복 (王子按司大禮服竝通常服着裝圖)

수한 입장을 철폐하려 하고 있었으므로, 유구사절을 맞이하라는 시마즈씨의 요청을 재삼 거절한 것이다. 시마즈씨가 인솔한 유구사절을 맞는다는 것은 유구를 지배하는 시마즈씨의 특수한 입장을 시인하는 것이 되며, 동시에 유구를 기존의 외국으로 간주하는 결과가 되기 때문이다. 또한 막부가 진행 중인 사츠마-유구에 대한 무역통제책과도 모순된다.

그럼에도 막부는 최종적으로 유구사절을 맞이할 수밖에 없었다. 유구사절의 쇼군알현이 1634년 이래의 관례로 이미 祖宗之法이 되어 있었다는 점, 막부의 위엄을 국내외에 과시하는 기회도 된다는 점 때문이었다. 後者는 특히 시마즈씨도 강조한 논리였다. 그러나 또 하나의 중요한 이유는 역시 청의 책봉국인 유구에 대한 정책의 한계로 보여진다. 즉 유구의 일본영토화와 그 조공무역에 대한 직접적 장악은 궁극적으로 청과의 대립을 초래하는 것이므로 기존의 '異國' 유구로 존속시킬 수밖에 없었을 것이다.

1710년 3월 마침내 시마즈씨는 막부로부터 사절파견의 허락을 받고 이를 유구에 전달한다. 그러나 사절파견 준비 중에 유구왕이 사망하여 새로 교체되자 사은의 명목이 추가된다. 주목되는 것은 이때 시마즈씨의 지시에 의해 유구사절에게 異國風을 최대한 강조하게 된 것이다. 즉 '唐風'(중국풍)禮式 제일주의로 유구사절을 장식케 한 것이다. 사절의 儀仗·儀禮에서 언어·복장·음악·헌상품·거동이나 식사예절에 이르기까지 중국식이 강요되었다. 쇼군에게 음악을 연주할 때의 악기도 중국 악기이며, 연주곡목도 1곡의 유구 것 외엔 모두 중국 곡목이 채택되었다. 이는 막부의 위엄과 동시에 유구를 지배하는 시마즈씨의 지위도 과시하기 위한 것이었다.

그러면 이 1710년에 파견된 유구사절이 에도에서 어떤 일정과 의례를 행했는가?[25] 유구사절이 시마즈씨에 동반되어 에도에 도착한 것은 11월 11일이다. 사흘 후 막부가 시마즈씨에게 유구사절의 쇼군 알현일을 통고하자, 16일 시마즈씨는 에도城에 들어가 유구사절을 대동해 왔음을 보고한다. 이 자리에서 막부는 시마즈씨에게 從四位上中將으로 官位를 승진시켜주고 下賜米로 3千石을 내린다. 18일 유구사절은 시마즈씨와 함께 에도성에 들어가 쇼군을 알현하는 進見의례를 행한다. 의례의 순서를 보면, 우선 유구사절이 유구왕의 서한을 막부측에 전달하자 쇼군이 입장하여 시마즈씨에게 유구사절을 데리고 온 것에 대한 노고를 치하하게 된다. 유구왕의 헌상품 목록이 올려지고 사절의 拜禮가 끝나면, 로쥬를 통해 유구사절의 노고를 위로하는 쇼군의 뜻이 시마즈씨에게 전달된다. 시마즈씨가 이를 유구사절측에 전달하면 대체로 의례는 끝난다. 그런데 이 의례에 이전과 다르게 후다이 다이묘(譜代 大名) 만이 아니라 도자마 다이묘(外樣 大名)까지도 동원하고 있다는 것이 특징이다. 여기서 후다이 다이묘란 이에야스가 일본의 패권을 장악해 가는 과정에서 이에야스의 家臣으로 활동하다가 그 후 다이묘가 된 그룹을, 도자마 다이묘란 이에야스의 패권장악에 저항했던 다이묘 그룹의 후예를 가리킨다. 進見의례가 끝난 사흘 후인 21일엔 쇼군에게 음악을 연주하는 奏樂의례가 행해진다. 이전에는 下直을 고하는 辭見의례에 奏樂이 포함되어 있었다. 주락이 행해진 다음 樂士들에게 호화스런 향응이 내려지는데 역시 이것도

---

25) 이에 대해서는 宮城榮昌, 주 15) 앞의 책, 103~137쪽 ; 橫山學, 주 3) 앞의 책, 160~168쪽.

이때부터 비롯된다. 辭見의례는 23일 쇼군의 참여하에 행해졌다. 이 의
례는 1644년부터 시작됐지만 쇼군이 참여한 것은 이때부터이다. 이 의
례에서 로쥬의 답서가 사절측에 전달된다.

이상에서 보듯 1710년의 유구사절에 대한 의례는 몇 가지 변화를 보
이고 있으니 이로서 막부의 유구정책이 변화했음을 읽을 수 있다. 우선
시마즈씨에 대한 관위승진은 그의 유구지배를 사실상 다시 인정하고, 유
구사절의 인솔을 공로로 평가했음을 의미한다. 그리고 進見의례에 도자
마다이묘까지도 동원시킨 것은 이 의례를 쇼군의 권위과시에 적극 활용
하기 위해서였다. 奏樂의례를 별도로 거행하며 악사들에게 호화스런 향
응을 베푼다거나, 辭見의례에 쇼군이 참여한 것 등은, 유구사절을 이전
보다 정중하게 접대한 것이 되며, 이는 동시에 '屬國 유구'에서 '異國
유구'로 그 지위를 높이는 것이었다. 그리하여 쇼군에 대한 '異國유구'
사절의 알현을 강조하여 쇼군의 권위를 높이는 결과를 꾀한 것이었다.
그런 관점에서 보면 이때의 사절이 異國風을 강조당한 것도 시마즈씨
단독에 의한 것이 아니라 막부의, 특히 하쿠세키의 의도가 크게 작용한
것으로 추정된다.

이렇게 변화된 의례는 막부의 정치고문인 하쿠세키에 의해 단행된 것
으로 1714년도에도 적용되고 있다. 그러나 1718년 이후부터는 시마즈씨
에 대한 관위승진을 제외하고는 모두 이전대로 환원된다. 이는 새 쇼군
요시무네가 의례를 간소화시켜 막부의 재정을 긴축하기 위한 것이었으
나, 쇼군의 권위 과시보다 현실적인 재정을 중시했다는 측면에서 유구정
책을 소극화 시켰다는 평가가 가능하다. 결국 작위적인 '異國 유구'정책
과 실제적인 '속국 유구'정책을 애매한 채로 방치시켰다고 볼 수 있다.
한 예로 辭見의례에 쇼군이 참여하지 않았던 것에 대해 유구사절은 곧
附庸國 사절이므로 굳이 하직인사를 받을 필요가 없었기 때문이라는 논
리가 적용되고 있었다.[26] 하쿠세키의 개혁 이전에 성립된 이러한 '속국

유구'의 논리는 요시무네에 와서 다시 적용되었던 것이다.

에도의 유구사절은 사건의례를 마친 뒤에도 다시 다른 공적 의례를 행하지 않으면 안 되었다. 즉 이에야스를 제사지내는 우에노(上野)의 도쇼구(東照宮)에의 참배, 로쥬와 와카도시요리(若年寄; 로쥬의 次席)에의 문안인사, 고산케(御三家; 쇼군의 宗親다이묘)인 오와리(尾張)·기이(紀伊)·미토(水戸)藩 다이묘에 대한 문안인사가 그것으로, 사절은 11월 30일부터 12월 4일까지 이를 행하고 있다.

그러나 이상과 같은 막부에 대한 公的의례 만으로 에도에서의 일정은 끝나지 않았다. 다음엔 에도의 사츠마藩邸에서 행하는 시마즈씨에 대한 私的의례가 기다리고 있었다. 즉 12월 1일 사절측과 바둑대회가 열렸다. 6일엔 사절이 시마즈씨를 알현하여 유구음악을 연주하고, 9일엔 다시 바둑대회가 개최되었다. 16일 사절은 시마즈씨에게 귀국의 허가를 받고 유구왕 앞으로 보내는 시마즈씨의 서한을 받아 이틀 뒤엔 귀국길에 오른다. 주목되는 것은 막부에의 공적 의례에는 중국의복을 입고 중국음악을 연주하지만, 시마즈씨의 사적 의례엔 유구의복에 유구음악을 연주하고 있다는 점이다.

여기서 보듯 유구사절은 막부에 파견되는 조공사절이면서 동시에 시마즈씨에게도 같은 성격의 사절로서의 역할을 수행하고 있다. 더구나 유구는 막부에 만이 아니라 시마즈씨에 대해서도 사은사와 경하사를 파견했다. 특히 사은사의 경우엔 막부에 파견되는 사자가 동시에 시마즈씨에 대해서도 사은사로서 의례를 행했다. 즉 사은사가 쇼군에게 君臣의례를 행하기 이전의 사츠마번의 가고시마(鹿兒島)에서 시마즈씨에게 군신의례를 미리 행하고 있었다. 유구사절이 일본을 왕복하면서 가고시마에서 보낸 일정을 검토해 보면 이것이 명확해진다.

유구사절의 가고시마 도착 시기는 6·7월경이다. 유구에서 출발하여

---

26) 宮城榮昌, 주 15) 앞의 책, 136쪽.

빠르면 6일 만에 가고시마에 도착한다. 도착한 후 가고시마城 근처의 琉球館에서 에도行을 준비하기 위해 2·3개월 체류한다. 체류기간중 미비한 막부에의 헌상물을 마련하고, 시마즈씨에 대한 朝勤이나 寺院·神社 참배 등의 행사에 참여한다.

한 예로 1752년 막부에 파견되는 사은사의 일정을 보자. 6월 23일 가고시마 도착, 7월 18일 '太守' 시마즈씨를 조근해 유구왕의 서한인 '國翰'과 헌상품 및 '世子'에의 진상품 봉정, 22일 신사 참배, 25일 시마즈씨에게 음식과 헌상품을 올리며 음악과 무용(중국·유구무용)을 피로, 27일 시마즈씨의 연회 참석, 29일 사원 참배, 8월 1일 시마즈씨에게 헌상물 봉정, 2일 '세자'에 음식을 올리고 헌상물 봉정, 21일 시마즈씨를 따라 신사 참배, 9월 11일 가고시마 출발.

이 일정 중에 사절이 참배한 사원과 신사는 막부나 사츠마번과 인연이 깊은 곳이다. 그러므로 이곳을 참배한 것은 에도行을 보고하고 신하로서의 충성을 맹서하며, 에도 왕복의 안전을 기원하기 위한 것이었다. 이와 같은 참배의례는 막부에 파견되는 경하사에게도 적용되었고, 가고시마에서 에도로 출발할 때와 에도에서 돌아왔을 때 항례적으로 실시되었다.[27]

Ⅳ. 에도시대 琉球와 조선사절의 지위

에도시대 유구와 조선이 어떠한 위치에 놓여 있었을까? 이를 명확히 하기 위해서는 이 시대에 일본에 파견된 유구와 조선의 사절을 상호 비교한다거나 일본측의 양국사절에 대한 접대체제의 실상 등을 분석하는

---

27) 宮城榮昌, 주 15) 앞의 책, 77~81쪽.

것에 의해 가능해질 것이다.

이를 위해 우선 사절 파견에 이르기까지의 과정을 비교해 보자. 유구의 경우, 쇼군이 취임하거나 유구왕이 즉위했을 때 경하 또는 사은사를 파견하게 된다. 이때 가장 선행되는 절차는 유구왕이 시마즈씨를 통해 쇼군 알현의 예의를 표하고 싶다고 이를 탄원의 형태로 막부에 요청하는 것이다. 시마즈씨가 이 요청을 막부에 전달하고 막부가 이를 수용하면 그 때서야 유구사절의 파견이 가능해진다. 사절편성이나 에도에서의 제반의 례도 막부나 시마즈씨의 일방적인 결정과 통고에 전적으로 위임된다.

이에 비해 조선의 경우는 어떠한가? 임진왜란이 끝난 직후부터 이에야스는 대마도를 통해 講和사절 파견을 거듭 요청해 왔었다. 이에 대해 조선은 전쟁을 일으킨 행위에 대한 사죄의 뜻을 이에야스가 국서의 형태로 조선에 보낼 것을 강화조건으로 삼았다. 일본이 이를 이행하자 답례의 형태로 사절을 파견했다. 그 후 1617년과 1624년의 경우에도 일본의 사절파견 요청을 국서의 형태로 요청받고서야 조선은 회답사란 명분으로 사절을 파견했다. 1636년 이후 조선은 通信使란 이름으로 사절을 파견하지만, 이때에도 막부의 지시를 받은 대마도의 사절파견 요청이 선행되어 이루어졌다.[28] 또한 사절편성이나 에도에서의 의례도 미리 조선측과 대마도측이 협의하여 작성한 '講定節目'에 준거하여 행해졌다.

사절의 명칭으로 보면 유구는 경하 및 사은의 명목으로 막부에 사절을 파견했다. 이는 중국의 被책봉국이 중국에 파견하는 사절 명목과 기본적으로 동일한 것이다. 즉 중국황제의 즉위에 대해서는 경하의 사절을, 책봉 받은 국왕의 즉위에 임하여는 황제의 은덕에 사은하는 사절을 파견하고 있었다. 그러나 조선의 경우는 제3회까지는 '回答兼刷還使'라 하여, 일본의 국서에 회답하고 임진왜란 때 끌려간 조선인을 송환한다는

---

28) 임진왜란 이후 한일관계의 회복과정에 대해서는 민덕기, 2007, 『前近代 동아시아 세계의 韓·日관계』, 경인문화사, 제4~제6장.

목적을 표명하고 있었다. 제4회부터는 신의를 통하는 사절이라 하여 '통신사'라 칭했지만, 이는 조선 前期 對日사절의 명칭을 복구한 것에 불과한 것이었다.

　사절의 구성은 어떠한가? 유구의 경우, 正使는 '王子'라 칭하여 왕의 아들이나 숙부 등의 가족이 임명되었고, 副使에는 재상에 오를 유망한 인물이 선출되었다. 이외에 사절의 지휘격인 讚議官, 유구왕의 서한을 휴대하며 문장에도 능한 掌翰使, 그리고 악기를 연주하는 그룹과 從者들로 편성되었다. 사절인원은 100명 이내였지만, 경하·사은을 겸한 사절일 때는 170명까지 증원되었다. 이에 비해 조선은 대체로 正使가 正三品 堂上官(局長級), 副使가 正三品 堂下官, 從事官(사절 감찰임무)이 正五品, 그 외에 문장이 탁월한 製述官, 譯官과 畵員 및 樂士, 그리고 배를 부리는 格軍 등으로 인원도 <표 7>에서 보듯 500명 내외였다. 유구에도 관직에 품계가 있어 '王子'가 正一品, 재상에 해당하는 三司官이 正二品, 親方이 從二品에 해당한다고 한다.29) 그러나 유구에선 중국이나 조선과 같은 科擧制가 실시되지 않았고 관직 또한 특정가문에 세습 독점되었으므로, 품계와 관직을 가지고 조선과 비교한다는 데엔 한계가 있다.

　유구·조선사절의 에도왕복에 이를 호위하는 입장에 있는 시마즈씨와 대마도 宗氏는 사절과 각각 어떤 관계에 놓여 있었을까? 유구사절의 경우를 보면, 사츠마에 도착하여 우선 시마즈씨에게 君臣의례를 행한다. 그리고 시마즈씨의 에도參勤에 동행하는 형태로 에도로 향한다. 參勤交代制가 막부의 다이묘 통제책, 즉 일본내의 지배체제의 일환이었음을 염두에 둔다면, 참근에 동반되는 유구사절의 에도왕복은 외국사절로서가 아닌 시마즈씨의 家臣과 같은 입장에서의 왕복이다. 예를 들어 1832년 11월 유구사절이 에도에 들어오기 직전의 일이다. 가와사키(川崎)에서

---

29) 今泉定介編, 1906, 『新井白石全集 3』, 東京活版, 667쪽.

숙박했던 유구사절 전원은 숙소의 현관에서, 뒤처져 가나가와(神奈川)에서 숙박하고 출발하는 시마즈씨 행렬을 '拜見'하도록 명령받고 있다. 시마즈씨가 선도하여 유구사절이 뒤따르는 형태를 갖기 위해서였던 것이다.30)

이에 대해 조선사절은 부산출발에 앞서 대마도측의 마중을 받는다. 대마도에 도착해서는 조선국왕과 對馬島主 종씨와의 君臣관계를 강조하고 있다. 나아가 사절과 종씨와의 의례에도 이를 직접 반영하려 하기도 한다. 특히 1590년 통신사의 副使 김성일이 그러했고 1719년의 통신사의 製述官 신유한이 그러했다. 이렇게 볼 때 에도왕복에서 대마도가 조선사절을 '모시고 가는 형태'였다면 시마즈씨는 유구사절을 '데리고 가는 형태'였다고 비교할 수 있겠다.

막부가 국내 인민에게 수시로 내린 법령으로 후레(觸)라는 것이 있다. 유구·조선사절의 에도 파견에 즈음해서도 이 후레가 인민에게 내려지는데, 이를 상호 비교하여 보면 막부의 양국 사절에 대한 인식을 차이를 엿볼 수 있다.31) 사절과 관련하여 내려지는 후레의 기본적인 내용은 사절이 통과하는 도로나 다리의 수축 정비, 사절 숙박소 주변의 화재에 대한 방비책, 사절 행렬을 관람할 때의 주의점 등이다. 그렇지만 조선사절의 渡日에 내려지는 후레가 양적으로도 많고 내용도 상세하게 규정돼 있으며, 때로는 유구사절의 도일에는 보이지 않는 후레도 있다.

도로의 청소나 수축에 대한 후레를 보자. 조선사절의 경우엔 청소는 사절 도착 하루 전에 마치고 수축은 2·3일 전에 완료하며, 사절이 통행할 때까지 牛馬의 통행을 금지한다는 등 이와 관련한 구체적인 지시를 하고 있다. 그러나 유구사절과 관련한 후레에서는 그 완료의 기한이나

---

30) 橫山學, 주 3) 앞의 책, 159~160쪽.

31) 이에 관해서는 宮城榮昌, 주 15) 앞의 책, 169쪽, 186~189쪽 ; 橫山學 주 3) 앞의 책, 466쪽.

우마통행의 금지에 대해서 전혀 언급하지 않고 있다. 화재방비에 대한 것으로 조선사절의 도일과 관련해 내려진 후레에서는, 도로 뒷편에 사는 獨身者가 집을 비울 때는 문을 잠그지 말 것이며 문을 잠그고 비운 집에는 해당구역의 책임자가 자물쇠를 비틀고 안에 들어가 점검할 것을 분부하고 있다. 이러한 내용 또한 유구사절과 관련해서는 보이지 않는다. 또 사절 행렬을 구경할 때의 주의사항을 지시한 후레에서는, 일반남녀나 남녀의 승려가 동일한 장소에서 관람하는 것을 금지하고, 부득이 동일 장소일 때에는 남녀사이에 병풍을 치거나 발을 드리워 상호 차단하도록 규정하고 있다. 이 조항도 조선사절의 도일에만 내려지는 것으로 조선의 남녀 부동석이란 유교적 예의를 존중한 결과라 하겠다. 아울러 조선사절에 한정된 후레로서, 사절측과 일본인과의 私的 물품매매를 엄하게 금지하고, 그러한 사실이 추후에 발각되어도 量의 다소나 가격의 고저에 관계없이 중벌에 처한다는 내용이 있다. 이 또한 예의를 중시하고 私的 이익을 추구하지 않는 유교적 외교 관념을 반영한 것으로, 조선측도 통신사에게 주지시키고 있던 내용이다. 사절의 통과도로 연변에 임시 화장실을 설치하는 규정도 조선사절에게게만 해당된 후레였다는 점에서 흥미롭다.

이러한 후레 비교를 통해 유구와 비교되는 막부의 조선인식을 추출할 수 있다. 조선을 대등한 나라로 보고 그 풍습을 존중하여 사절에 대해 예의를 다하려는 자세가 나타난다. 1711년 조선사절의 도일에 내려진 후레에는, "異國(조선)사람이 일본풍속을 잘 몰라 무례한 짓을 해도 함부로 문책하지 말 것. 그렇지만 방치할 수 없는 지경에 이르면 대마도측 관리에게 보고하여 그 처분을 위임할 것"이라 하여 조선사절에 대해 일종의 치외법권을 인정하고 있다. 이 후레는 조선사절에 대한 후대책이며 동시에 사절의 무례한 행위에 대한 최소한의 대응책으로 이해할 수 있다. 이러한 후레는 유구사절과 관련해서는 찾아 볼 수 없다. 오히려 유구사절에 대한 일본인의 무례를 들어 금지하는 내용이 보인다. 1714년의 후례를 보면, 정박 중인 유구사절의 배에 일본인들이 올라가 밤낮으로 배 안을 들여다보거나 遊女船을 근접시키는 일이 있다고 경계하고 이를 금지하라는 내용이 있다.

유구·조선사절에 대한 막부의 접대는 어떤 차이를 보이고 있을까 살펴보자. 시마즈씨의 유구침략에 의해 가고시마에 잡혀왔던 유구왕 尙寧이 쇼군을 알현하기 위해 시마즈씨의 인솔하에 에도로 향한 것은 다음해인 1610년이다. 이때 막부의 重臣 혼다 마사즈미(本多 正純)는 시마즈씨에게 보낸 서한에서, 에도에 이르는 행로에서의 유구왕에 대한 접대격식은 1607년 조선의 '勅使'가 도일했을 때에 준할 것이라고 말하고 있다.32) 여기서 조선사절에 대해 上國 사절을 칭할 때 사용하는 '칙사'라고 표현한 것은 용어선택의 無知에서 나온 것으로 이해된다. 그런데 주목되는 것은 유구왕에 대한 접대격식을 조선사절에 준하라고 한 것이다. 즉 유구왕을 조선사절과 동격에 놓고 그 접대를 지시하고 있는 점이다. 그 후에도 유구사절 접대에 대해 조선사절의 그것을 참고하라고 하고 있다.33) 이를 보면 1607년의 조선사절 접대가 유구사절에 대해서도 선례로 작용한 듯하다. 그렇다고 유구와 조선사절에 대한 접대가 결코 동등했음을 뜻하는 것은 아니다. 1811년 조선사절의 聘禮 장소가 에도에서 대마도로 바뀐 것, 그 이후 조선사절을 초빙하지 못한 것은 순전히 경제적 접대 부담을 지탱하지 못해서였다. 이에 비해 유구사절은 막부 말기까지 에도에 파견되었다. 이는 양자에 대한 접대비용에 현격한 차가 있었음을 보여주는 것이다.

오사카에서 에도에 이르는 양국사절의 왕복로에도 차이가 있었다. 유구사절의 경우 초기에는 연안항로를 택하여 에도를 왕복했으나 항해에 위험이 항상 수반되어 막부내에서 논란의 대상이 되었다. 그러다가 사절

---

32) 林輝編, 주 16) 앞의 책, 卷3, 琉球國部3, 25쪽.
33) 宮城榮昌, 주 15) 앞의 책, 166~167쪽.

'조선통신사' 행렬도

인원이 증가된 1710년부터는 육로를 택하기에 이르렀다. 이에 비해 조선사절은 애초부터 육로를 통해 에도를 왕복했다. 주목되는 것은 '朝鮮人街道'를 전용도로로 이용했다는 점이다. 교토 서방에 있는 모리야마(守山)에서 도리이모토(鳥居本)에 이르는 40㎞의 이 길은 원래 쇼군의 家系인 德川家의 전용도로로서 '吉路'라 불리워졌다. 1600년 세키가하라 전투에서 히데요시측 세력을 타도하여 승리한 이에야스가 이 길을 거쳐 교토에 들어갔고, 그 후 역대 쇼군들도 교토로 들어갈 때 이 길을 사용했기 때문이다.[34] 이러한 쇼군의 전용도로를 조선사절에게만 이용하게 했다는 것은 막부의 조선 인식의 정도를 보여주는 단적인 예라 하겠다.

에도에 도착한 후 양국사절이 보낸 일정이 어떠했는가 비교해 보자. 유구사절의 경우는 전술했듯이 쇼군에게 進見·辭見의례를 행하고 나면 우에노의 도쇼구 참배의례가 있다. 이 참배는 1644년부터 3회 동안 행해왔던 닛코(日光)의 도쇼구 참배를 시간과 경비 절약을 이유로 1672년부터 대신한 것이다. 뒤이어 로쥬·와카도시요리·고산케를 차례로 방문하여 문안을 올리는 의례가 있다. 이같은 막부에 대한 公的 의례가 끝나

---

34) 김의환, 1985, 『朝鮮通信使의 발자취』, 정음문화사, 280쪽.

면 시마즈씨에 대한 私的 의례가 이어진다. 여기서는 바둑대회나 향연 등이 벌어지지만 유구사절이 시마즈씨에게 행하는 의례는 기본적으로 君臣의례이다.

조선사절의 에도에서의 일정을 보자. 쇼군에 대한 의례는 1회가 관례로 조선에서는 이를 王命을 전하는 의례라 하여 傳命禮라 일컬었다. 예외로 1711년의 경우엔 3회로 분리되었다. 즉 進見·賜饗·辭見의 의례로 조선측에선 進上肅拜·闕內宴·下直肅拜가 이에 해당한다. 그 외에 쇼군이 관람하는 조선인의 말타기 妙技(馬上才)의 공연, 대마도 종씨의 에도 저택에서의 사절에 대한 향응, 마지막으로 쇼군의 답서를 받게 되면 에도에서의 일정은 끝난다. 조선사절의 경우 유구사절처럼 로쥬 등에 대한 문안방문은 없다. 오히려 쇼군의 宗親인 고산케가 조선사절의 上官(正·副使, 從事官)과 동격시 되어 연회시 對酌의례를 행했다. 하쿠세키가 이를 문제 삼아 1711년 일시 폐지되기도 했다. 조선사절도 닛코의 도쇼구 참배를 1636년부터 3회에 걸쳐 행해왔으나 그 후 폐지되었다. 그러나 유구사절처럼 우에노의 도쇼구 참배로 대신하지는 않았다.

양국사절이 지참한 예물과 그 의미에 대해 검토해 보자. 유구사절이 지참한 유구왕의 쇼군에 대한 헌상품에는 기본적으로 太刀 한 자루와 말 한마리가 요구되었다. 말 대신에 때로는 그에 상응하는 銀으로 대신하기도 했다. 그런데 이 품목은 다이묘가 에도에 參勤할 때나 정월 초에 쇼군에게 올리는 헌상품목과 같다. 유구왕과 다이묘의 헌상품이 똑같다는 것은 막부의 유구 정책이 다이묘 정책의 연장선상에 있었음을 의미한다.[35] 이에 비해 조선사절이 지참한 조선국왕의 쇼군에의 예물은 朝鮮前期와 다름없이 인삼·織物·짐승가죽·문방구 등이며, 이러한 품목은 조선의 특산물에 해당한다. 특산품의 증정은 일반적인 외교에서 흔히 보이는 현상이다.

---

35) 橫山學, 주 3) 앞의 책, 423쪽.

근대 이전 동아시아의 국가간 외교는 최고 통치자 명의의 국서교환을 통해 지속되었다. 그런데 에도시대 유구와 일본간에는 국서라고 칭할 수 없는 서한외교가 전개되었다. 유구왕과 로쥬와의 서한교환이었기 때문이다. 이는 막부가 유구왕과 로쥬를 同格으로 설정한 결과인 듯하다. 그러나 중국 황제와 주변국 국왕과의 국서교환처럼 쇼군과 유구왕과의 국서교환도 가능한 일인데, 막부가 쇼군을 회피하고 로쥬를 내세운 것은 유구를 외국이 아닌 일본영역의 延長으로 설정했기 때문으로 보인다.

이에 비해 조선·일본간에는 국왕과 쇼군이 대등한 양식의 국서를 교환하고 있다. 로쥬는 조선의 禮曹參判(次官級)과 서한을 교환하고 있다. 이는 막부의 총리격인 로쥬가 조선의 從二品인 예조참판과 同格視되었음을 의미한다. 이러한 문제 때문에 양자간의 서한교환이 일시 중단된 적이 있다. 즉 1711년 하쿠세키가 로쥬의 서한교환 대상은 예조참판이 아니라 議政府의 三政丞이 적합하다고 주장하여 이를 중지시켰었다. 그러나 祖宗之法을 중시한 쇼군 요시무네에 의해 1719년 다시 부활되었다. 그런데 양국간에 교환된 국서가 대등한 양식이면서도 외교권자의 칭호에는 다른 점이 있었다. 조선이 일관되게 '조선국왕' 칭호를 자칭·他稱으로 사용했다면, 일본측은 조선으로부터는 '日本國大君'이라 부르게 하면서도 자칭으로는 '日本國源○○'를 사용했다. 그러다가 1711년 막부는 국서상의 쇼군칭호를 '일본국왕'이라 개혁했다. 하쿠세키가 쇼군의 권위를 높이기 위해 '대군' 대신 '국왕'으로 바꾼 것이다. 그러나 이 또한 1719년엔 폐지되고 관례가 부활되었다.[36]

외교문서에 사용된 연호에도 특징이 있다. 시마즈씨의 유구 복속 이후 유구와 일본간에 왕래한 서한에는 그 발급연월일이 일본연호로 표기되어 있다.[37] 이에 비해 조선과 일본간 국서의 경우엔 어떠했는가? 조선왕

---

36) 하쿠세키의 외교개혁에 대해서는 민덕기, 주 28) 앞의 책, 제6·제7장.
37) 林輝編, 주 16) 앞의 책 卷8, 琉球國部8, 72·76쪽.

조는 건국 이래 명의 연호를 사용해 왔다. 병자호란 이후엔 청의 책봉을 받으면서도 청의 연호를 기피하여 干支만으로 표기하게 된다. 일본은 에도시대 초기엔 '龍集' 뒤에 干支를 표기하는 무로마치시대 이래의 관행을 답습했으나, 1636년 이후부터는 일본연호를 사용하고 있다.

여기서 막부가 조선과 일본의 국서에 대해서 특별히 언급한 후레를 검토해 보자. 1711년 7월에 내려진 다음 3개의 후레를 소개해 보기로 하자. 첫째 것은, 조선사절과 함께 국서를 실은 가마가 지나갈 때엔 下馬下座하여 무례하게 굴지 말 것이되 삿갓은 벗지 않아도 된다는 내용이다. 둘째 것은, 조선사절이 에도에 도착하는 날과 進見의례(進上肅拜)를 행하러 에도城에 들어가는 때, 조선사절이 에도城에서 쇼군에게 辭見의례(下直肅拜)를 마치고 숙소로 돌아오는 때와 에도를 떠나는 날, 이렇게 4회는 국서를 실은 가마가 통과하게 되니 하마하좌의 예를 행해야 한다는 내용이다. 셋째 것은, 에도로 향할 때의 사절에겐 조선국서가 있고 에도를 떠나 돌아갈 때의 사절에겐 일본국서가 있다. 에도에 사절이 도착한 날과 진견의례를 위해 에도성에 들어갈 때 사절에겐 조선국서가 있다. 그러나 의례를 마치고 나오는 때엔 빈 가마이므로 예를 할 필요가 없다. 사절이 사견의례를 마치고 에도성에서 나오는 때와 에도를 떠나는 날엔 일본국서가 있다. 그러나 사견의례를 행하러 에도성에 들어갈 때엔 빈 가마이므로 예는 필요 없다는 내용이다.[38]

이 3개의 후레는 사절행렬 속의 가마에 실려 있는 양국 국서에 대해 일본 인민이 하마하좌의 예를 행하라는 내용으로 요약할 수 있다. 셋째 것은 둘째 것의 내용을 구체화한 것에 지나지 않는다. 이를 통해 양국을 대등한 나라로 상호존중하려는 막부의 적극의지를 읽을 수 있다. 그러나 이 규정은 1719년 6월 조선사절의 도일에 내려진 후레에서는 변경되고

---

38) 高柳眞三 外編, 1934, 『御觸書寬保集成』, 岩波書店, 1340쪽 ; 林輝編, 주 16) 앞의 책 卷45, 朝鮮國部21, 51쪽 ; 卷46, 朝鮮國部22, 64쪽.

있다. 즉 이번 가을 조선사절이 올 때엔 국서와 회답서 및 사절에게 下座할 필요가 없다고 지시하고 있다.[39] 이로 보아 1711년의 국서에 대한 정중한 의례규정이 후퇴했음을 알 수 있다. 미야기 에이쇼(宮城榮昌)는 이를 조선사절에 대한 대우의 간소화에 의거한 것으로 사절에 부여했던 권위의 변화로 평가하고 있다.[40] 그러나 과연 이 후례를 조선사절에 대한 인식의 변화라고 평가할 수 있을까? 미야기가 간과한 것은 1719년의 후례가 조선국서 만이 아니라 일본국서에 대해서도 예의 생략을 규정하고 있다는 점이다. 그러므로 어디까지나 의례의 간소화란 측면에서만 평가가 가능하다. 이 후례는 조선사절에 대한 의례 생략도 규정하고 있지만 1711년의 위에 든 후례들에서 보듯 사절에 대한 의례규정은 없었다. 아마도 사절행렬 속에 있는 국서에 대한 의례가 사절에 대한 의례로 착각된 듯하다.

1709년부터 1716년까지의 일본의 대외정책은 막부의 정치고문 하쿠세키에 의해 추진되었다. 그는 유학자로서 쇼군의 권위를 중국의 황제나 조선의 국왕과 같은 위치에까지 높이려고 유교적 禮樂論에 충실하게 외교의례를 대폭 개혁 정비하는데 힘을 기울인 인물이다. 1711년의 조선사절의 파견을 둘러싼 제반개혁도 그러한 의도에서 이루어졌다.[41] 전술했듯이 유구사절과 그에 대한 막부의 접대체제가 정비된 것도 1710년 하쿠세키에 의해서였다. 그는 유구를 '屬國 유구'에서 보다 '異國 유구'로 장식하기 위해 여러모로 노력했다. '이국유구' 사절의 쇼군 알현이 보다 쇼군의 권위앙양에 기여될 수 있었기 때문이었다.

그러나 하쿠세키가 '異國 유구'정책 만을 지향한 것은 아니었다는 것은 1714년 유구사절이 지참한 서한을 문제 삼았다는 점에서 알 수 있

---

39) 林輝編, 주 16) 앞의 책 卷46, 朝鮮國部22, 71쪽.
40) 宮城榮昌, 주 15) 앞의 책, 188쪽.
41) 이에 대해서는 민덕기, 주 28) 앞의 책, 제6·제7장 참고.

다.[42] 그가 유구 서한의 내용에 대해 로쥬의 이름으로 시마즈씨를 통해 지적한 문제는 다음과 같은 것이었다. 前쇼군 이에노부의 부인에 대한 진상품 목록을 전번에는 일본어(히라가나)로 표기했다가 이번엔 '眞字'(漢字)를 채택했다. 유구는 사츠마번의 속국이므로 일본풍을 따라야 하니 이후로는 일본어를 사용해야 한다. 문장 속에서 일본을 '貴國', 쇼군을 '大君'이라 칭하고, 쇼군과 관련한 용어로 '台聽'을 사용했다. 그러나 '귀국'이란 대등한 국가 사이에 사용하는 것이며, '대군'이란 조선에 대해서도 사용하지 않게 된 것으로 불가하다. '태청'은 유구국내에서는 존귀한 사람에게 사용하는 용어이지만 타국에서는 아무에게나 쓰는 것이므로 쇼군과 관련한 용어로는 부적절하다.

에도시대 초기 이후 일본문체였던 유구의 對日 외교서한을 이 무렵에 한문투로 바꾼 것은 서한작성에 간여해 온 사츠마번의 행위에 의한 것이었다. 그것은 유구를 보다 외국으로 강조하기 위해서였다. 그러나 하쿠세키는 이 변화를 거부한 것이다. 그는 自敍傳인『折たく柴の記』에서, 외국으로서 일본문자를 사용해 온 나라는 오직 유구였으므로 유구의 한문투 서한은 용납할 수 없는 일이라고 주장하고 있다.[43] 그가 중국풍인 한문투의 유구서한을 허용하지 않은 것은, 유구를 정치적으로는 외국이지만 문화적으로는 일본의 속국으로 간주하려는 의식에서 비롯된 것이라 하겠다. 그가 집필한 유구 연구서를『南島志』라 이름붙인 것도 유구를 외국이 아닌 일본의 南島라고 인식한데 기인한다. 또한 유구 역사서로『琉球國史略』을 집필하면서, 유구왕의 선조를 12세기 후반 일본의 내란(保元의 亂)에서 패해 도망가 자살했다는 武將 미나모토노 타메토모(源爲朝)의 아들로 설정하여 이를 고증하려 한 것도, 역사적으로 일본의 속

---

42) 이에 대해서는 宮城榮昌, 주 15) 앞의 책, 144~151쪽 ; 橫山學 주 3) 앞의 책, 101~104쪽.
43) 今泉定介編, 주 29) 앞의 책, 156쪽.

국으로 유구를 자리매김하기 위해서였다.

유구와 조선의 사절이 에도를 왕래하면서 일본민중과 어떠한 접촉을 했는가 비교해 보자. 유구사절의 경우 시마즈씨의 감시하에 에도를 왕복했다. 더욱이 시마즈씨의 저택에서 머물었던 에도에서의 사절의 행동은 더욱 엄중하게 감시되어 일본인과의 私的 접촉은 완전 차단되어 있었다. 그러므로 일본인이 에도에서 유구사절과 개인적으로 면담했다는 기록도 없으며, 사절행렬이 아닌 곳에서 유구인과 마주쳤다는 기록도 없다. 그러나 다음의 일화가 있긴하다. 사절중의 한 사람이 우에노 도쇼구 참배때 부근의 민가에 들러 따뜻한 물을 얻으려 했다고 한다. 그때 민가의 일본인에게 유구인이 사용한 언어는 일본어로 사츠마번의 무사가 쓰는 사투리 섞인 일본어보다 오히려 알아듣기 쉬웠다는 기록이다. 이처럼 유구사절은 모두 일본어를 능숙하게 구사하고 있었으나 사절 곁에는 통역관이 항상 붙여져 있었다. 유구사절을 외국사절로 강조하기 위해서였다.[44]

이에 비해 조선사절은 일본 민중에게 개방되어 있었다. 때문에 이르는 곳마다 일본인들이 筆跡을 요구한다든가 筆談과 唱和를 제의해 와 시달리지 않은 날이 없었다. 이러한 사실은 조선사절의 紀行日記에서 얼마든지 발견할 수 있다.

V. 맺음말

이상의 검토를 통해 에도시대의 시마즈-유구관계를 '通信國'論과 '家役'論을 가지고 대마도 宗氏-조선관계와 동일선상에서 취급하는 데

---

44) 橫山學, 주 3) 앞의 책, 168~169쪽.

에는 근본적인 한계가 있음을 어느 정도 규명했다고 본다. 먼저 유구가 작위적으로 異國化되어있다는 점이다. 막부는 시마즈씨의 지배하에 있는 유구를 일본영역의 外延으로서의 '屬國 유구'로 취급하고 있었다. 17세기 말부터 18세기 초반에 이 '속국유구'정책의 강화가 시도되기도 했지만, 쇼군의 권위를 고양시킨다는 측면과 중국과의 대립을 회피한다는 측면에서 '異國 유구'정책이 더욱 부각되기도 했다. 그러므로 실제로는 속국이나 작위적으로 異國化된 유구를 '通信國'論을 가지고 조선과 동일시할 수는 없다.

막부로부터 상대국을 통제하는 동일한 의무를 부여받았다는 '家役'論도 그렇다. 유구를 지배하며 유구왕을 家臣視하는 시마즈씨와 조선의 外臣으로서 종속된 宗氏를, 에도시대 日本內政上의 잣대인 '家役'으로 세트화시킬 수는 없다. 그러므로 이 두 이론은 보다 분명한 前提下에 전개되어지지 않으면 안 될 것이다.

그러면 마지막으로 유구와 조선사절의 일방적인 일본파견을 당시의 일본지배층이 어떻게 인식하고 있었는가 살펴보자. A와 B란 나라가 있다고 하자. A국이 B국의 통치권자가 즉위할 때마다 사절을 파견해 축하하지만 B국은 A국에게 사절파견을 하지 않는다고 하자. B국이 이 측면만을 굳이 강조한다면 A국을 조공국으로 인식할 수도 있겠다.

아라노 야스노리(荒野 泰典)는 에도막부가 조선사절을 조공사절로 간주하여 막부의 사절을 조선에 파견하려는 발상조차 없었다고 주장하고 있다.[45] 과연 유구·조선의 일방적 사절파견에 대해 막부가 그러한 인식을 갖고 있었는가? 결론부터 말한다면 조선에 한해서는 그렇지 않다. 오히려 일본은 조선의 사절을 통한 일방적인 文化示威에 불만을 품고, 조선에 사절을 파견하지 못함에 반발하고 있었다.

먼저 유구에 대한 경우를 보면 막부가 답례의 사절을 유구에 파견해

---

45) 荒野泰典, 주 2) 앞의 책, 217쪽.

야 한다는 논의조차 없다. 이는 유구를 '通信國'으로 설정했으면서도 유구의 일방적인 사절파견을 당연시한데서 비롯된다. 즉 속국이면서 작위적으로 異國視한 유구에게 답례사를 파견해야 할 필요를 느끼지 못했을 것이다.

그러면 이와 비교하여 조선에 대해서는 어떠했는가를 보자. 임진왜란에 대한 講和교섭이 조선과 대마도간에 진전되고 있을 때 조선측의 주요한 관심사의 하나는 일본사절이 조선에 파견되는 사태를 어떻게 예방하느냐는 것이었다. 일본중앙정권의 사절이 파견되면 朝鮮前期의 日本國王使에 대한 전례처럼 막대한 접대비용을 부담해야 하고, 그들이 서울로 상경하려 하면 이 또한 명분상 거부할 수 없는 입장이었다. 그러나 임진왜란을 경험한 조선으로서는 조선전기에 개방했던 일본사절에의 한성 상경로가 침략로로 이용된 전례를 경계하여 이를 철저히 차단하려는 방침을 이미 설정해 놓고 있었다. 조선이 강화사절을 파견하면서 회답사임을 표방한 것은 일본측의 답례사절 파견을 사실상 봉쇄하기 위한 것이었다. 회답사란 명분은 1617년과 1624년의 도일에도 표방되었다. 전술했듯이 이 3회의 사절파견은 모두 일본측의 국서를 받은 다음에야 파견된 것이다. 또한 1609년 대마도와 맺은 기유약조에는 막부가 파견하는 일본국왕사에 대해 대마도 宗氏의 文引(도항허가증)을 지참하도록 규정하고 있다. 즉 막부의 사절을 대마도가 통제하도록 설정한 것이다. 이 규정도 막부의 있을지도 모를 사절파견을 대마도의 통제하에 놓아 미연에 방지하기 위함이었다.[46]

그러나 1636년에 파견된 제4회 조선사절은 회답사의 명분을 갖지 못하고 파견된 '通信使'였다. 쇼군의 국서를 받지 못한 상태에서의 파견이었으므로 당연히 답서를 지참할 수가 없었던 것이다. 그러므로 사절이 일본에 가서 고심한 것 중의 하나는, 막부가 이번에는 회답이란 명분을

---

46) 이에 관련해서는 민덕기, 주 28) 앞의 책, 234~238쪽, 255쪽.

갖게 되어 조선에 사절을 파견하려 할 터인데 이를 어떻게 차단하느냐 하는 것이었다. 사절이 우려한 바대로 당시 막부에서는 답례사절의 인물과 파견시기 등을 구체화하고 있었다. 결국 조선사절의 완강한 반대와 대마도의 지원으로 회답사 파견은 저지되었지만, 그 이면에는 '통신'사절의 도일에 만족한 쇼군 이에미츠(家光)의 영향이 컸다. 이처럼 막부는 조선에의 사절파견이 봉쇄된 현상에 불만을 가지면서도 조선이 회답사 아닌 통신사를 파견해 준 것으로 만족할 수밖에 없었던 것이다.[47]

전술한 것처럼 쇼군의 권위앙양을 위해 1711년 조선과의 의례를 대폭 정비했던 사람은 하쿠세키였다. 그러한 그가 다음해엔 조선사절의 의례 장소를 에도에서 대마도로 옮겨 의례를 최소한 간소화하자는 이른바 易地聘禮를 최초로 제기한다. 조선의 사절을 통한 일방적인 문화 示威와 사절접대에 대한 경제적 부담을 그 이유로 들고 있다. 그러나 주목되는 것은 그가 조선에 역지빙례를 통고할 때에 내세우려는 논리였다. 그는 유교경전인『禮記』의 "예의는 왕래를 존중하니 往하는데 來하지 않으면 非禮이다. 來하는데 대해 往하지 않는 것도 또한 비례이다"라는 구절을 근거로 내세웠다. 그리고 현실적으로 조선만이 사절을 파견하며 일본의 답례사절을 계속 거부한다면, 앞으로는 조선사절을 일본의 국경(대마도)까지만 오게 하고 일본사절이 그 곳에 가서 영접케 하여, 결과적으로는 조선사절이 來하고 일본사절도 往하는 것이 되므로『예기』의 왕래 예의에 합당하게 된다는 주장을 내세우고 있다. 이처럼 그도 조선의 일방적 사절파견을 非禮로 단정했으며 그 결과 역지빙례라는 대안까지 마련하기에 이른 것이다.[48]

---

47) 민덕기, 주 28) 앞의 책, 295~298쪽.
48) 민덕기, 주 28) 앞의 책, 425쪽.

〈표 7〉 에도시대 유구사절과 조선사절의 파견

유구 사 절						조 선 사 절					
횟수	연도	명 칭	인원	유구왕	쇼군	횟수	연도	명 칭	인원	조선국왕	쇼군
						1	1607	회답겸쇄환사	504	선조	秀忠
						2	1617	회답겸쇄환사	428	광해	秀忠
						3	1624	회답겸쇄환사	460	인조	家光
1	1634	慶賀·謝恩使	미상	尙豊	家光						
						4	1636	통신사	478	인조	家光
						5	1643	통신사	477	인조	家光
2	1644	경하·사은사	70	尙賢	家光						
3	1649	사은사	63	尙質	家光						
4	1653	경하사	71	尙質	家綱						
						6	1655	통신사	485	효종	家綱
5	1671	사은사	74	尙貞	家綱						
6	1682	경하사	94	尙貞	綱吉	7	1682	통신사	473	숙종	綱吉
7	1710	경하·사은사	168	尙益	家宣	8	1711	통신사	500	숙종	家宣
8	1714	경하·사은사	170	尙敬	家繼						
9	1718	경하사	94	尙敬	吉宗	9	1719	통신사	475	숙종	吉宗
10	1748	경하사	98	尙敬	家重	10	1748	통신사	477	영조	家重
11	1752	사은사	94	尙穆	家重						
12	1764	경하사	96	尙穆	家治	11	1764	통신사	477	영조	家治
13	1790	경하사	96	尙穆	家齊						
14	1796	사은사	97	尙溫	家齊						
15	1806	사은사	97	尙灝	家齊						
						12	1811	통신사	328	순조	家齊
16	1832	사은사	98	尙育	家齊						
17	1842	경하사	99	尙育	家慶						
18	1850	사은사	99	尙泰	家慶						

* 유구사절은 橫山學, 1987,『琉球國使節渡來の硏究』, 吉川弘文館, 377쪽과 宮城榮昌, 1982,『琉球使者の江戶上り』, 第一書房, 11쪽을 참고.

* 조선사절에 대해서는 三宅英利, 1986,『近世日朝關係史の硏究』, 文獻出版, 644~645쪽 참고. 사절인원은 미야케 히데요시 지음·김세민 외 옮김, 1996,『조선통신사와 일본』, 지성의 샘, 45쪽. <표 1>을 참고.

제6장

근세 일본 유학자들의 조선 인식

I. 머리말

주자학이 일본에 전래된 것은 가마쿠라(鎌倉)시대(1192~1333)이지만 불교로부터 독립하여 봉건적인 지배이념으로서 절대적인 권위를 확립한 것은 에도(江戸)시대(1603~1868)에 와서였다. 에도시대 幕藩체제의 위계질서 구축에 주자학이 적합했기 때문이며, 이에는 임진왜란을 통해 대량으로 약탈하여 온 조선 서적이 절대적인 영향을 주었다.

불교에 귀의해 있던 승려들이 임진왜란기 약탈에 의해 대량으로 유입된 조선본 유교서적을 탐독·연구할 수 있게 되자, 그 결과 주자학이 불교에서 해방되어 학문으로서 발달하고 지배이념으로서 적용되게 된 것이다. 에도시대 유학자들이 탐독한 조선본 유교서적은 중국측 유교서적을 그저 옮겨놓은 것이 아니었다. 거기엔 조선측의 유교사상이 논설과 해설로서 첨가되어 있었다. 그러므로 일본 주자학은 조선 주자학의 영향에 의해 확립될 수 있었다고 할 수 있다.

그렇다면 조선 주자학의 영향을 강하게 받은 에도시대 주자학파의 유학자, 또는 주자학 연구를 통해 이를 비판하는 입장으로 전환한 양명학파 등의 유학자가 어떠한 조선인식을 가지고 있었을까? 본 논문은 이를 검토하기 위한 것이다.

이와 관련한 기존연구를 보면, 유학자에 국한시키지 않고 신화적 고대의 일본을 理想視하는 國學(고쿠가쿠)者의 조선관, 또는 근대 서양열강의 접근에 의해 일본의 세계관이 변화·반영된 19세기 유학자의 조선관도 아울러 포함시켜 검토하고 있는 것이 특징이다.[1] 그 결과 에도시대의

---

1) 예를 들어 旗田巍, 1969, 『日本人の朝鮮觀』, 勁草書房 ; 矢澤康祐, 1969, 「江戸時代における日本人の朝鮮觀について」『朝鮮史研究會論文集』6 ; 미야케 히데토시 지음·하우봉 옮김, 1990, 『역사적으로 본 일본인의 한국관』, 풀빛 ; 이기용,

조선관이 메이지시대의 '征韓論'으로 귀결되어 평가되어질 소지를 안고 있었다.

이에 대해 본 논문은 조선 주자학의 영향을 받았을 유학자에 국한시켜 그들의 조선관을 검토하려 한다. 國學者들은 에도시대 주류가 아니었고 유학 그 자체에 배타적이었다는 점에서 제외한다. 그리고 기존연구와는 다르게 막부측의 유학자와 지방의 유학자를 구분하여 검토하려 한다. 前者가 보다 정치적·현실적인 조선관을, 후자는 전자에 비해 보다 자유스런 조선관을 소유하고 있으리라 보이기 때문이다. 본 논문은 또한 18세기까지의 유학자를 대상으로 한정하고 있다. 왜냐하면 전통적 유학자들의 세계관에는 19세기에 출현하는 근대적 서양열강이 포함되고 있지 않으리라 여겨지기 때문이며, 18세기까지의 일본은 전통적인 유교적 세계관이 온존된 상황으로 간주되기 때문이다.

II. 일본 주자학에의 조선의 영향

일본에 주자학이 처음으로 전래된 것은 가마쿠라시대 초기인 1200년 경으로 추정되고 있다. 그러나 그 후 400년 동안 일본의 주자학은 불교에 예속되어 독립적 지위를 확보하지 못하고 있었다. 이에 대결하여 단호하게 일개 유학자로 떨쳐 일어난 사람이 후지와라 세이카(藤原惺窩: 1561~1619)였다.[2]

중세 일본의 문화는 장기간의 내란으로 근세 중국의 신문화를 충분히

1998, 「'征韓論' 비판」 『한일관계사연구』 8, 등이 그러하다.

2) 이 제2절에서는 괄호 안에 典據를 명시하지 않는 한 阿部吉雄, 1965, 『日本朱子學と朝鮮』, 東京大學出版會 ; 김태준, 1977, 『임진란과 조선문화의 東漸』, 한국연구원의 「일본 新儒學의 발흥과 이퇴계의 영향」을 주로 참고하였다.

흡수할 수 없었다. 게다가 학문이 승려에 의해서만 연구되어져 종교의 세계에서 탈피하지 못하고, 학자라는 독립적인 사회적 지위도 인정받지 못했을 뿐 아니라 인쇄문화도 종교의 지배하에 있었으므로 지식문화의 수준은 몹시 낮았다. 이 시기 일본에 宋과 明, 또는 조선의 주자학 관련서가 일부 유입되었다 해도 그것이 특정 사찰에 秘藏되어 일반인이 이를 열람하기란 용이하지 않았다.

후지와라 세이카
(藤原惺窩 : 1561~1619)

에도시대 초기의 유학자. 원래는 승려였다. 조선 학자 강항의 영향을 받아 주자학의 정수를 수용하고, 주자학을 정치 이념으로 적극 활용할 것을 주장.

그러나 이러한 상황이 타개된 것이 임진왜란이었다. 일본군이 다수의 조선본 서적을 약탈하여 들여오자 중국과 조선의 신지식을 용이하게 얻을 수 있게 되었다. 세이카가 주자학으로 전향하고 하야시 라잔(林羅山: 1583~1657)이 학문지식의 각 분야에 선구적인 활약을 한 것은 다름 아닌 조선본 서적에 의한 것이었다.

세이카는 일찍이 사찰에서 승려로서 유학을 공부하고 있었다. 그러나 1590년 통신사의 서장관으로 일본에 왔던 조선인 허성으로부터 자극을 받고, 이에 주자학의 진수를 배우려 조선에 도항하려 했다. 당시 군웅할거의 시대에 살고 있던 그는 평화스런 조선이나 중국의 유교문화가 동경의 대상이었다. 2년 후 임진왜란이 일어나 대량의 조선본 주자학 관계서가 유입되자 이에 영향을 받아 다시 중국과 조선에 각각 도항하려 시도했으나 건강 등으로 포기해야 했다. 그러던 1598년 말 포로로 잡혀온 이퇴계의 문인인 강항을 만났다. 이때부터 1600년 4월 강항이 귀국할 때까지 세이카는 그로부터 주자학에 심취되어 연구에 정진할 수 있었다.

세이카가 학문적 방황을 끝맺음하고 당당히 유학자로서 설 수 있게 된 것은 다름 아닌 강항에 의해서였다.

1600년 10월 세이카는 일본 정국을 장악한 도쿠가와 이에야스(德川家康)에게 나아가 주자학을 강의했다. 당시 그가 착용한 복장은 僧服이 아닌 儒服이었고 지참한 서적은 조선본 유교서적이었다. 거기서 세이카는 이에야스의 학문고문이었던 승려들과 학문적 논쟁을 벌이게 된다. 그의 이러한 행동은 유학자로서의 독립적 지위를 확보하고 불교와 승려의 수중에서 유학을 독립시킨 것으로 평가되고 있다.

세이카의 학문형성에는 조선 유학이 크게 작용했다. 특히 퇴계의 『天命圖說』을 읽고 그 理氣철학에 공감하고 있다. 이기철학은 당시 禪의 철학을 극복하는 최신의 철학이었다. 그러한 학문을 형성하는 데엔 직접적으로 퇴계 등의 조선 유학자의 저서와 강항에게서 절대적인 영향을 받은 것이다.

1604년 세이카는 22세의 라잔을 제자로 삼는다. 이 라잔은 에도막부 초기의 학술고문이 된 사람으로 이 학술고문직은 그 후손에게 대대로 세습된다. 세이카의 또 한 제자인 마츠나가 세키고(松永尺五)는 교토에서 키노시타 쥰안(木下順庵) 등을 육성하고, 쥰안은 다시 아라이 하쿠세키·무로 큐소·아메노모리 호슈 등의 학자를 육성한다(후술). 그 결과 세이카학파는 에도시대 주자학파의 주류로서 발전하게 된다.

라잔도 세이카처럼 애초에는 불교 승려였다. 그러나 약탈되어 온 조선의 유교서적이나 역사서를 접하면서부터 주자학을 깊이 연구하게 되었다. 그가 1604년까지 탐독한 조선본 서적만도 400여권이라 한다. 세이카가 에도시대 주자학파의 開祖이며 전통적인 儒佛일치사상을 전환하여 불교로부터 유교를 독립시켰다면, 라잔은 불교와 양명학을 배척하고 주자학만을 발전시켰다는 평가를 받고 있다. 이같은 라잔의 주자학 일색의 배타적인 유학풍은 조선본 유교서적의 영향에 의한 것이다. 그가 탐독한

조선본 유교서는 경전의 단순한 소개가 아닌
조선측의 사상이 함유된 논설과 해설이
포함되어 있었던 것이다.

라잔은 1605년 이에야스의 학술고문
이 된 이후 제4대 쇼군 이에츠나代까지
에도막부의 지배체제를 정비하는데 절대
적인 역량을 발휘한 인물이다. 그는 중
국과 조선의 새로운 학문 사상을 충분히
섭취하여 일본의 현실에 적용시켜 사상의
혁신과 향상에 크게 기여했다. 특히 에도
시대의 유교문화 기반을 구축하고, 일본역
사를 주자학적 관점에서 새로 쓴 역사가로
서도 평가되고 있다. 라잔의 후손들이 막

하야시 라잔
(林羅山 ;1583~1657)
에도시대 초기의 유학자.
에도 막부의 儒官 林家의 시조로
도쿠가와 이에야스를 비롯하여
제4대 쇼군 때까지 정치고문으로
활약.

부의 학술·정치·외교고문으로서, 나아가 국립대학의 총장으로서 세습되
었음을 고려하면 그의 영향력이 에도시대 얼마나 지대하였는가 짐작하
고 남음이 있다.

야마자키 안사이(山崎闇齊: 1618~1682)도 승려에서 주자학으로 전향
한 사람이다. 라잔이 博學을 중시하는 학풍이었다면, 안사이는 朱子의
사상 그 자체를 깊이 탐구하여 이를 주관적 인생철학의 문제, 또는 인간
수양의 문제로서 논의하고 수용하는 학풍을 열어 일본 주자학 발달에 신
국면을 연 사람이다. 그가 그러한 학풍을 열기 위해서는 퇴계의 영향이
크게 작용했다.

『退溪文集』등 퇴계의 저술은 안사이에게 가장 깊이 연구되었다. 특
히 퇴계의 『自省錄』은 그에게 깊은 감화을 주어 그의 사상형성에 결정
적 영향을 주었다. 그는 퇴계의 『朱子書節要』를 朱子 이후 편찬된 유교
서적 중에서 가장 뛰어나다고 평가하고, 일본에선 퇴계처럼 인류의 도리

를 밝힌 자가 이제껏 없었다고 감탄하고 있다. 그가 주자의 문집과 語類를 정밀하게 연구하게된 것은 퇴계의 연구 성과를 근거로 한 것이다. 그는 주자의 原書를 실증적으로 고증하여 元·明代에 해석된 주자학 이전의 주자에게로 돌아가라고 주장하였다.

안사이의 학파는 林家(라잔의 후손)와 木家(쥰안의 학파)와 나란히 에도시대의 사상계와 교육계의 주류를 이루어 활약한다. 그러나 안사이가 일본 고유신앙인 神道를 연구하여 神儒合一說을 제창하기에 이르자 주자학은 일본화 되어간다. 그 후 안사이 학파에서 에도막부를 타도하자는 혁명가가 다수 배출되게 된다.

일본의 근세초기 사상은 불교주의에서 현세중심적인 유교주의로, 유불일치주의에서 유교 일존주의로, 박학적 유교에서 수양 중심의 유교로 전개하고 있으며, 이는 조선의 유교적 학풍이 크게 작용한 결과라 할 수 있다. 특히 퇴계의 영향력이 가장 컸으니 안사이는 그의 학술사상을 높이 평가하여 주자의 知友高弟와 다름없다고 칭송했다.

에도시대 일본 유학자들의 퇴계 존경이 어느 정도였는가는 1719년 통신사의 製述官으로 일본에 갔던 신유한의 기록으로 보아 알 수 있다. "오사카에 서적이 얼마나 많은지 천하의 장관이었다. 조선 명현의 문집 중에서 왜인들이 존경하고 숭상하는 것으로 『退溪集』만한 것이 없으니 집집마다 이를 외고 있고, 모든 儒者들이 필담할 때에도 반드시 『退溪集』속의 글을 가지고 우선 물어온다. 그리고 도산서원은 조선의 어느 고을에 있는가? 퇴계선생의 후손은 지금 몇이고 무슨 벼슬을 하고 있는가? 선생이 생전엔 무엇을 좋아했는가? 등등 너무 질문이 많아 기록할 수 없을 정도이다."[3]

이렇듯 퇴계는 통신사가 파견될 때마다 일본 유학자들의 주요관심의 대상이었다. 퇴계를 특히 존숭하는 안사이 학파 유학자들이 그러했다.

---

3) 신유한, 『海游錄』 11월 4일조.

이러한 퇴계 존숭의 풍조는 메이지시대에까지 이어가고 있다. 그 한 예로 메이지천황의 학술고문으로 教育勅語를 기초하는 등 유교주의에 의한 인민교화에 진력한 모토다 에이후(元田永孚: 1818~1891)가 천황에게 말한 다음을 통해 알 수 있다. "程朱의 학문은 조선의 이퇴계에게 전하여졌다. 오츠카 타이야(大塚退野)선생은 퇴계가 저술한 朱子書節要를 읽고 초연히 얻는 바가 있었다. 나는 지금 타이야의 학문을 전하여 이를 천황에게 진봉하는 것이다."

야마자키 안사이
(山崎闇齋 : 1618~1682)
에도시대 前期의 유학자.
주자학과 神道를 접목한
스이카(垂加)神道를 정립.

그런데 퇴계의 영향을 받은 세이카와 안사이의 세계관은 대조적이다. 우선 세이카의 경우를 강항에의 발언을 통해 알아보자. "일본 백성이 지금처럼 심하게 피폐한 때가 일찍이 없었다. 만약 조선이 중국 군사와 연합하여 일본백성을 弔問하고 죄(임진왜란)를 성토한다는 명분으로 일어나, 이미 항복한 왜병 및 통역을 시켜 일본어로 榜을 내걸어, 도탄에 빠진 일본백성을 구제한다는 뜻을 명백히 알리고, 군사가 지나는 곳마다 조금도 피해를 끼치지 않는다면 일본의 대부분을 손쉽게 장악할 수 있을 것이다. 그러나 왜군이 조선에서 행한 것처럼 살륙과 약탈을 자행한다면 대마도 하나도 취하지 못할 것이다."

세이카는 이처럼 유교이념에 입각한 超민족적인 세계관을 지니고 있었다. 이에 반하여 안사이는 "지금이라도 異國의 君命을 받아 공자·맹자가 일본을 공격해 온다면 나는 우선 앞에 나서서 그들의 목을 벨 것이다. 일시라도 異國人에게 항복하여 혹은 그 가신이 되는 것은 크게 不忠한 것이다. 이것이 君臣의 大義라고 하는 것이다." 라고 말하였다고 한다. 유교적 성현인 공자와 맹자를 침략자로 가정한 것만으로 보아도 안사이의 주자학 수용이 어디까지나 민족주의의 한계를 벗지 못했음을 알 수 있다. 퇴계의 영향을 더 크게 받은 그에게 주자학은 이미 초민족적인 보편적 이념이 아닌 일본적 이념으로 정착하고 있음을 볼 수 있다. 그가 이러한 입장에 서게 된 것은 일본적 神道를 주자학에 접목시키려 한 때문으로 보인다.

III. 막부측 유학자들의 조선관

라잔은 막부의 학술고문으로서 조선과의 외교에도 강력한 영향력을 행사했던 인물이다. 그는 1617년 통신사의 도일에 대해 『朝鮮通信使來貢記』에서, 조선은 예로부터 일본의 서쪽 藩이었으므로 그 파견한 사절은 '遠人'(미개인·변방인)이며, 일본이 이를 후대하는 것은 제후를 회유하려는 뜻에서 나온 것이라고 하고 있다. 이는 720년에 편찬된 『日本書紀』의 조선관을, 즉 日本書紀的 조선관을 현재화시켜 조선에 대한 우월의식을 나타낸 것이라 할 수 있다.

그의 이같은 우월의식은 1636년 통신사에게 행한 다음과 같은 질문에서도 나타나고 있다. 첫째, 단군왕검이 1천여 년 동안 조선을 다스렸다는데 사람으로서 그토록 오래살 수는 없으므로 군자로서는 취하지 않는 부당한 학설이다. 더욱이 중국 역대 역사서에 朝鮮傳과 三韓傳이 있음에도 단군에 대해서는 하나같이 기록하지 않고 있음은 무슨 까닭이겠는가? 둘째, 조선에서는 箕子가 殷代 말기에 조선으로 망명하자 周의 武王이 이를 봉했다고 하며, 이 때 기자를 따라간 從者도 5천명이라 하고 있다. 그러나 중국의 역사서에는 이에 대한 사실이 실려 있지 않으니 그 근거가 무엇인가? 셋째, 당태종이 고구려 원정중 고구려군사의 화살을 눈에 맞아 철수했다고 조선에서는 말하고 있다. 그러나 중국 天子가 이

민족에게 당한 일도 빠짐없이 적고 있는 것이 중국 역사서인데 그러한 기록은 어디에도 없다. 그렇다면 이는 허구가 아닌가? 넷째, 예로부터 외국이 일본에 조공을 바쳐왔는데 귀국도 聘使를 수없이 보내 그리해 왔다. 정몽주가 고려 말에 일본에 來聘한 것도 그 한 예이다. 그런데 정몽주는 충의를 가진 사람이었는데 귀국이 살해했다고 한다. 그에게 무슨 죄가 있었는가? 무고하게 불의로 그러한 사람을 살해하는 것은 성현의 행위가 아니지 않는가?[4]

여기서 라잔은 단군조선과 기자조선설 및 당태종이 고구려의 안시성 싸움에서 화살에 맞아 눈에 큰 부상을 입었다는 古事를, 인간 수명의 한계나 중국측 역사서에 없다는 나름대로의 합리적 논리로 부정하고 있다. 이 조선측의 세 가지의 설화나 고사는 한반도 역사의 장구함과 중국에 대한 자존의식을 나타내는 것이겠지만, 라잔은 이를 추궁하는 방법으로 그의 조선에 대한 강렬한 대항의식을 적극적으로 표명하고 있다. 넷째 질문에선 日本書紀的 조선관을 그대로 적용시켜 고대의 양국관계를 설명하려 하고 있다. 그러나 '日本書紀的 조선관' 역시 중국 역사서에서 추출할 수 없다는 점에서 스스로 내세운 유교적 합리주의를 결과적으로 부정하는 자가당착적인 논리로 흘렀다고 할 수 있다. 그는 또 조선왕조 건국시의 정몽주 살해를 문제 삼아 그 건국의 정당성 여부를 추궁하고 있다.

그는 1636년 통신사의 지참한 국서에 쇼군을 大君이라 호칭하게 하고, 그 답서에서는 일본 연호를 에도시대 처음으로 사용하고 있다. 대군 칭호는 이전의 쇼군에 대한 조선측의 국왕칭호가 일본 내정상 천황을 참칭하는 관념상 이를 회피하기 위해 만들어진 것이다. 라잔이 이처럼 천황을 쇼군의 상위적 존재로 설정하여 국왕칭호를 회피한 것은 주자학적 명분론에 투철하기 위해서였고, 일본연호의 사용은 외교적으로 국가의

---

4) 京都史蹟會, 1979, 「寄朝鮮國三官使」『林羅山文集』卷14, ぺりかん社.

아라이 하쿠세키(新井白石 : 1657~1725)
에도시대 중기의 유학자. 쇼군 도쿠가와
이에노부의 학술고문으로 여러 정치개혁을
단행하였고, 특히 조선과의 외교개혁에도
적극적.

식을 드높이기 위함이었다. 이러한 의도는 조선 주자학의 영향으로 보인다. 그는 또 일본 쇼군과 조선국왕을 대등한 의례관계 즉 敵禮관계로 전환키 위해 통신사 파견에 대응하는 답례사절의 파견 등을 시도하기도 했으나 조선에 의해 거부되었다.5)

라잔 이후 조선과의 외교를 개혁하고 구체적인 조선관을 표현한 유학자로 아라이 하쿠세키(新井白石: 1657~1725)를 빼놓을 수 없다. 그는 쇼군 이에노부(家宣)의 정치고문으로서 1711년 통신사의 도일과 관련, 조선과의 외교개혁을 과감히 단행한 인물로 유명하다. 그는 25세인 1682년 조선에서 온 통신사를 찾아가 自作 시집 100편을 제시하고 그 서문을 써줄 것을 요청한 적이 있었다. 이에 製述官 성완은 서문을 써 높이 평가해 주었다. 이 소식을 들은 당대의 저명한 유학자 기노시타 준안(木下順庵)은 하쿠세키를 선뜻 제자로 맞아들였다. 조선학자에게서 자작시집의 서문을 써 받았을 정도라면 문하생으로 맞아들여도 손색이 없을 것이라 믿었기 때문이었다. 그 뒤 하쿠세키는 준안의 추천으로 뒷날 쇼군이 되는 이에노부의 학술고문이 될 수 있었다. 이처럼 하쿠세키의 출세에는 다름 아닌 조선학자의 평가가 중요한 동기가 되었던 것이다.

---

5) 이하 '막부측 유학자의 조선관'에 서술하는 내용은 典據를 괄호 안에 명시하지 않는 한 민덕기, 2007, 『前近代 동아시아 세계의 韓·日관계』, 경인문화사, 제7~제8장을 참고하였다.

에도시대 쇼군은 형식상으로는 천황의 신하였으며 유교적으로도 治
者가 아니라 覇者라는 입장에 있었다. 하쿠세키는 그러한 쇼군의 지위
를 극복하여 중국이나 조선의 帝王과 같은 존재로 격상시키기 위해 조
선과의 외교개혁을 단행한다. 라잔이 조선과의 외교관계에 쇼군의 상위
적 존재로 천황을 의식하고 있었다면, 하쿠세키는 천황을 정치에서 완전
소외시키고 쇼군을 제왕으로 자리매김하여 조선국왕과 대등화하려 한
것이다. 그러므로 그는 전통적으로 천황으로 인식된 국왕칭호를 조선측
국서를 통해 쇼군에게 부여했다. 그의 國體意識은 일본(쇼군)과 조선(국
왕)과의 대등관계였던 것이다.

여기서 하쿠세키의 조선관을 명확히 읽을 수 있다. 일본 전통상의 관
념인 천황·쇼군간의 상하관계를 해체시키기 위해 그는 그 어떤 권위보
다 조선의 권위를 중시하고 있었던 것이다. 그가 신숙주의『海東諸國紀
－朝聘應接紀』의 주석을 달아 번역하는 등 조선의 의례를 연구하여 참
고한 것도, 조선을 의례질서를 지향한 선행왕조로서 인정하였기 때문이
었다. 그가 조선의 서적을 어느 정도 탐독하였는가는 자신의 저술에 조
선서적을 13권이나 인용하고 있는 것을 보아서도 알 수 있다.

그러나 그의 조선관은 정치적 목적에 기인한 것인 만큼 상대성을 띠
고 있었다. 그의 외교개혁에 대해 1711년 도일한 통신사가 격렬하게 저
항하고, 개혁을 수용한 통신사가 귀국해서는 국체 손상의 이유로 조선
조정에 의해 처벌받게 되자, 그의 조선관은 후술하듯 크게 전환된다. 조
선측의 이러한 자세는 조선의 권위에 의존하여 쇼군의 제왕화를 기도했
던 그에게 좌절을 안겨준 결과가 되었기 때문이다. 이에 그는 통신사 접
대를 기존의 에도가 아닌 변방인 대마도에서 거행하자는 이른바 易地聘
禮를 제안하게 된다.

하쿠세키의 도요토미 히데요시(豊臣秀吉)에 대한 비판은 다른 유학자
들보다도 적극적이었다. 그는 히데요시의 조선침략행위를 '天報'에 의해

자멸하는 원인이 되었다고 평가하고, 임진왜란의 조선측 피해를 "서울과 평양이 함락당하고 先王의 陵墓가 파괴되는 등 그 피해는 7년 동안 계속되었다. 100년이 지난 지금도 일본식으로 환산하면 700만석이 산출될 정도의 토지가 황무지로 방치되어있다." 라고 구체적으로 표현하고 있다.

그런데 조선과 講和한 이에야스에 대해서는 다음처럼 적극적인 평가를 아끼지 않고 있다.

> "임진년에 일본과 조선과의 전쟁이 일어나 그 禍가 7년에 미쳤다. 히데요시가 죽자 일본의 군사는 겨우 돌아올 수 있었다. … 조선의 君臣도 明의 天子에 의해 그 환난을 구원받아 나라를 유지할 수 있었다. 그러나 明의 군사가 조선에 주둔하면서 끼친 폐해가 일본군의 兵禍에 견줄 정도에 이르자 조선이 그 대책을 강구하던 중, 일본 정국을 장악한 이에야스가 히데요시의 조선침략을 前代의 잘못으로 시인하여 이를 고치겠다고 표명하고, 일본군에 의해 잡혀온 조선인들을 송환하길 전후 3천명에 이르자 드디어 양국의 강화가 성립되었다. 그로부터 지금까지 조선의 인민이 국방의 염려를 잊은 지 1백년에 이르렀다. 그러므로 이러한 조선을 再造한 일본의 은혜를 조선의 君臣이 길이 잊어서는 안 될 것이다."

즉 이에야스가 히데요시의 조선침략행위를 '非'로 인정한 강화요청의 국서를 보내고 잡아왔던 조선인 3천명을 송환하자 조선이 강화에 응했다고 서술하고 있다. 그리고 이러한 이에야스의 행위로 인하여, 일본군의 兵禍만큼 폐해가 컸던 조선 주둔의 明의 군대가 철수했고 일본의 군사적 위협도 불식되었으므로, 조선은 일본에 '朝鮮 再造의 은혜'를 입었다고 평가하고 있다. 이는 토요토미정권을 타도하여 성립한 토쿠가와정권의 정당성과 평화적 외교를 과대평가한 것이지만, 에도막부를 王朝로 간주하려는 그에게 그 開祖인 이에야스가 어떠한 존재로 인식되고 있었는가를 보여주는 단적인 예라 하겠다. 그런데 그러한 이에야스을 조선이 '倭酋'로 기록하고 있다고 그는 다음처럼 분개하고 있다.

"조선인은 항상 이웃나라와의 교제는 예의와 신의로 해야 한다고 말하고 스스로도 예로부터 조선은 예의의 나라였다고 칭하고 있다. 일본에 대해서도 隣好를 잇고 聘禮를 닦기 위함이라고 하며 통신사를 파견하지만 조선 국내에서는 倭情을 정탐하기 위한 사절로 자리메김하고 있다. 일본에 대해서는 국왕(쇼군)을 존경한다고 하면서 국내에서는 쇼군을 賤한 칭호로 倭酋라 부른다. 그렇다면 어찌 예의와 신의가 있는 행동이라 하겠는가? 어찌 (조선을) 예의의 나라라 칭할 수 있겠는가? 이는 참으로 옛날부터 전해오듯 濊貊의 國俗이라 말하지 않을 수 없다. 예맥이란 동방의 夷地로서 지금의 조선 지역이다."

"조선과는 길이 隣好를 맺어야할 나라가 아닌 까닭이 있다. 즉 조선 역대의 서적에는 대체로 일본을 조선에 복속된 나라처럼 기록하고, 심하게는 倭酋·倭奴·倭賊이라 기록하는 등 도저히 다 표현할 수 없을 정도이다. 酋란 야만인의 우두머리를 칭하는 것이고, 奴나 賊은 사람을 심하게 천시하는 말이다."

그는 조선이 대내적으로 이에야스을 비롯한 역대 쇼군을 왜추라 칭하고 통신사의 파견도 倭情을 정탐하기 위한 것이라며, 예의와 신의를 가지고 일본과 교제한다는 조선의 주장은 거짓에 불과하다고 단정하고 있다. 그러므로 조선을 예의의 나라가 아니라 옛날 미개했던 시절의 칭호인 예맥이라 칭하는 것이 옳다고 비난하고 있다. 또한 조선의 역사서가 일본을 복속국처럼 기술하고 일본인을 倭酋·倭奴·倭賊이라 기록하고 있다고 구체적으로 비판하고 있다.

그러면 하쿠세키를 분개하게 한 조선서적이란 어떤 책일까? 1719년 통신사의 제술관으로 도일한 신유한은, 오사카에서 김성일의 『해사록』·유성룡의 『징비록』·강항의 『간양록』 등이 출판되어 있는 것을 보고, 적대국 일본을 정탐한 비밀스런 조선의 기록들을 오히려 적국인 일본에 고하는 결과가 되었다고 안타까워하고 있다.6) 이 책들은 임진왜란 전후에 쓰여진 것들로 일본을 '불구대천지원수'로 묘사하고 있다. 하쿠세기는

---

6) 신유한, 『해유록』 11월 4일조.

이미 이 책들을 탐독했을 것임에 틀림없다. 그러나 그는 그 책들의 내용에는 분개하고 있으면서, 그 책들 속에 왜 그러한 일본관이 나타나게 되었는가에 대해서는 고려하고 있지 않는 듯하다.

하쿠세키는 또 조선의 對日 외교를 "일본의 정세를 정탐하여 明의 천자에게 奏聞하기 위함이었다"고 하여, 조선이 對중국 외교의 연장선상에 對日 외교를 자리매김하고 있다고 평가하고 있다. 그는 이어서, 이렇듯 조선이 교활하며 거짓이 많고, 이익이 보이면 곧 신의를 저버리는 '蠻貊'의 습속을 가진, 天性이 원래 그러한 민족이라고 혹평하고 있다. 또한 淸에게 明이 멸망될 때 조선은 이를 수수방관하고 있었다고 주장하고, 이는 임진왜란 때 '屬國' 조선을 구원해 준 명나라의 은혜를 망각한 행위로, 이처럼 신의가 없는 조선이었으니 어찌 일본에 '隣誼'를 가지고 있겠는가고 비난하고 있다.

그는 통신사가 일본에서 행한 詩作·唱和행위에 대해서도, 임진왜란 이후 武力으로 일본을 제압할 수 없음을 깨달은 조선이 文事로 일본에 示威하려 한 것이었다고 비판하고 있다. 그러나 前近代 유교문화권의 士大夫에게 詩作과 창화행위는 일상적이고 사교적인 행위였다. 詩文에 능하여 조선에도 잘 알려졌던 그가 그같은 사실을 모를 리 없었을 것이다. 그런데도 이러한 비판적 시각을 보인 것은 조선에 대한 강력한 대항심리가 작용한 결과에 다름 아니다. 그는 또 일본인은 열심히 한자를 배워 漢詩文을 짓는데, 조선인은 일본의 와카(和歌) 하나를 제대로 짓지 못하고 있다고 하고, 이는 조선인에 비해 일본인의 재능이 우수하기 때문이라고 평가하고 있다.[7] 여기에서도 그의 조선에 대한 대항심리를 읽을 수 있다.

하쿠세키의 이상과 같은 조선 비난은, 자신이 맞이했던 통신사가 귀국해 조선 조정에 의해 처벌된 이후에 대부분 나타나고 있는 것으로서, 그

---

7) 『日本の思想 13 - 新井白石集』, 319~320쪽.

이전의 것보다 當代的이고 논리적이며 구체적이다. 그런데 고대의 양국 관계에 한해서는 이미 통신사의 도일 이전부터 日本書紀的 조선관을 그대로 신봉하고 있다. 즉 조선은 神功皇后의 三韓정벌 이후 日本府가 설치되어 460여년간 통치한 일본의 속국이었다고 주장하고, 조선이 역사서에서 일본을 '外藩'처럼 기술하고 있는 것은 일본의 속국이었던 사실을 수치로 여긴 까닭에서라고 분석하고 있다. 그는 고대 이래 일본의 유일불변의 군주처럼 천황을 묘사한 '天孫降臨' 說을 부정하고 신격화된 천황을 인간으로 끌어내리려 한 역사학자였다. 그러한 합리적인 역사의식을 가진 그가 日本書紀的 조선관에 집착했다는 것은, 조선에 대한 우월의식의 근거로서『일본서기』외에 적절한 것이 없었기 때문이었을 것이다.

무로 큐소(室鳩巢: 1658~1734)는 쥰안의 문하생이었으므로 하쿠세키의 후배에 해당되며 1711년 그의 추천에 의해 막부의 儒官이 되었다. 큐소는 중국과 조선을 문화적 선진국으로 보는 학자적 인식을 갖고 있었다. 즉 그는 근간에 중국과 조선에서 매년 서적을 들여와 이를 출판하여 많은 서적이 널리 유포되었다고 진단하고, 이는 일본이 개벽한 이래 처음 있는 상황이며, 이러한 다행스런 절호의 기회에 학문에 힘쓰지 않으면 안 된다고 독려하고 있다.[8]

큐소는 하쿠세키가 주관했던 1711년의 통신사의 도일을 막부측이 來聘이라 표현했다가 하쿠세키가 실각한 후인 1719년의 통신사의 도일에 대해서는 來朝라 표현하고 있는 것에 대하여, '내빙'과 '내조'의 의미 차이조차도 모르는 막부 관료들의 무식한 소치라고 비난하고 있다. 그는 '내빙'이 대등한 나라(敵國)의 사절에 대해, '내조'가 조공국 사절에 대해 사용되고 있음을 지적하여 조선과의 외교가 어디까지나 대등관계임을 명확히 하고 있다. 그가 막부를 朝廷이라 표기하고 막부에 파견된 천

---

8)『日本思想大系34 - 貝原益軒·室鳩巢』, 347쪽.

오규 소라이(荻生徂徠 : 1666~1728)의 글씨
에도시대 중기의 사상가로 주자학의 고전
해석을 비판한 그는, 도쿠가와 요시무네에게
발탁되어 정치개혁을 주장.

황의 사자를 來聘使라 기록하고 있는 것도, 천황과 쇼군을 동렬에 놓으려 하는 그의 명확한 정치관을 보여주는 것이라 하겠다.

그는 또 조선과 淸의 관계에 대해, 조선이 청과 책봉관계에 있으므로 황제칭호를 삼가고 국왕을 칭하고 있지만 청이 없었다면 황제를 칭했을 것이며, 조선의 내정에 청은 간섭하지 않고 있다고 평가하고 있다. 이는 쇼군과 천황과의 관계를 설명한 가운데 제시된 논리이다. 즉 쇼군이 천황을 배려하여 천황 칭호는 삼가야 하지만 국왕 칭호는 무방하다, 천황은 일본국정에 전혀 관여할 수 없는 존재다, 라는 논리전개에 조선이 비유되었지만 그의 객관적인 조선인식이 잘 반영된 것으로 평가될 수 있다.

큐소와 같은 시대의 유학자로 오규 소라이(荻生徂來: 1666~ 1726)가 있다. 그는 공자·맹자의 경전을 탐구하여 유교 본래의 정신으로 돌아가자고 주장한 古文辭學派였다. 제5대 쇼군 츠나요시(綱吉)와 제8대 쇼군 요시무네(吉宗)에게 학술을 강의하였던 그는 요시무네에게 증정한 의견서 『政談』에서, 일본쇼군과 조선국왕과의 대등관계 정립을 위한 제안을 다음처럼 하고 있다.

통신사의 三使(正使·副使·從事官)를 일본의 고산케(御三家: 막부의 세 종친 다이묘)가 접대 하는 것이 관례화된 것은 삼사가 조선국왕의 관품으로 3품이고 고산케가 일본천황의 官位로 3위라는 이유에서였다. 이렇게 3품과 3위라는 官等을 중시한다면 삼사가 천황에게 파견되어야 한다. 그러나 일본의 외교권자는 엄연히 쇼군이므로 삼사가 파견되는 대상

은 막부이어야 한다. 막부를 중심으로 할 경우 고산케는 막부의 종친이
므로 1위에 해당되며 조선에서는 1품이 대등하다. 그런데도 고산케가 3
품인 삼사의 접대역을 맡는 것은 조선국왕에 대해 쇼군이 하위가 되는
것이며 이는 국체를 손상시키는 결과가 된다. 이를 시정하기 위해선 쇼
군을 정점으로 한 새로운 品階제도로서 勳階制를 만들어야 한다. 훈계
제로 3등에 해당되는 자를 선출하여 삼사의 접대역으로 설정하면 조선
측도 이해할 것이다.

여기서 소라이는 실제적 통치자이면서 외교권자인 쇼군을 조선국왕과
동격에 놓는 일이 국체를 유지하는 것이라고 주장하여, 천황의 官位制
가 아닌 쇼군이 관장하는 훈계제를 제안하고 있다. 이 제안은, 같은 이유
로 삼사의 접대역에서 고산케를 제외시킨 하쿠세키의 개혁노선과 일치
하는 것이다. 하쿠세키나 큐소 및 소라이는 이처럼 천황을 정치에서 완
전히 배제된 존재로 인식하고 쇼군과 조선국왕과의 대등관계 실현을 목
적으로 하는 조선관을 전개하고 있다. 그들에겐 儀禮的으로 조선국왕이
쇼군보다 상위에 있는 외교 현실을 도저히 묵과할 수 없었던 것이다.

Ⅳ. 지방 유학자들의 조선관

막부의 정치와 무관한 유학자로 우선 구마자와 반잔(熊澤蕃山: 1619
~1691)를 들 수 있다. 그는 양명학자로 오카야마(岡山)藩에서 영주의
지원하에 藩政의 개혁에 참여하던 중 막부의 정치를 비판한 이유로 유
배당하여 獄死한 인물이다.

반잔은 중국이 스승의 나라로서 일본을 비롯한 모든 나라들이 중국의
제도를 수용하여 배웠다고 말하고, 西戎·南蠻·北狄과는 달리 일본과 조
선 및 유구는 중국과 문자를 통한다고 하여 한자 사용 여하를 차별의

구와자와 반잔
(熊澤蕃山 : 1619~1691)

에도시대 前期의 유학자. 양명학자로서
막부의 정치를 비판했다가 연금형에 처한
상태에서 사망.

야마가 소코
(山鹿素行 : 1622~1685)

에도시대 前期의 유학자. 주자학을
비판하고 古學을 제창.

기본요소로 삼고 있다. 그러면서도 중국과 문자를 통하는 세 나라 중에
서는 일본이 중국에 버금가는 우수한 나라라고 조선·유구와 구별하고
있다. 반잔은 그 이유를 '天照皇·神武帝의 德'(天照大神·神武天皇의
德)에 의한 것이라 내세우고 있으나 이에 대한 설명은 생략하고 있다.[9]

야마가 소코(山鹿素行: 1622~1685)는 주자학 이전의 유학 연구인 古
學을 제창한 사람이다. 그는 주자학의 추상성을 비판하여 막부에 의해
유배되기도 했다. 그 또한 반잔처럼 중국·일본·조선을 天地의 中道에
해당하는 우수한 나라이며 인물이 배출되는 지역이라 하여 다른 지역인
'四夷八蠻'과 구별하고 있다. 그러면서도 조선에 대해서는 2회의 멸망과
4회의 역성혁명을 가진 나라라 하여, 아마테라스 오미카미(天照大神)의
후예로 역사 이래 정통을 지속했다는 일본과 차별하고 있다.

---

9) 이하 '지방 유학자의 조선관'에서는 괄호 안에 典據를 명시하지 않은 한, 矢澤康祐
   주 1) 앞의 논문 ; 민덕기, 주 5) 앞의 책 ; 민덕기, 2006, 「근세일본외교의 두 얼굴,
   호슈와 하쿠세키」『한일관계 2천년(근세) – 보이는 역사, 보이지 않는 역사』, 경인
   문화사를 주로 참고하였다.

그는 한·일 양국의 고대관계에 대하여, 天神으로부터 스미요시(住吉) 천황에게 하사한 나라가 고려로 그 곳에 일본의 府가 설치되었고, 또한 삼한을 평정하여 일본에 조공을 바치게 했다고 논하고 있다. 그의 이러한 인식은 日本書紀的 조선관을 무비판적으로 수용한 것이다. 그러나 히데요시의 조선침략에 대해서는 "일본내 제후의 저항을 조선침략으로 사전에 소모시키려고 한 것에 불과하다. 내가 正을 가지고 타인의 不正을 正으로 하는 것이 征일진대 히데요시는 그렇지 못했다"고 비판하고 있다.

그는 현실적인 조선 멸시의 근거로서, 그 풍속이 심히 천박하고 불교를 숭상하여 왕의 자제는 반드시 승려가 된다는 점, 귀신과 巫術을 믿어 경서에 無知하다는 점을 꼽고, 그러므로 文武 모두 일본에 미치지 못한다고 보고 있다. 그리고 조선은 특히 武義를 알지 못하여 武器弓馬도 마땅치 않고 때로는 거란에 복종하고 혹은 大明에 속하기도 했다고 하고, 이에 비해 일본의 武勇은 주변국의 두려워하는 바가 되어 한 차례도 일본 영토를 탈취당한 바가 없다하여 武勇의 우수함을 자랑하고 있다.

반잔이 중국을 스승의 나라라고 한 것에 비해 소코는 이를 부정하고 있다. 즉 그는 중국을 '外朝', 일본을 '中朝' '中華'로 표현하여 중국에 대한 일본의 우위를 강조하고 있다. 그리고 일본과 대등한 나라는 중국이므로 중국이 일본의 외교 상대가 될 수 있지만, 조선은 옛부터 일본의 속국이었으므로 선린관계를 맺을 상대가 아니라고 부정하고 있다.

가이바라 에키켄(貝原益軒: 1630~1714)은 후쿠오카(福岡)藩의 유학자로 藩의 교육과 경제개혁에 큰 업적을 남긴 사람이다. 그의 조선관은 일본과 비교하는 논리를 띠어 소코보다 구체적이다. 즉 조선이 토지제도와 법제도에서는 우수하지만 인물의 성질은 일본에 미치지 못하며, 체형은 조선인이 튼튼하지만 武勇은 일본이 우수하고, 조선의 예의·법제·의관·문물은 中華에 필적하지만 인품은 모두 "多慾·柔弱·不義·不信하여

가이바라 에키켄
(貝原益軒 : 1630~1714)
에도시대 유학자.
本草學者이며 庶民 교육가로
유명.

심히 비열하다"고 적고 있다(『扶桑記勝』卷 8). 그는 일본이 지리적 위치와 기후, 節義와 武勇 및 禮法이 우수하여 중국이 君子國이라 칭했다고 평가하고, 그러나 학문만은 중국에 미치지 못한다고 그 한계를 자인하고 있다.[10] 이로 보아 에키켄이 소코에 비해서는 상대적으로 객관적인 세계관을 가지고 있었음을 볼 수 있다.

에키켄은 히데요시의 조선침략에 대해서 "가난한 군사를 가지고 교만과 분노에 의해 출병했으므로 義兵이라 할 수 없다. 또한 부득이한 전쟁이 아니라 싸움을 즐긴 까닭에 그리한 것이다. 이는 天道에 반하는 것으로 결국 망하는 것은 애초부터 예정된 것이었다"고 비판하고 있다. 그러나 고대의 양국관계에 대해서는 신공황후의 신라정벌 이후 조선이 매년 일본에 조공을 바쳤다고 하여, 日本書紀的 조선관을 무비판적으로 계승하고 있다.

유학자인 아메노모리 호슈(雨森芳洲 : 1668~1755)는 對馬藩의 외교관으로 30년 동안 조선과의 외교업무를 담당했고 부산의 왜관에도 오랫동안 체류하며 많은 조선인과 직접 교류했던 사람이다. 그러므로 그는 조선의 문화와 관습에도 밝았고 이를 바탕으로 조선 소개서인 『交隣提醒』을 펴냈다. 일본 최초의 조선어 학습서였던 『交隣須知』도 조선어에 능통했던 그가 만든 것이었다.

그러므로 그의 조선관은 체험적이고 현실적인 것이었다. 그는 조선과

---

10) 『日本思想大系34 − 貝原益軒·室鳩巢』, 83쪽.

의 교류가 조선의 풍속과 문화를 이해하는 데서 출발해야지, 결코 일방적으로 일본의 논리나 요구를 주장하는 것은 양국의 우호를 저해하는 것이 된다는 입장이었다. 그러므로 임진왜란에 대한 평가도 적극적이었다. 즉 히데요시가 명분 없는 전쟁을 일으켜 7년간 양국 인민에게 비참한 피해를 끼쳤다고 비난하고 있다(『交隣提醒』『隣交始末物語』).

그는 또 조선에선 농민이 농업에 전념하며 인정도 돈독하다고 하고, 이는 "일본의 풍속과는 큰 차이가 있다. 일본은 무로마치시대부터 화려함을 서로 경쟁하며 태평을 노래하여 점차 나태해졌다. 그러나 이처럼 양국이 다른 것은, 조선은 중국과 연접하고 있으며 다른 외국에 대한 위협도

아메노모리 호슈
(雨森芳洲 : 1668~1755)
에도시대 유학자.
조선어에 통달하였고 대마도 藩에
중용되어 왜관에도 근무했던
朝鮮通으로 조선어 학습서인
『交隣須知』를 저술

있어 방심할 수 없어 그럴 것이다. 敵國의 外患이 있는 것은 나라로서는 다행으로 생각된다. 일본은 그러한 두려움도 없기 때문에 정치도 쇠퇴하고 풍속도 점차 퇴락하고 있다", 라고 하여 조선의 外敵에 대한 긴장이 조선으로 하여금 사회질서와 기강을 세우는 역할을 한다고 태평한 일본과 비교하며 긍정적으로 평가하고 있다.[11]

그는 준안의 문하생이었으므로 하쿠세키와 同門이었지만, 하쿠세키 등의 막부측 유학자들과는 다르게 쇼군을 국왕으로 칭하는 데엔 극력 반대하고 있다. 쇼군은 어디까지나 覇者에 불과하며 천황만이 帝王이라 하여 주자학적 명분론에 충실한 입장을 견지하고 있다. 그는 또 일본을

---

11) 『日本經濟大典6 - 兼山秘策2』, 336쪽.

東夷로 설정하고 있다. 즉 중국이 예로부터 주변민족을 西羌(西戎)·南蠻·北狄이라고 '羊' '虫' '犬'을 넣어 표현했지만, 東夷만은 '大'와 '弓'을 합쳐 '夷'라 한 것은, 일찍이 大弓을 사용한 민족이 다름 아닌 일본이었기 때문이라고 설명하고 있다. 그리고 중국에서 처음으로 문자를 만들 때 이미 동방에 君子가 있음을 알고 '夷'란 문자를 적용했다고 논하여 일본을 '君子의 나라 東夷'라고 설정하고 있다. 그러므로 공자가 일찍이 칭찬했던 '九夷'도 다름 아닌 일본을 가리킨다고 말하고 있다. 그는 또 조선이나 중국과는 다르게 일본만이 순박하고 후덕한 민족이라 평가하고 있다.

나카이 치쿠잔(中井竹山: 1730~1804)은 오사카의 儒者로 그의 조선관은 1788년 막부에 건의한 의견서인 『草茅危言』의 「朝鮮の事」에 잘 나타나있다.[12] 그는 여기에서 하쿠세키의 주장을 계승하여 통신사를 대마도에서 접대하자는 易地聘禮를 제안하면서 조선멸시관을 곳곳에 드러내고 있다. 이에 그의 역지빙례 제안과 조선멸시관이 어떤 상관관계를 갖고 있는가 살펴보자.

「朝鮮の事」는 4개조로 되어있으나 조선멸시관이 표현된 곳은 제1조와 제4조이다. 우선 제1조에서는 神功皇后의 遠征 이래 '韓國'은 일본

에 복종·조공하여 속국으로서 오랫동안 있었으나 현재의 형세는 달라졌다고 하고, 그 이유는 이에야스가 에도막부 초기 히데요시의 잘못된 전쟁을 끝맺고 임기응변으로 외교관계를 맺었기 때문이며, 그러므로 "조선도 이전처럼 일본의 천황이 있는 '皇京'(교토)에 조공하지

나카이 치쿠잔(中井竹山: 1730~1804)
에도시대 중기 오사카의 유학자

12) 『草茅危言』의 「朝鮮の事」.

않게 되고 다만 '江都'(에도)에 사절을 보내게 되니 속국이라 하기 어렵고, 聘使를 접대하는 데에도 客禮로 하지 않을 수 없었다"고 설명하고 있다. 즉 과거에는 속국이었으나 현재는 대등한 국가이므로 그 聘使를 맞이하는 데도 客禮로 해야 했다고 말하고, 그 이유를 히데요시의 조선침략을 마무리하기 위해 임기응변을 벌였기 때문이라고 평가하고 있다. 이는 이에야스가 조선침략을 '非'로 인정한 講和 서한을 조선에 보낸 사실을 말한다.

그리고 일본의 영주들이 국력을 과시한다고 통신사에게 과다한 접대를 하여 일본 전체가 빈궁하게 되었다고 지적하고, "원래 보잘 것 없는 '偏邦'의 사자에 대해, 지금은 속국이 아니라고 하지만 이처럼 천하의 재화를 쏟아 부어 접대할 필요는 없다", 라고 하여 통신사에 대한 과중한 접대를 '過去의 屬國'이란 논리로 문제시하고 있다. 그러면서도 막부가 이 폐해를 숙지하여 '韓聘'(통신사)의 도일을 잠시 중단시킬 수도 있겠지만, 통신사의 도일은 관례이므로 접대규모를 크게 축소시켜 영주들의 부담을 줄여야 한다, 고 대안을 제시하고 있다.

제4조에서는, "韓人의 來聘은 隣交의 예의로서 없어서는 안되지만 현재는 크게 양국을 고통스럽게 하고 있으니 서로 생략하고 간략화하여 隣交의 禮만 세울 수 있다면 족할 것이다", 라고 통신사의 에도왕래에 의한 양국의 부담을 상호 감소시키자고 제안하고 있으나 대등한 '隣交의 禮'를 훼손시켜서는 안 된다고 전제하고 있다. 그리고 구체적으로 '彼方'(조선측)도 소규모 사절로 국서와 한정된 聘物만을 가지고 대마도로 오고, '此方'(일본측)도 답서와 禮幣를 대마도까지 보내어 쌍방이 예를 마치고 돌아온다면 이는 조선측으로서도 크게 기뻐할 것이다, 라고 하여 의례의 대등한 축소를 제안하면서 조선측의 적극적인 찬동도 기대하고 있다. 그는 이러한 개혁이 갖는 국내적인 의미로서 막부나 영주들의 부담경감과 백성들의 안식이 예상된다고 평가하고 있다.

그런데 그는 덧붙여, 옛날 조선이 속국이었을 때엔 천황에게 '日本國
皇帝陛下'란 表文을 올리면서 80척의 歲貢船을 보냈었다고 주장하고
있다. 그러나 이제 시대가 변하여 천황의 권위도 쇠퇴했으므로 다시 그
같은 족적을 밟을 수도 없게 되었다, 라고 어디까지나 '속국 조선'을 과
거의 사실로 제한하여 평가하고 있다. 그리고 다시, '絶域의 韓人'(통신
사)을 멀리에서 오게하는 것은 막부의 권위를 높여주는 일이지만, "옛일
을 가지고 생각하면 천년의 속국이었던 '小夷'인 조선을, 형세에 의한
것이라고는 하지만 隣交를 가지고 抗禮케 하는 일은 만족스런 소망은
아니다", 라고 하여 역지빙례의 제안 이유를 설명하고 있다.

이렇게 보면, 치쿠잔의 朝鮮屬國觀은 현재에는 계승될 수 없는, 어디
까지나 과거의 사실로 한정시켜 피력되고 있다. 다만 제4조의 마지막부
분에서, 속국이었던 조선과 隣交·抗禮함은 불가하므로 역지빙례를 제안
한다고 설명하고 있는 것은 주목된다. 역지빙례의 제안을 대등관계의 후
퇴 논리로 설명하고 있기 때문이다. 그러나 이것은 같은 조의 앞부분에
서 隣交·抗禮의 최소한의 유지를 전제로 한, 양국 의례의 간소화를 구체
적으로 설명하고 있는 것과 상호모순 된다. 실제 의례적 측면에서도 조
선사절만이 에도에 오고 일본사절은 서울에 가지 못하는 것은 의례에 어
긋나는 것으로 대등한 관계가 아니다. 치쿠잔은 이러한 불평등관계를 일
본측의 재정 빈곤을 기회로 삼아 변화시켜야 한다고 주장하고 있으나,
표면적인 이유로는 과거에 속국이었던 조선에게 일본이 거국적인 접대
부담을 해야겠는가, 라는 논리로 위장시키고 있는 것이다.

그런데 치쿠잔은 제2조에서, 조선이 武力으로 일본에 대항할 수 없게
되자 그 대신 文事를 가지고 일본을 능멸한다고 전제하고, 일본이 학문
에 어두운 것을 이용하여 巡視·淸道·令이라 쓴 깃발을 통신사가 일본에
서 치켜들고 다니고 있다고 다음과 같이 비난하고 있다. 즉 '巡視'는 領
內를 순시한다는 뜻이므로 조선이 일본을 속국시하여 사자를 파견하여

순시한다는 의도이고, '淸道'는 도로를 청소하라는 뜻으로 통과하는 지역의 다이묘들에게 이를 명령하는 것이며, '令'은 일본에 호령하니 이를 잘 받들라는 의미를 갖는다고 분석하고 있다. 또 이 깃발들은 淸 사절이 조선에서 들고 다니는 것을 모방한 것이라고 추측했다. 그는 이러한 행위를 조선의 공공연한 일본 모욕으로 단정하고 중지시킬 것을 주장하고 있다.[13] 그러면서도 1711년 통신사측에 행한 하쿠세키의 강압적인 개혁방법은 중국 戰國시대나 있을 수 있는 일로 선린관계의 유지에 어긋난다고 하여, 조선에 사전에 통보하여 개선케 해야 한다고 하고 있다.

그리고 제3조에서는 우선, 文事에 능한 '韓使'에게 접촉하는 일본측 유학자들의 수준이 낮다고 비판하고 있다. 그리고

> "에도·오사카·교토에서는 평민들마저 연줄만 있으면 조선사절의 숙소에 들어가 使臣과 詩文을 贈答하려 하고, 官에서도 이를 금지하지도 않으니 속 빈 무리들도 앞 다투어 나서므로 숙소는 마치 시장바닥처럼 붐빈다. 조잡한 시문을 가지고 와 사절을 함부로 만나려 하는데, 심지어는 전혀 무식한 무리들이 일백일이나 걸려 겨우 詩 한 수를 지어 품에 넣고 와서는 무릎으로 기어들어가 머릴 조아리며 그것을 바치고, 한 편의 和韻(答詩)이라도 얻으면 이를 평생의 영광으로 여겨 사람들에게 자랑하니 가소로운 일이다. 이러하

---

13) 이러한 치쿠잔의 비난은 합당하지 않다. 이 깃발들은 청과 君臣관계를 맺기 이전에 조선사절이 이미 일본에서 들고 다녔으므로 청의 사절을 본 딴 것이 아니다. 즉 1617년의 사절 吳允謙의『東槎上日錄』8월 28일조에 '令'의 깃발이, 1636년의 사절 任絖의『丙子日本日記』10월 19일조에 '巡視' '令'의 깃발이 등장한다. 조선이 청과 군신관계를 맺는 것은 병자호란이 끝난 1637년 1월 말이었다. 그리고 깃발의 文字는 일본측에 대한 명령을 뜻하는 것이 아니라, 도합 사오백명이나 되는 조선사절을 자체 통제하기 위한 사절의 내부용이었다. 위의 오윤겸의 8월 28일조 기록은, 사절측의 사졸과 일본측 경호원과의 싸움이 일어나자 '令'의 깃발을 가져가 조선사절을 포박케 했다는 내용이다. 임광의 10월 19일 기록도 대마도에서 종씨가 베푼 연회에 사절을 도열시키는데 '巡視' '令'의 깃발을 동원했다는 내용이다. 그럼에도 치쿠잔이 이렇게 굴절된 시각으로 조선사절을 바라본 이유는 무엇일까? 아마도 그것은 유학자로서 가진 조선에 대한 문화적 콤플렉스였을 것이다.

巡視 · 淸道 · 令이란 깃발

니 사절은 일본인을 멸시하여, 일본인의 시를 수십편 앞에 쌓아놓고, 붓 가는대로 맡겨 이에 和하는데 그 중에 聲律이 틀리거나 音이 맞지 않는 시가 있으면 먹을 묻혀 연신 내팽개친다. 그것을 좌중의 일본인들이 무릎걸음으로 걸어 나와 품안에 주워 넣고 물러나는 둥 한심한 일이 끝이 없다. 그리고 사신이 文鎭 대신 다리를 뻗어 발꿈치로 종이를 누르며 答詩를 쓰는 등의 일은 지극히 무례한 일로 일본의 큰 치욕이라 아니할 수 없다"

라고 하여, 일본인들의 통신사에 대한 굴욕적인 선망의 태도와 이에 결과된 통신사측의 오만한 행위를 비난하고 있다. 그리고 그는 실제 1763년 통신사가 머무는 客館에 찾아갔을 때에도 그러한 광경을 목격했다고 술회하고, 이 때문에 학문적 재능이 있는 사람은 애초부터 '韓人'과의 접촉을 피하지만, '韓人'은 이를 모르고 일본에는 인물이 없다고들 하게 되니 탄식할 일이라고 안타까워하고 있다. 그는 이에 대한 대책으로서, 각 다이묘들에게 명하여 유학자 및 학문적 재주가 있는 사람을 미리 제한·엄선하여 통신사에게 접촉케 하자는 의견을 펴고 있다. 그리해야 客館에서 조용하고 느긋하게 필담 증답을 할 수 있고, '漢人'(韓人)도 일본에 인물 있음을 알게 되어 옷깃을 여미며 경망스런 태도를 멈출 것이라고 평가하고 있다.

이렇듯 치쿠잔은 국가재정의 빈약을 이유로 역지빙례를 대안으로 제시하고 있다. 그러나 제2·제3조를 통하여 통신사측의 깃발을 통한 일본

멸시와 일본인들의 통신사에의 자기비하적인 접근을 근본적으로 불식시키기 위해서도 일본 내지에 사절을 들이지 않고 변방인 대마도에서 의례를 행하게 하자고 간접적으로 주장하고 있다. 그런데 왜 그는 역지빙례 제안에 '과거의 속국 조선'론을 곳곳에서 늘어놓고 있을까? 통신사의 에도왕래는 이에야스 이래 에도막부의 祖宗之法이었으므로 역지빙례로 변화하는 데엔 명분이 필요했던 것이다. 치쿠잔은 그 명분을 막부의 체면을 고려하여 재정궁핍이라는 경제적 이유에서 우회하여 조선이 '과거의 속국'이었다는 논리로 찾으려 했던 것이다. 이러한 명분용 조선멸시관은 전술했듯이 하쿠세키에 의해서도 사용되었었다. 즉 하쿠세키는 조선측 사료의 '倭酋'나 '倭情偵探'을 위한 통신사 파견 등을 이유로 역지빙례를 제안했던 것이다.

V. 맺음말

조선 주자학에 큰 영향을 받은 에도시대 유학자층의 조선에 대한 관심의 초점은 전술한 것처럼 퇴계로 모아지고 있고, 퇴계에 대한 존경은 메이지시대에 이르기까지 이어지고 있다. 그러나 퇴계에 대한 존경이 퇴계를 탄생시킨 조선에 대한 존경으로까지 확대되었다고 볼 수는 없다. 오직 퇴계 한 사람에 대한 숭앙에 그친 경향이 있다. 그러나 그렇다고 조선에 대한 문화선진국 인식이 없었던 것이 아니다. 전술한 치쿠잔의 「朝鮮の事」 제3조에 나타나듯 일본인들의 조선 문화에 대한 선망은 열광적인 것이었다. 하지만 그것은 조선의 유교문화에 대한 열광으로, 조선사회의 구성원에 대한 우호적 인식을 낳게 하는 데까지 미쳤느냐에 대해서는 회의적이었다고 볼 수 있다.

한편 막부측과 지방의 유학자가 어떠한 조선관을 가지고 있었는가 정리해 보기로 하자. 우선 막부측 유학자는 정치적이고 현실적인 조선관을 전개하고 있었다는 것이 주목된다. 즉 조선과의 현실외교를 통해 쇼군의 권위를 강화하려 했다는 것이다. 에도시대 초기 라잔 단계에서는 쇼군의 상징적인 上位의 존재로서 천황을 의식하고 있으나 18세기 초에 이르러서는 천황을 완전 배제하기 위해 조선과의 외교를 이용하려 하고 있다. 이는 조선의 국가적 권위를 인정한 전제에서 성립되나, 조선의 소극적 대응으로 그 권위가 이용되지 못할 때 조선관은 부정적으로 전개된다. 하쿠세키의 경우가 그 예이다. 이들이 일본쇼군과 조선국왕과의 대등한 외교관계의 구현에 노력한 것은 막부의 입장에 서있었기 때문이다.

그런 만큼 그들은 조선에 대한 강렬한 대항의식을 지니고 있었다. 라잔이 단군신화와 기자조선 설화의 실재여부를 중국 역사서를 들어 통신사에게 추궁하면서도, 입증되지 않은 日本書紀的 조선관을 가지고 조선에 대한 일본의 우위를 주장하는 것도 그러한 의식의 표현이었다. 하쿠세키가 『日本書紀』의 고증을 통해 천황의 神性을 부인하면서도 日本書紀的 조선관에 한해서는 맹목적으로 수용하거나, 조선의 詩作·唱和행위를 일본에의 文事 示威로 비난한 것도 같은 측면에서 이해할 수 있다.

이에 비해 지방의 유학자들은 조선에 대한 우위를 천황에서 찾으려 하고 있다. 반잔이 설화상의 천황의 德을, 소코가 일본 천황계의 '萬世一系'論을 들고 있는 것이 그 예이다. 또 소코나 에키켄에서처럼 武勇에서 우위를 모색하기도 한다. 소코가 조선을 불교국가이며 經書를 모르는 나라라고 일면 無知한 조선관을 가진데 비해 에키켄은 문물과 제도에선 조선이 우위라고 인정하고 있다. 지극히 객관적이고 체험적인 조선관을 소유한 호슈도 있으나 이는 예외라 할 수 있다.

막부측이나 지방의 유학자가 지닌 공통적인 조선관은, 日本書紀的 조선관으로 조선에 대한 우위론을 전개하고 있다는 사실이다. 그러나 막부측 유학자들이 이를 역사적 과거로 한정시키고 있는데 반하여, 지방 유학자들은 이를 현재화시켜 우위론의 근거로 삼고 있다는 것이다. 즉 소코가 조선이 일본의 속국이었다는 이유로 현재의 대등외교를 부당하다고 주장하고 있고, 치쿠잔도 현실적인 조선과의 외교의례 축소(易地聘禮)를 '過去의 屬國'論으로 명분화하고 있다.

또 하나의 공통점은 히데요시의 조선침략을 하나같이 비난하고 있다는 점이다. 이러한 자세를 히데요시 정권을 타도하고 성립한 에도막부의 정당성을 옹호하기 위한 것이었기 때문이라고 막부측 유학자에 한해서는 이해할 수도 있겠다. 그러나 지방 유학자들도 같은 자세인 것을 보면, 역시 히데요시의 명분 없는 침략에 대한 유학자로서의 가치기준에 의한 평가로 보인다.

이와 같은 히데요시에 대한 평가로 보아서도 18세기까지의 유학자들에겐 '征韓論'으로 연결시킬 수 있는 조선관은 소유하고 있지 않은 듯하다. 그러나 서양열강이 출현하는 19세기가 되면 요시다 쇼인(吉田松陰: 1830~1859)의 주장에서처럼 히데요시의 조선침략은 호걸적인 행위로 찬미되어진다.

제7장

중·근세 일본의
'국왕' 칭호

I. 머리말

前近代 동아시아 국제사회에서 중국을 제외한 나라들의 외교주권자 칭호가 일반적으로 보통명사로서의 '國王'이었다고 가정할 때, 일본의 경우에 한해서는 明을 제외한 외국과의 관계에 '日本國王' 칭호가 기본적으로 사용되지 않았다. 이와 관련하여 일본학계에서는, 특히 明의 冊封을 받은 아시카가 요시미츠(足利義滿) 이후 무로마치 막부의 쇼군(將軍)이 對조선 외교에서 국왕을 자칭하지 않았음을 對外的 관점에서 논하고 있다.[1] 즉 '일본국왕'이라 칭하면 '조선국왕'과 대등해지므로 조선을 하위에 놓기 위해 이를 회피했다는 것이다. 17세기 중반 이후 에도막부가 쇼군의 칭호로서 조선에 사용케 한 '大君'도, 明과의 국교회복이 불가능해진 단계에서 책봉이 전제된 '국왕' 대신 창안된 것으로 이해하여, 역시 대외적인 측면에서 이를 해석하고 있다.[2]

18세기 초 에도막부는 朝·日間의 국서에서 쇼군을 '일본국왕'으로 칭한 일이 있었다. 그런데 이때 벌어진 일본 유학자들의 논쟁의 초점은 日本史上 '국왕'이 천황을 참칭하느냐 아니냐의 여부였지, 중국의 책봉으로 주어지는 '국왕'이 아니었다.[3] 그렇다면 위와 같은 일본학계의 주장

---

1) 때로 쇼군은 그 직위를 물려주면서도 권력은 그대로 장악하고 있는 경우가 있다. 그러나 이런 경우에도 본 논문의 전개상 큰 문제가 없다면 편의상 쇼군으로 기술하고자 한다.

2) 中村榮孝, 1969, 『日鮮關係史の研究 (下)』, 吉川弘文館, 481·499쪽 ; 田中健夫, 1975, 『中世對外關係史』, 東京大學出版會, 107~108쪽 ; 村井章介, 1985, 「建武·무로마치政權と東アジア」 歷史學研究會·日本史研究會, 『講座日本歷史4 – 中世2』, 東京大學出版會, 22쪽 ; 荒野泰典, 1988, 『近世日本と東アジア』, 東京大學出版會, 164·213·216쪽. 이외의 관련연구도 대체로 이와 같은 시각을 가지고 있다.

3) 민덕기, 1994, 「新井白石·雨森芳洲의 對朝鮮外交와 관련한 천황관」 『史學研究』 48, 한국사학회.

은, 어디까지나 중국의 책봉에 의해 주어진 '국왕' 칭호를 가지고 對外관계, 특히 조선과의 관계를 시종일관 해석하려는 演繹的 시각이라 아니할 수 없다.

본 논문은 중·근세, 특히 무로마치시대에서 에도시대의 '국왕'에 한정시켜, 이를 대외적 관점이 아닌 내정상의 관점에서 검토하려 한다. 즉 '王' '국왕'이 중국의 책봉과 무관한 것이며, 천황='왕'='국왕'이란 대내적 관점이 그대로 외교에 반영된 것으로 가정하여 일본의 외교, 특히 對조선 외교를 검토하여 보고자 한다.

중·근세 일본에서 쇼군은 분명 외교주권자였다. 그러나 내정상으로는 천황의 官位制下에 포섭된 '征夷大將軍', 즉 쇼군이었다. 明의 책봉체제 하에 있던 무로마치시대 '일본국왕'으로서의 쇼군이, 武家정권으로서는 가장 강력한 전제권력을 행사한 에도막부의 쇼군이, 명목상 上位的 존재인 천황으로부터 얼마나 대외적으로 자유스러웠는가? 본 논문의 주된 관심은 여기에 있다.

II. 무로마치시대의 '국왕' 칭호

어떤 이유로 무로마치시대 막부의 쇼군은 조선에 보내는 국서에서 '일본국왕'을 자칭하지 않았을까? 明의 책봉을 받아 대외적으로 '일본국왕'이었음에도 불구하고, 또한 조선으로부터 '일본국왕'이라 칭한 국서를 받으면서도, 그에 대한 답서에선 '日本國源○○(쇼군 이름)'라고 칭했을까? 제2절에서 검토하고자 하는 것은 이에 대한 것이다.

일본학계에서는 무로마치막부가 조선에 보내는 국서에서 '국왕'을 자칭하지 않고, 明의 연호 대신 일본연호나 干支를 쓴 것을 조선 멸시관의 한 표현으로 해석하고 있다. 즉 被책봉국 '국왕' 사이는 대등한 관계로

'일본국왕'이라 자칭하면 '조선국왕'과 대등하게 되므로, 조선을 일본보다 하위에 놓기 위해 이를 회피했다는 것이다.[4] 이는 곧 막부가 '국왕'을 대외적 관점에서 명확히 의식하고 회피했다는 것이 된다. 과연 그러할까 검토해 보자.

무로마치 막부의 제3대 쇼군 요시미츠(義滿)는 1401년 明에 보낸 서한에서, '日本准三后'[5]라 서명하여 '日本國王'을 자칭하지 않고, 말미엔 일본 연호를 사용하고 있지만, '上書大明皇帝陛下' '獻方物' 등의 표현을 써서 表文의 양식을 거의 답습하고 있었다. 다음해 요시미츠는 建文帝로부터 책봉을 받게 되나 明의 內戰(靖難의 變)에 대한 정보에 의거, 건문제와 永樂帝에 대한 2통의 표문을 준비하여 1403년 明에 보내고 있다. 이 표문은 '日本國王 臣源表, 臣聞 …'이라 한 것으로 '일본국왕'을 자칭한 전형적인 표문양식을 담고 있었다. 이에 다음해 영락제가 요시미츠를 책봉함으로서 양국간의 책봉관계가 정식으로 개시되었다.

조선에 최초로 '일본국왕'을 칭한 요시미츠의 사절이 입국한 것은 1404년 7월 30일이다. 이미 요시미츠는 같은 해 5월 16일 영락제의 책봉사를 맞아 의례를 행하고, 7월 8일 책봉사를 兵庫(現 神戶)에서 배웅하고 교토로 돌아온 것은 7월 13일이다.[6] 그렇다면 요시미츠는 明으로부터 정식으로 책봉을 받자마자 조선에 '일본국왕사'를 파견한 셈이 된다.

『조선왕조실록』의 1397년(태조 6년)에서 1403년(태종 3년) 사이에 기록된 요시미츠에 대한 칭호는 '大相國'과 '大將軍'으로 같은 시기에 양자가 혼용되고 있다.[7] '相國'은 중국사에서는 총리나 승상을 의미하고

---

4) 田中健夫, 주 2) 앞의 책, 107~108쪽 ; 荒野泰典, 주 2) 앞의 책, 164쪽 ; 무로마치막부 쇼군의 對조선 외교칭호와 年號에 대해서는 高橋公明, 1992,「外交稱號, 日本國王某」『名古屋大學文學部硏究論文集』113·史學 38, 248쪽을 참고할 것.

5) 准三后란 太皇太后(천황의 祖母)·皇太后(천황의 母)·皇后(천황의 婦)에 준하는 대우를 받는 자에 대한 칭호로서 천황을 제외한 最高의 칭호이다.

6) 對外關係史總合年表編輯委員會編, 1999,『對外關係史總合年表』, 吉川弘文館, 1404年 條.

일본사에서는 太政大臣의 별칭이다. '大將軍'은 '征夷大將軍'을 약칭한 것으로 보아야겠다. 그러나 요시미츠는 1394년 '정이대장군'을 사임하고 태정대신이 되었다가 다음해엔 관직도 사임하고 있다. 그렇다면 그가 책봉 이전엔 대내적 칭호를 가지고 대외적으로 이를 대신하려 하면서도, 정확히 이를 적용하지 못하고 있었음을 알 수 있다. '일본국왕'이라는 대외적 권위로 천황의 전통적 권위를 극복하려 했던 그에게, 영락제의 책봉을 받은 직후 곧 조선에 '일본국왕'을 칭했음은 당연한 일이라 하겠다.

1408년 요시미츠가 사망하자, 그 아들인 쇼군 요시모치(義持)는 1411년 명과의 책봉관계를 거부하기에 이른다. 1419년 7월엔 도일한 明의 사자에게 일본의 對明 관계단절을 통고하며 '일본국왕'이 아닌 '정이대장군'이라 서명한 서한을 전달한다.[8] 한편 실록에는 1409년 12월 '日本國王, 遣使來聘'이라 기록하고 있는 점으로 보아 요시모치가 당시 아직 조선에는 국왕을 칭했던 듯하다.[9] 태종은 이에 대해 다음해 10월 양수에게 국서를 주어 파견하여 報聘과 요시미츠에의 弔喪을 행하게 한다.[10] 그런데 1411년 1월 양수가 가져온 요시모치의 답서는 '日本國源義持'로 국왕을 칭하지 않은 것이었다. 그러나 조선은 이에 대해 아무런 평가도 내리지 않고 있다.[11] 이처럼 요시모치는 對明 관계를 거부한 같은 해 조선에 대해서도 '일본국왕'을 회피하기에 이른 것이다.

---

7) '大相國'은 『태조실록』 6년 12월 25일(계묘) ; 『정종실록』 1년 5월 16일(을유), 7월 1일(기사)·10일(무인) ; 『태종실록』 3년 2월 13일(경신)조에 보인다. '大將軍'은 『정종실록』 1년 5월 16일(을유), 7월 21일(기축) ; 『태종실록』 2년 7월 11일(임진)조에 나타난다.

8) 田中健夫, 1987, 「足利將軍と日本國王號」 『日本前近代の國家と對外關係』, 吉川弘文館, 14～15쪽.

9) 『태종실록』 9년 12월 17일(갑인).

10) "致書國王, 報聘且弔喪也"(『태종실록』 10년 2월 4일[신축])

11) "梁需回自日本, 其國王答書曰, 日本國源義持謹啓"(『태종실록』 11년 1월 26일 [정해])

1419년 12월 그가 조선에 보낸 국서에도 '日本國源義持'라 서명되어 있었다. 이에 대해 조선측은 요시모치가 아버지 요시미츠와는 다르게 明의 책봉을 거부하여 '征夷大將軍'이라 자칭하고 있다고 평가하고, 일본 국내에서는 쇼군을 '御所'라 칭하므로 그가 '王'을 사용하지 않는 것은 당연하다고 이해하고 있다. 이러한 요시모치의 서한에 대해 조선이 1420년 송희경에게 지참시킨 답서는 '일본국왕전하'로 표현하고 있다.[12]

다나카 다케오(田中建夫)는, 조선이 요시모치에 대한 외교문서에서 '일본국왕'이라 사용한 적이 없고 '日本國殿下'라고만 했다고 하며, 그 이유가 요시모치의 위와 같은 서한에 대응하기 위한 것인지 책봉되지 않은 자였으므로 그러했는지 양자 중의 하나일 것이라고 추정하고 있다.[13]

그러나 그러한 추정은 맞지 않다. 조선은 요시미츠의 '일본국왕사'를 맞은 이후, 일관되게 쇼군을 '일본국왕'이라 칭하고 있었다. 전술하듯 송희경이 도일할 때 지참한 국서가 그러했고, 1422년 회례사 박희중이 요시모치에게 가져간 국서도 '일본국왕전하'였다.[14] 다만 1425년의 국서의 경우에는 '일본국전하'를 칭하고 있으나 그 이유는 실록으로 보는 한 알 수 없다.[15]

앞에서 보듯 요시미츠가 明의 책봉으로 조선에 '일본국왕'을 칭할 수 있었던 것처럼, 요시모치는 책봉을 거부하여 조선에 이를 칭하지 않았다. 이후 무로마치막부의 對조선 국서가 明의 책봉과는 관계없이 '日本國源○○'였음을 고려하면 요시미츠·요시모치代에 한정해서는 '일본국왕' 사용여부가 책봉과 밀접한 관련을 갖고 있다고 할 수 있다. 그러나

---

12) "義持父道義, 帝嘗封爲王, 義持不用命, 自稱征夷大將軍, 而國人則謂之御所, 故 其書只曰, 日本國源義持, 無王字"(『세종실록』 원년 12월 17일[정해]) ; "報聘于 日本, 其書曰, 奉復日本國王殿下"(『세종실록』 2년 윤1월 15일[갑신])
13) 田中建夫, 주 2) 앞의 책, 16쪽.
14) 『세종실록』 4년 12월 20일(계묘).
15) 『세종실록』 7년 5월 11일(경진).

분명한 것은 이 시기 일본측의 기록에서 '일본국왕'의 사용여부가 '조선
국왕'과의 대등 여부와 관련된다는 어떠한 인식도 추출할 수 없다는 것
이다. 조선 또한 쇼군의 '일본국왕' 사용 여하에 아무런 문제를 제기하
지 않고 있다.16)

요시모치가 죽고 그 아우인 요시노리(義敎)가 쇼군이 되자 對明 관계
의 회복을 꾀하여 1432년 중국에 조공사절을 파견하고 있다. 이 때 사절
이 지참한 표문은 '日本國臣'으로 '왕'을 자칭하지 않은 것이었다. 그럼
에도 明은 책봉사를 파견하여 요시노리를 책봉한다.

이 시점에서 요시노리는 표문의 형식을 가지고 자문역인 만사이(滿濟)
에게 의견을 묻는다. 그러자 만사이는, '일본국왕'은 요시미츠가 이미 사
용한 것이므로 이를 사용하지 않는 것은 前代의 非를 타국에 노출시키
는 것이 되므로 개정하지 않아도 된다고 하여, 先例를 지키자고 하고 있
다. 또한 '王'이라 자칭해도 '覇王'의 의미로 간주하면 되므로 천황에의
참칭 염려는 없다고 주장하고 있다. 이는 1432년 요시노리가 표문에서
'日本國臣'이라 하여 '王'을 칭하지 않은 것에 대한 의견이다. 그리고 표
문에 사용하는 중국연호도 對明 통교를 위해서는 일본연호로 대신할 수
없다고 하고 있다.17) 이 같은 그의 의견은 천황의 신하인 쇼군이 '王'을

---

16) 閔德基, 1994, 『前近代 東アジアのなかの韓日關係』, 와세다대학 출판부, 50~55
쪽. 한편 高橋公明, 주 4) 앞의 책, 248쪽에는 쇼군 義政과 義澄 및 義晴의 '國
王'을 자칭한 서한 4통이 史料에 남아있음을 밝히고 있다. 이중에 義政의 2통의
'國王' 서한은 『세종실록』 30년 6월 21일(을해)조와 『성종실록』 13년 4월 9일(정
미)조에 실려 있다. 그러나 이 '국왕'서한에 대해 조선측은 아무런 평가도 하지
않고 있다.

17) 1978, 「滿濟准后日記」 『古事類苑 - 外交部』, 吉川弘文館, 955~961쪽. 高橋公明
은 1985, 「무로마치막부의 外交姿勢」 『歷史學硏究』 546, 24쪽에서, 요시노리가
1432년 明에 제출한 表文에 '王'을 칭하지 않은 것을 평가하여, 이는 조선의 새
로 즉위한 국왕이 明의 책봉 以前단계에서 대외적으로 '權署國事'라 자칭한 것과
같은 의도였다고 이해하고 있다. 그러나 그렇다면 요시노리 이후 歷代 쇼군이 책
봉도 받지 않고 표문에서 '王'을 칭한 것은 어떻게 설명해야 할 것인가? 本文의

칭하여 明 황제의 신하가 되어선 안 된다는 명분보다, 對明 조공무역에
서 생기는 막대한 경제적 실리를 중시한 것으로 보아야 할 것이다.

무로마치시대 초기부터 15세기 중반까지의 외교문서를 정리한 대표
적인 서적이 『善隣國寶記』이며 그 편자는 즈이케이 슈호(瑞溪周鳳)이
다. 그는 이 책에서 전술한 1403년 요시미츠의 表文을 수록하고 다음과
같은 평가를 내리고 있다.

> 중국이 일본의 將相(쇼군)을 王이라 함은 일본을 존중하는 것이 되므로
> 문제가 되지 않으나, 表文에서 스스로 왕을 자칭하는 것은 중국의 책봉을
> 받는 것이 됨으로 불가하다. 또한 '臣'이라 일컫은 것도 잘못으로, 어찌할
> 도리가 없다면 '日本國' 아래에 일본의 官位를 적고 '朝臣'이라 써넣어야
> 한다. 이는 公家의 恒例로 이리해야만 천황의 신하임이 명시되어 외국의
> 신하로 보일 염려가 없다. 표문 말미의 明 연호도 일본연호로 하든가 干支
> 만을 사용하여야 한다.[18]

즉 그는 明이 '국왕'이라 쇼군을 칭한 것은 무방하지만, 쇼군이 이를
자칭하고 明에 '臣'이라 함은 불가하다고 주장하고 있다. 그 대신 일본
의 官位를 명시하여 천황의 신하임을 명시하고, 明의 연호를 기입하지
말아야 한다고 제안하고 있다.

그러나 조선·明과의 외교문서를 관장하고 수록하는 입장에 있던 슈호
는, 이러한 내정상의 천황－쇼군 관계가 반영된 표문이 對明 관계에 통
용될 수 없음을 모를 리가 없다. 그러면서도 이러한 자신의 주장을 기술
한 이유는 무엇일까? 그는 이어서, '국왕'이 외교를 주관한다면 외교서

만사이의 대안에서 보듯 요시노리가 '王'號 사용여부를 자문한 의도는 '王'號가
갖는 천황에 대한 참칭성 때문이었다. 그러므로 요시노리가 '王'을 칭하지 않은
것은 일본 내정상의 배경에서 나온 것으로 책봉여하와 관련지어 평가할 수 없을
것이다. 요시노리 이후 '王'을 칭한 것은 만사이의 의견을 비판없이 수용하여 조
공무역관계를 지속시키기 위함이었을 것이다.

18) 田中健夫編, 1995, 『善隣國寶記 新訂續善隣國寶記』, 集英社, 110~114쪽.

한은 마땅히 조정에서 나와야하지만, 국가 이익을 위해 '大將軍'이 외교를 주관하고 있고 이로 인해 승려가 외교 실무를 담당하게 되었다고 서술하고 있다.[19] 이처럼 그에게는 '국왕'이 어디까지나 책봉 받은 '국왕'이 아닌 천황이었던 것이다. 그러므로 '국왕'인 천황이 외교주권자이어야 하며 막부가 이를 대신함은 잘못된 것으로 바라보고 있는 것이다. 그는 요시미츠 이후의 표문에 대해서는 외교 실제를 의식한 탓인지 아무런 비판 없이 同書에 수록해 놓고 있다.

슈호는 同書의 서문에서 일본의 불교 번성을 기술하는 가운데, 일본의 '왕'이 神으로, 神에서 佛로 이어진다고 하여 神·佛·'王'을 一體라 하고, '국왕'과 將相 이하 士民에 이르기까지 남녀 구분 없이 모두 불교에 귀의하고 있다고 강조하고 있다.[20] 그에겐 천황이 '국왕'이었던 것이다.

<표 8>은 세종~성종 연간 조선의 對日 국서에 보이는 쇼군 칭호를 양국 사료에서 정리한 것이다. 슈호가 사망(1473)하기 이전에 同書에 수록한 것으로 생각되는, 무로마치시대 조선과의 1472년까지의 양국 국서 중 주목되는 점은, 조선국왕의 쇼군에의 서한이 모두 쇼군을 '일본국왕'이 아닌 '일본국'으로만 칭하고 있다는 점이며, 그 數가 4통에 지나지 않는다는 점이다. 이에 비해 쇼군의 조선국왕에의 서한은 10통이 수록되어 있다. 그리고 에도시대 중기에 만들어진 『續善隣國寶記』(1473~1660년까지의 외교문서를 수록)에는 <표 8>에서 보듯 '일본국왕'이라 쇼군을 칭한 국서만이 수록되어 있다.

그러나 조선은 요시미츠 이후 책봉과 관계없이 쇼군을 '일본국왕'으로 칭했으며, <표 8>에서처럼 1466년까지 실록에 수록된 쇼군에 보낸

---

19) "凡兩國通好之義, 非林下可得而議者, 若國王通信, 則書當出於朝廷, 代言之乎, 近者大將軍爲利國故, 竊通書信, 大抵以僧爲使, 其書亦出於僧中爾."(田中健夫 編, 주 18) 앞의 책, 116쪽)

20) "吾國則王承神, 神承佛, 三卽一 國王旣然, 將相以降至于士民, 無男無女, … 皆唱南無爲口實, 豈非吾國之爲佛國也邪."(田中健夫編, 주 18) 앞의 책, 6쪽)

서한만도 15통에 이른다. 슈호가 同書에 수록한 것을 실록의 것과 비교
하면 1425년의 서한, 즉 '일본국'이라 한 것만이 실록의 것과 동일하다.
그렇다면 그는 최소한 14통의 조선이 보낸 서한을 同書에서 누락한 것
이 된다. 실수로 누락하였다고 보기에는 의아스럽다. 수록한 4통의 3배
이상을 누락하고 있기 때문이다. 누락된 서한 중 '일본국왕'을 칭한 것
이 6통이고 수신인을 칭하지 않은 不明의 서한이 7통이며, '일본국'이라
한 것이 2통이다.

이러한 다수의 누락은 무엇을 의미하는가? 아마도 이는 슈호가 가진
'일본국왕'=천황관으로 볼 때 고의적인 누락으로 밖에 생각할 수 없다.
즉 그는 이와 같은 내정상의 관념을 조선의 국서에마저 평가기준으로 적
용하여 그 수록여하를 결정한 것으로 추정할 수 있다.

1502년 쇼군 요시즈미(義澄)代에 정무를 담당하던 호소카와 마사모토
(細川政元)도 '국왕'=천황觀을 표현하고 있다. 그는 막부의 재정문제로
쇼군의 官位 승진 의례나 천황의 즉위 의례를 중지하자는 의견에서, 천
황을 '왕' '국왕'으로 표현하고 있다. 막부의 중추부 지위에 있는 그에게
도 '국왕'은 천황이었던 것이다. 그런데 요시즈미는 그 4년 후 明에 올리
는 표문에 '日本國王臣源義澄'이라 서명하고 있다. 이로 보아, 중국과의
외교에선 쇼군이 '국왕'의 지위를 가지지만, 대내적으로는 천황이 '국왕'
으로 간주되어 있었던 것이다.[21]

전술하듯 무로마치막부는 요시노리 이후 對明 외교상 쇼군의 '국왕'
자칭과 明의 연호 사용이 양국 관계유지의 전제가 됨을 이유로 내정상
의 천황－쇼군 관계를 적용하지 않고 있다. 아마도 막대한 조공무역의
이윤이 그 목적이었을 것이다. 그러나 對조선 외교에서는 일본 내정상의
관념인 천황='국왕'을 그대로 적용하여 기본적으로 쇼군을 '日本國源
○○'라고 칭하고 있다. 이는 조선의 對日 외교자세에 영향 받은 것으로

---

21) 今谷明, 1990, 『室町の王權』, 中央公論社, 200~201쪽.

여겨진다. 조선은 기본적으로 쇼군의 '국왕' 자칭이나 일본 국서의 明연호 사용을 외교유지의 전제로 설정하고 있지 않았다.[22]

조선은 이미 일본 내정상의 천황='국왕'관을 인식하고 있었다. 1471년 편찬된 신숙주의 『해동제국기』의 「國王代序」에는,

> 요시마사(義政)가 현재 국왕이다. 국왕은 그 나라에서는 감히 왕이라 일컫지는 않고, 다만 御所라 일컬을 뿐이며, 명령하는 문서는 明敎書라 일컫는다. 매년 正初에 대신을 거느리고 천황을 한 번 알현할 뿐, 평상시에는 서로 접촉하지도 않는다. 國政과 이웃 나라와의 외교관계에 대해서도 천황은 모두 간여하지 않는다.[23]

라 하여, 일본 내정상 쇼군이 '국왕'을 칭하지 못하고 다만 '御所'라고 칭한다고 설명하고 있음이 그것이다. 그러면서도 쇼군이 國政과 외교를 주관한다고 하고 있다. 이 점이 신숙주로 하여금 「天皇世系」와는 별도로 「國王代序」를 두어 쇼군을 '국왕'으로 구분하고 있는 이유가 되었을 것이다. 그는 「國王代序」에서 국왕의 姓을 미나모토(源)씨로 보고 가마쿠라(鎌倉)막부를 세운 미나모토노 요리토모(源賴朝)를 그 시발로 보고 있다. 그는 또 요시미츠와 요시모치에 대해서도 기록하고 있으나 그들과 明과의 책봉에 관련한 내용은 전혀 보이지 않는다. 이같은 점들은 15세기 후반 조선의 대표적인 외교통인 신숙주에게조차 "책봉을 중심으로 하는 동아시아 국제질서"에 대한 인식이 없었음을 시사해 주는 것이다. 그는 또한 同書의 「序」의 범례에서 일본역사를 서술함에 있어서 일본연호로 그 연대를 구분한다고 하고 있다. 일본사를 일본 연호로 구분하려는 그의 자세에서 당대 조선 지식인의 객관적인 일본관을 읽을 수 있을 것이다.[24]

---

22) 閔德基, 주 16) 앞의 책, 50~55쪽.
23) "義政卽今所謂國王也, 於其國中不敢稱王, 只稱御所, 所令文書稱明敎書, 每歲元率大臣一謁天皇, 常時不與相接, 國政及聘問隣國, 天皇皆不與焉."

이상과 같이 무로마치막부의 對조선 외교상의 '일본국왕' 서명 회피
는, '국왕'=천황이라는 일본 내정상의 관념이 그 배경으로 도사리고 있
었던 것이다. 그러므로 일본이 조선에 대한 멸시 표현으로 '국왕' 사용
을 기피하였다는 기존학설은 수긍할 수 없다. 일본연호의 사용도 같은
의미로 해석된다. 즉 막부의 천황觀이 적용된 것이지, 조선을 의식한 변
화가 아니라는 것이다.

III. 에도시대 초기의 '국왕'과 '大君'칭호

1635년 에도막부는 대마도의 국서 위조사건인 '야나가와 잇켄(柳川一
件)'을 처리한다. 이 사건은, 막부가 낸 對조선 국서의 쇼군 署名에 대해
1617년에는 '日本國源秀忠'을 '日本國王源秀忠'으로, 1624년에는 '日
本國主源家光'을 '日本國王源家光'으로 대마도가 위조한 사실이 드러
나 관련자를 처벌한 사건이다. 막부는 이를 계기로 쇼군 칭호를 對조선
국서에서는 무로마치시대의 '日本國源○○'로 환원하고, 조선의 對日
국서에서는 기존의 '일본국왕'을 '日本國大君'으로 바꾸어 쓰게 한다.

이렇듯 쇼군 칭호로서 조선이 사용했던 '국왕'을 '대군'으로 대체시킨
변화에 대해 일본학계에서는 다음과 같이 평가하고 있다. 나카무라 히데
다카(中村榮孝)는, '일본국왕'이 明의 책봉을 전제로 한 칭호였으므로 明
과의 국교재개가 단념되기에 이르자 '대군'이 설정되었다고 하고 있다.
아라노 야스노리(荒野泰典)도, 明과의 국교회복을 단념한 결과이며, '대
군' 설정으로 조선을 한 단계 아래로 보려는 전통적인 조선관을 체계화
하고, 明 중심의 국제질서를 전제로 한 朝·日 관계를 탈피하려고 한 것

---

24) 河宇鳳, 1997, 「申叔舟と『海東諸國紀』-朝鮮王朝前期のある國際人の營爲」『中
世後期における東アジアの國際關係』, 山川出版社, 75~78쪽.

이다, 라고 이해하고 있다.25) 즉 '일본국왕'이 明과의 관계회복을 전제로
한 칭호였으나, 관계회복을 단념함으로서 '대군'이 안출되었다 하고, '대
군'의 설정과 사용에 전통적인 조선 멸시관이 동원되었다고 하고 있다.

그렇다면 이러한 주장이 합당한가를 살펴보자. 우선, '일본국왕'이 17
세기 前期에 일본 국내에서 明과의 관계회복을 염두에 둔 칭호로 의식
되고 있었는가 일본측의 사료로 검토해 보자.

1586년 7월 次期 천황으로 지목되어 있던 천황의 맏아들이 '自害'하
였다는 소문이 있으며, 이것이 사실이라면 도요토미 히데요시(豊臣秀吉)
가 '왕'이 되려한 때문일 것이라고 추정한 기록이 있다. 여기서 '왕'은
천황을 지칭하고 있다. 1610년 8월 도쿠가와 이에야스(德川家康)가 사츠
마의 포로로 잡혀 온 유구왕 尙寧을 駿府(靜岡)城에서 접견했을 때의 기
록에는, 유구왕이 마치 '일본의 왕'처럼 玉으로 된 가마를 타고 城의 현
관 앞까지 다다랐다고 기술되어 있다. 여기서도 '일본의 왕'은 천황을
가리킨다. 1629년 7월에는 막부가 천황이 가지고 있던 高僧에 대한 紫
衣 착용 허용권을 무효로 한 사건이 일어났다(紫衣사건). 이에 항의하여
천황이 양위를 표명했을 시기에, 구마모토(熊本)藩의 다이묘인 호소카와
타다토시(細川忠利)가 낸 私信에 표현된 '왕'도 천황을 지칭하는 것이었
다.26) 그렇다면 에도막부 성립기 전후에도 무로마치시대처럼 '왕'은 천
황을 가리키고 있다. 결코 明의 책봉으로 지칭되는 '국왕'으로 인식되지
않고 있다.

---

25) 中村榮孝, 주 2) 앞의 책, 481·499쪽 ; 荒野泰典, 주 2) 앞의 책, 164·213·216쪽.
26) 紙屋敦之, 1997, 『大君外交と東アジア』, 吉川弘文館, 36·37쪽에서 轉載. 그런데
　　1172년 8월, 宋 孝宗이 일본 後白河法皇과 平淸盛에 보낸 국서를 보면 수신인을
　　각각 '日本國王'·'太政大臣'으로 칭하고 있다(<玉葉> 承安2년 9월 17日條). 이
　　는 중국측이 일본 천황을 책봉과는 무관하게 '일본국왕'으로 칭해왔다는 증거가
　　될 수 있다. 또한 임진왜란시 히데요시가 내건 對明 講和조건 제1조에도, "大明
　　帝王之姬宮, 日本帝王之后"라 하여, 천황을 '帝王'으로 칭하고 있다.

이러한 배경에서인지, 이에야스가 17세기 초를 전후하여 동남아시아 나라들에 낸 서간의 서명은 거의 '日本國源家康'으로 '국왕'을 칭하지 않고 있다. 그 아들인 제2대 쇼군 히데타다(秀忠)의 경우엔 '日本國征夷大將軍源秀忠' '日本國征夷將軍源秀忠'이라고 국내의 官名을 칭하고 있다. 이는 유럽에 대해서도 같다. 그러나 이에 비해 동남아시아 나라들이 보낸 對日 국서는 다르다. 거기에는 '日本國本主源家康王' '日本國國王' '大日本國主' '日本國王都元帥' 등 모두가 국가 최고 주권자를 의미하는 칭호로서 '왕' '국왕' 등을 사용하고 있다.[27) 이를 통해 이 시기 동아시아 국제세계에서 외교 주권자의 칭호가 대체로 '국왕'이었음을, 그러나 그것을 이에야스나 히데타다가 수용하지 않고 있음을 알 수 있다.

그런데 임진왜란 이후 對日 講和과정에서 조선이 요구한 일본측 국서는 '일본국왕'을 자칭한 것이었다. '일본국왕'이라 해야 일본 내정을 장악한 자로 평가될 수 있고, '조선국왕'과도 대등한 관계(敵禮관계)를 가질 수 있다고 조선은 인식했기 때문이다. 朝鮮前期와는 다른 이러한 당시 조선의 인식은, 조선국왕의 入朝를 요구한 히데요시처럼 이에야스가 같은 자세로 나올 것을 경계한 대응책으로서 明의 책봉과는 무관한 것이었다. 조선과의 강화를 열망한 이에야스가 조선의 이러한 요구에 응해 '일본국왕'이라 칭한 서한을 보내온 것은 1606년이었다. 그러나 그 다음 해 일본에 파견된 조선사절이 받은 히데타다의 서한은 '日本國源秀忠'으로 무로마치 시대의 관례를 답습한 것이었고, 이로 인하여 조선은 불만을 가지게 된다.[28)

이러한 조선의 불만을 의식한 대마도는, 1617년 도일한 조선의 통신

---

27) 今谷明, 1993, 『武家と天皇』, 岩波書店, 122쪽 ; 八百啓介, 1993, 「外交文書にみる近世初期の德川政權」藤野保先生還曆紀念會編, 『近世日本の政治と外交』雄山閣出版, 268쪽.

28) 閔德基, 주 16) 앞의 책, 170~173, 185~186쪽. 히데타다의 서한에 대한 조선측의 불만은 『선조실록』40년 9월 5일(을미).

사에게 건네질 일본측 국서에 대해 막부에 '일본국왕'이라 서명되길 요청하게 된다. 이에 대해 막부측 외교고문인 이신 스덴(以心崇傳)은 "王이라는 글자는 예로부터 고려(조선)에 보내는 서한에 쓰지 않았다. 고려는 일본에서 보면 오랑캐에 해당한다. 일본의 왕은 고려의 왕과 서한의 왕래가 없었다" 고 거부하고 있다.29) 그가 조선 멸시관을 표현하는 가운데, 무로마치시대 朝·日 외교관계가 있었음에도 불구하고 '일본의 왕'이 조선왕과 서한 왕래가 없었다고 규정하는 것으로 보아, '일본의 왕'=천황으로 여기고 있음을 알 수 있다. 그렇다면 그의, '王'이 예로부터 조선에의 서한에 사용치 않았다는 주장도, 문맥으로 보아 쇼군이 '왕'이 아니었기 때문이라고 해석된다. 이로 볼 때 막부가 '일본국왕'을 사용하지 않은 것은 明과의 국교회복이라는 대외적 측면이 아니라, 내정상의 문제로부터 발생한 것이다.

그러면 이번에는 '大君'이 제기된 배경에 대해 알아보자.

1636년 조선에서 파견된 통신사와 관련한 대마도 宗氏側의 기록인 『寬永十三丙子年 朝鮮信使記錄』 5월 18일조를 보면, 쇼군의 칭호로 '왕'을 회피해야 하며 에도도 '東都'가 아닌 '東武'라 해야 한다고 막부에서 의논되고 있다. 8월 16일조에선 하야시 라잔(林羅山) 등에 의해 대군 칭호가 설정된 배경을 알려주고 있다. 즉 '대군' 설정의 이유로, "쇼군을 그 上位인 왕으로 칭할 수는 없고, 그렇다고 '將軍'은 중국에서는 중·하위 정도의 官名이 되니, 결국 다만 왕이라 칭하여 받들지는 않으나 그렇다고 지위 또한 떨어지지 않는 것"이기 때문이라 하고 있다.30) 즉 쇼군을 천황에 대한 참칭 때문에 '왕'이라 할 수 없는 내정적 측면과, '將軍'이 일본내에서는 上位의 관위이나 중국에서는 中下位 정도의 武

---

29) "王ノ字ハ自古高麗ヘノ書ニ不書也, 高麗は日本ヨリハ戎國ニアテ申候, 日本ノ王與高麗ノ王ト書ノトリヤリハ無之候."(『異國日記』9, 1930, 『史苑』3-4, 74쪽)

30) "其不可稱上之王也, 將軍者, 又於漢唐爲中下之官矣, 所要只欲, 不奉稱王者, 而御位亦不降也."

官職에 불과하다는 대외적 측면이 고려되었다. 그래서 그 대안으로 '왕'은 아니나 그에 준하는 칭호로 '대군'이 설정되기에 이른 것이다.

즉 '야나가와 잇켄'의 폭로를 계기로 막부는 대마도가 위작한 對조선 국서에서의 '일본국왕'만이 아니라, 조선이 칭해온 무로마치시대 이후의 관행이었던 쇼군의 他稱으로서의 '일본국왕'마저도 '東都'의 否定과 아울러 거부하기에 이른 것이다.

그러나 이처럼 내정상의 이유로 설정된 '대군'은 조선의 對日 국서에만 사용하게 하였고, 일본의 對조선 답서에서는 이전처럼 '日本國源○○'로 변화가 없었다. 전술하듯 일본학계에서는 이에 대해, 무로마치시대의 對조선외교를 답습한 것으로 조선 멸시관의 표현이라고 주장하고 있다. 과연 그러한가? '日本國源○○'에 대해서는 천황='국왕'관에서 결과된 것이라 전술했으므로, 여기서는 쇼군이 조선에 대해 '대군'을 자칭하지 않았음이 과연 조선 멸시관의 표현이었는가 검토해 보자.

전술하듯 '대군'은 '왕'에 준하는 칭호로서 설정되었으므로 천황을 참칭할 가능성이 있었다. 이를 증명하듯 『太平記』에는 "草木까지 우리 大君의 나라 것이라면, 어찌 귀신의 소굴이 될 것이랴." 라고 읊고 있다.[31] 여기서 '大君'은 천황을 가리키고 있다. 18세기의 유학자 히시카와 다이칸(菱川大觀)도 『正名緖言』에서, 쇼군에 대한 적절한 칭호가 없지만 王號보다는 '大君'이 적당하다고 하고, 그 이유를 '大君'은 王號보다 천황에 대해 우회적인 표현이 되기 때문이라고 논하고 있다.[32] 이로 보아 일본 역사상 전통적으로 '국왕' '왕'이 보다 명확하게 천황을 의미하는 것

---

31) "草も木も我大君(おほきみ)の國なれば、いづくか鬼の栖(すみか)なるべき." 今谷明은 주 21) 앞의 책, 85~86쪽에서, 요시미츠에게 가장 중용된 陰陽師 土御門有世(츠치미카도 아리요)가 "祈こし君が惠みにくらい山、代代にも超えて昇りぬるかな"라고 읊은 것에 대해, 治天·천황 이외에 사용해서는 안 되는 '君'이란 존경을 요시미츠에게 사용하고 있다고 평가하고 있다.

32) 菱川大觀, 『正名緒言』『日本經濟大典』 23.

으로서 인식되어 있었다면, '대군' 또한 천황을 가리키는 용어로 간주될
수 있는 것이기 때문에, 쇼군의 자칭으로서 삼갔던 것으로 추측된다. 그
렇다면 무가정권으로서 가장 강력한 전제권력을 행사한 에도막부마저도
천황을 참칭하는 '국왕'을 회피하고, '대군'도 조선과 유구의 對日 국서
에 한정하여 사용케 하고, 스스로는 무로마치시대를 답습하여 '日本國
源○○'라 했다는 것이 된다.

1615년 제정한 '禁中並公家諸法度'의 제10조엔, 門跡에 부여한 法官
敍任을 규정하고 "다만 國王·大臣의 師範은 格別"이라 기록하고 있
다.33) 이 법률이 천황과 公家에 대한 규정인 만큼 '국왕' 또한 천황을
가리키는 말이 된다. 그렇다면 '국왕=천황'이 막부내의 통일 견해이며,
따라서 외교문서에서도 국왕호가 사용되지 못했던 것이리라.34) 18세기
의 유학자 다자이 슌다이(太宰春台)도 이에야스가 천황을 꺼리어 겸손
하게 王號를 회피했다고 주장하고 있다.35)

1616년은 에도막부가 히데요시의 아들 히데요리(秀賴)를 공격·자결
케 해 일본을 완전히 장악한 다음해에 해당한다. 그 해 이에야스의 심복
으로 승려인 덴카이(天海)와 다이묘인 도도 다카토라(藤堂高虎)가 벌였
다는 다음과 같은 논쟁이 주목된다. 덴카이가 "천황과 公家를 伊勢로 옮
겨 伊勢大神宮의 神主로 삼는다면, 德川家는 스스로 천자와 같은 권세

---

33) 門跡(몬제키)란, 皇子나 귀족이 거주하는 특정 사찰의 칭호로, 무로마치시대에는
    사찰의 格을 나타나는 말이었으나, 에도막부는 宮門跡, 攝家門跡, 准門跡으로 구
    분해 제도화하고 있다.
34) 『慶長見聞錄』에서는 '天下를 수호하고, 將軍 國王 계시는 곳(에도) 등을 서울이
    라고 못할소냐'라고 기록하고 있어, 민간에서는 '將軍=國王'으로 본 예도 있다.
    그러나 이는 막부의 공식 견해는 아니었다[今谷明, 주 27) 앞의 책, 124쪽]. '禁中
    並公家諸法度' 제10조의 '국왕'에 대해 紙屋敦之는 주 26) 앞의 책, 37쪽 등에서
    '國王'='천황·쇼군'으로 논리를 전개하여, '국왕'이 천황과 쇼군을 동시에 지칭
    하는 것으로 주장하고 있으나, 여기서는 그에 대한 평가를 일단 유보한다.
35) 大日本思想全集刊行會編, 1932, 『荻生徂來·太宰春台集』, '凡例條'

를 누릴 수 있다"고 하여, 천황을 일본 國朝神을 제사하는 伊勢지역으로
강제 이주시켜 순수한 종교적 존재, 즉 정치에서 완전 배제된 제사장과
같은 존재로 만들고 그 대신 쇼군을 중국의 황제와 같은 위치로 격상시
키자고 제의했다. 이에 대해 다카토라는 "쇼군이 천황을 받들어야 다이
묘나 萬民도 쇼군을 우러러 본다. 만약 덴카이의 주장처럼 한다면 천황
을 업신여긴다는 것을 명분으로 세운 다이묘들이 연이어 봉기하여 또 다
시 내란상태에 빠질 것"이라고 반대하고 있다. 결국 이에야스는 정국의
안정을 위해 다카토라의 의견을 택했다고 한다.[36] 이에야스는 스스로
帝王, 즉 '國王'되기를 포기한 것이라 하겠다.

Ⅳ. 에도시대 중기의 '국왕' 칭호

전술하듯 에도시대 외교상 쇼군을 '대군'이라 칭하되 他稱으로만 머
물게 한 조치는 내정상의 천황-쇼군의 관계가 외교에 轉用된 결과였
다. 이를 극복하려는 시도가 18세기 초 쇼군 이에노부(家宣)의 정치고문
이며 유학자인 아라이 하쿠세키(新井白石)에 의해 행해졌다.[37]

그는 1711년 조선에서 파견된 통신사가 지참한 국서의 수신인을 '일
본국왕'이라 칭하게 하고, 쇼군의 답서에서도 '일본국왕'이라고 자칭케
하는 개혁을 단행한다. 이 개혁은 그 과정에서 당연히 격렬한 반대에 부
딪친다. 천황=국왕관 때문이었다.

이에 하쿠세키가 이 관념을 극복하려 도입한 것이 대외적 논리였다.
즉 무로마치시대 이래의 내정에서 외교로의 轉用을, 그는 이번엔 거꾸로

---

36) 深谷克己, 1991, 『近世の國家·社會と天皇』, 校倉書房, 47~48쪽.
37) 이 제4절은 기본적으로 민덕기, 2007, 『前近代 동아시아 세계의 韓·日관계』, 경
    인문화사의 제7장과 민덕기, 주 3) 앞의 논문을 참고한 것이다.

외교에서 내정으로 轉用시키려 했던 것이다. 그래서 그는 주변국가들이 對日 외교에서 쇼군을 항상 '日本國王'이라 칭해 왔고, 그러므로 이 칭호가 내정상으로는 천황을 가리킨다 해도, 외교상으로는 쇼군에 대한 것이기 때문에 대외적으로 이를 사용해도 천황의 지위에 아무런 영향을 주지 않는다는 논리를 펴기에 이른다. 이처럼 하쿠세키는 國王號 사용의 타당성을 주장하기 위해 주변 국가들의 쇼군에 대한 '國王' 사용을 중요한 역사적 先例로서 강조하고 있는 것이다.

이어서 그는, 무로마치시대부터 조선측의 '일본국왕' 칭호의 국서를 일본측이 못마땅했다면 거부했어야 함에도 흔쾌히 受理해 왔고, 수리한 이상은 쇼군을 '국왕'으로 인정한 것이 됨에도 불구하고 이에 대한 답서에서는 '국왕'을 자칭하지 않고 '日本國源○○'라고 署名해 왔음은, 앞뒤가 맞지 않는 모순된 행위이므로 단호히 일본측도 '국왕'이라 시정해야 한다고 주장했다.

그러나 유학자 아메노모리 호슈(雨森芳洲)는 이에 대해, 역대 막부정권이 천황의 大臣이면서도 국가의 주인처럼 전횡을 일삼았지만, 적어도 외교상으로는 천황에 대해 공순한 입장을 지켜 '王'만은 자칭하지 않았다고 평가하고, 1635년 하야시 라잔이 조선측의 對日 국서에서 칭하던 쇼군의 칭호를 '국왕'에서 '대군'으로 바꾸게 한 것도 '국왕'이 다름 아닌 천황을 참칭하는 칭호이기에 이를 꺼린 결과였다고 주장했다. 나아가 그는,

> 외국이 쇼군에 대하여 임금이라 칭했을 때 쇼군이 이를 사양하지 않으면 임금이 되며, 외국이 쇼군을 自國의 신하라고 칭한 것에 대하여 쇼군이 이에 반박하지 않으면 그 외국의 신하가 된다. 그렇듯이 무로마치막부 이래 역대 쇼군이 감히 王은 자칭하지 아니하면서도 조선측의 '일본국왕전하'라고 칭한 국서를 한 번도 사양한 적이 없었던 것은 스스로 王이라 한 것과 다름없는 결과가 된다. 그러나 이는 '日本 歷代特起之定例'라 할 수 있다. 또한 역대 쇼군이 조선에 보낸 국서 양식을 '일본국왕'으로서 갖추

면서도 署名은 '日本國源○○'라고 한 것은, 쇼군이 실제로는 일본의 군주
라 해도 官位는 천황의 大臣이었음을 자각한 결과로 이러한 국서 양식은
'宇宙特起之書法'이라 할 수 있다. 외국측이 지금까지 쇼군을 '일본국왕'이
라 칭해 온 것은 마치 商人을 사대부라 칭하고 여자를 남자라 불러온 것과
같다. 어찌 王이 아닌 자를 王이라 칭하는가. 그러므로 王號를 칭한 쪽도
그 칭호를 받은 쪽도 무지하다고 할 수 있다.38)

라 하여, 하쿠세키가 지적한 외교상의 모순에 대해, 이러한 모순이야말
로 일본적인 것, 즉 일본만이 가진 '歷代特起之定例'요, '宇宙特起之書
法'이라고 옹호하고, 쇼군이 '일본국왕'으로 칭해졌다면 이를 칭한 측,
즉 조선에도 그 책임이 있다고 말하고 있다.

　이 시기 쇼군과 관련한 '왕' 사용에 대해 유학자들이 어떤 인식을 보
였는가를 극명하게 보여주는 사료를 검토해 보자. 무로 큐소(室鳩巢)는
『兼山秘策』의 「國喪正義」에서, 쇼군 이에노부(家宣)를 '文昭王'이라 표
현한 자신의 기록에 대하여, 이를 비판한 야마자키 안사이(山崎闇齋)의
門下生 유사 보쿠사이(遊佐木齋)의 서간과 그에 대한 자신의 답서를 소
개하면서, 王號에 대한 자신의 견해를 명확히 하고 있다.39)

　우선 보쿠사이의 서간 내용은 다음과 같다.

　　일본은 중국과 달라 帝王(천황) 외에는 王의 칭호가 없다. 따라서 당신
의 저술에서 사용한 王號는 쇼군을 제왕으로 간주한 것이 된다. … 당신은
천황을 虛位로 보고 실제상의 일본 지배자인 쇼군이야말로 實位라고 판단
하여 이에 王號를 사용하고 있는가? … 쇼군(將軍)에는 官位가 있지만 王에
는 그것이 없는데 어찌하여 당신은 이를 사용하고 있는가? … 당신의 저술
을 보고 너무 놀라 차마 손으로 잡기조차 두렵다. 지금이 말세라고는 하지
만 이와 같은 記述을 보고 탄식해 마지않을 뿐이다.

38) 關西大學東西學術硏究所編, 1980,『芳洲文集(雨森芳洲全集 2)』, 九州 關西大學
　　出版, 39~44쪽.
39) 室鳩巢,『兼山秘策』『日本經濟大典』第六卷, 343~346쪽.

이에 대한 규소의 답서는 다음과 같다.

> 무로마치 막부 이래 외국과의 국서 贈答에 王을 칭한 선례도 있으므로,
> 나는 자신의 저술에 이를 사양 않고 쓰고 있다. … "일본엔 천황 외에 법
> 과 형벌을 주관하는 人主(쇼군)가 있으며 이는 외국에는 없는 神國의 풍속
> 이다", 라고 한 당신의 주장에는 이의가 없다. 그러나 천황 밑에서 법과 형
> 벌을 주관하는 사람이 있을진대 이를 王이라 하지 않고 뭐라 부르겠는가?
> 당신의 말처럼, 王에는 官位가 없다하지만, 將軍・大臣으로서 제후를 來朝
> 하게 하고 법과 형벌을 주관하는 경우도 있겠는가?

두 사람의 문답 서간에서 다음과 같은 사실을 알 수 있다. 우선 큐소
가 보인 쇼군='왕' 논리에 대한 보쿠사이의 경악적인 반응이다. 그에겐
'王'=천황이 움직일 수 없는 고정관념으로 되어있다. 그는 또 '將軍'이
형벌을 管掌하고 있는 현실에 대해 이를 '神國(일본)의 풍속'이라고 규
정하여 비호하고 官號가 없는 王號의 사용을 비난하고 있다. 그러나 큐
소는 이에 대해, 무릇 다이묘들을 복종시키고 국가의 법과 형벌을 주관
하는 '將軍'이야말로 王號가 적절하다고 반박하고 있다. 이는 官位를 갖
지 않는 '王', 즉 쇼군의 帝王化에 대한 뚜렷한 긍정이다. 보쿠사이가
'왕'이 아닌 쇼군의 정권장악 현실을 '神國의 풍속', 즉 일본적인 것으로
특이화한 데 대하여, 큐소는 동아시아의 傳統王朝의 경우처럼 실제 통
치자를 帝王으로 설정하려 하고 있다.

그런데 하쿠세키는 호슈 등 명분론자들의 '國王'=천황이라는 관념을
희석시키기 위한 한 방법론으로 왕=천황을 분리시키려 시도하고 있다.
즉 '皇'은 '天'과 관련되어 '천황'이라 일컬은 것이며, '王'은 '國'과 관
련되므로 '국왕'이라 칭하는 것이다. 그러므로 양자의 上下 명분은 분리
되어 있다는 주장이 그것이다. 이 논리에 대해 근대의 사학자 도쿠토미
소호(德富蘇峰)는, 그렇다면 쇼군은 일본 전국을 지배하고 천황은 일본
의 하늘을 지배하는 것이 되는데, 천황의 지배영역은 일본국토이지 일본

의 상공이 아니다, 라고 그 허구성을 지적하고 있다.[40]

큐소도 하쿠세키처럼 천황·국왕을 다음처럼 구분 짓고 있다.

> 현재 중국과 일본은 황제와 천황을 天子로 정하여 부르고 있다. 조선은 중국의 正朔을 받들고 있으므로 淸나라 황제를 고려하여 稱帝하지 않고 다만 조선국왕이라 칭하고 있지만, 조선의 刑政은 淸이 관여하고 있지 않다. 일본의 쇼군도 京都천황을 고려하여 일본국왕이라 칭하고 있지만, 천황의 정삭만을 받들 뿐 형정은 모두 자신으로부터 나오고 있으니 조선과 같다고 하겠다. 만약 조선국왕에게 淸의 황제가 없었다면 帝를 칭하는 데 주저하지 않았을 것이다. 쇼군 또한 천황이 없었다면 형정을 주관하는 만큼 천자라 불러도 상관없었을 것이므로 帝의 칭호는 사양하되 王을 칭하는 것은 당연하다 하겠다. 일본은 神孫의 天子가 百代에도 바뀌지는 않았지만 政事에는 관여하지 않고 그 밑의 쇼군이 대신하여 형정을 주관하고 있다. 이는 외국에는 없는 일이니 국가정무에 관여하지 않는 主를 帝라하고 政務를 맡은 主를 王이라 칭하여 帝·王 2단계로 하지 않으면 안 된다.

즉 조선국왕이 內政上 淸 황제의 간섭 없이 刑政을 행사하면서도 淸의 연호를 사용하므로 '帝'는 사양하여 국왕이라 칭하고 있듯이, 쇼군도 스스로 刑政을 행사하고는 있지만 '京都천황'의 연호를 쓰고 있기 때문에 稱帝는 사양하되 稱王함은 당연하다. 천황이 '神孫의 天子'로서 계속 이어져왔지만 政事에는 관여하지 않으므로 정사를 주관하는 자를 王이라 칭하여 문제가 되지 않는다고 하고 있다.[41]

여기서 주목되는 것은 큐소가 중국황제=日本천황('帝')을 위에 두고, 조선국왕=일본국왕('王')을 밑에 두는 논리를 펴고 있는 것처럼 보인다는 점이다. 그야말로 '帝'와 '王'은 字意上으로는 상하관계이다. 그렇지만 조선국왕과 淸 황제는 조선과 중국이라고 하는 영역을 각각 실제로 통치하고 있다. 이에 비하여 쇼군('王')의 통치영역을 일본으로 할 때 천

---

40) 德富猪一郎, 1936, 『元祿·享保中間時代』 『近世日本國民史』, 民友社, 152쪽.
41) 室鳩巢, 주 39) 앞의 책, 같은 쪽.

황('帝')에게는 그것이 없게 된다. 조선의 內政에 대하여 淸의 황제는 중국대륙을 지배하고 있기 때문에 연호 등의 한정적인 영향력을 행사할 수가 있었다. 그러나 연호 제정 외에 실제의 지배영역을 가지고 있지 않는 천황이라면 이는 조선국왕처럼 실제의 통치영역을 가지고 있는 쇼군에게 어떠한 존재였을까? 여기서 큐소가 천황을 어떠한 지위에 놓으려 하고 있었는가가 명확해진다. 그것은 어떠한 직접·간접의 정치성도 배제된 존재, 즉 연호만을 제정하는 '百代不易의 神孫의 天子'인 것이다. 이는 전술한 덴카이의 의도와 상통한다.

오규 소라이(荻生徂徠)도 천황과 국왕을 차별화 시켜 다음과 같은 주장을 펴고 있다.[42] 즉 통신사가 도일했을 때 그 三使(正使·副使·從事官)를 고산케(御三家)가 접대해온 관행은,[43] 에도시대 초기 일본의 '文盲'들이 양자가 똑같이 조선의 三品·천황의 三位의 官位를 갖고 있다는 것을 이유로 한 것이나, 이 관례는 조선국왕과 천황을 동등시하는 결과가 되므로 쇼군은 그보다 한 단계 아래에 처해지게 되고, 이는 國體를 손상하는 심히 합당하지 못한 일이 된다. 조선과의 외교를 관장하는 것은 천황이 아니라 쇼군이므로 쇼군과 조선국왕이 동격이어야 한다.

즉 그는 三使=御三家로 하면 천황=조선국왕이 되므로 쇼군이 하위가 되며, 이는 국체를 손상시키는 것이라고 논하고 있다. 그는 또 "만약 조선이 천황에게 사자를 보낸다면 三位의 官位를 가진 자로 하여금 접대케 할 수 있지만, 일본의 옛 법으로 비추어 조선국왕과 천황을 동격에 놓을 수는 없다. 천황은 皇帝이고 조선왕은 王位이기 때문이다"고 말하고 있다. 이로 보면 마치 천황을 上位에 두고 그 밑에 쇼군과 조선국왕을 동격으로 위치시키려 하고 있는 것처럼 보인다. 그러나 "조선인의 來

---

42) 荻生徂徠著·辻達也校注, 1987, 『政談』, 岩波書店, 163~170쪽.
43) 고산케란 이에야스의 세 아들로 尾張·紀伊·水戶藩의 藩主를 말한다. 이들 藩은 막부 一族의 藩 가운데 가장 대표적인 것으로 막부로부터 특별대우를 받고 있었다.

聘件은 결코 천황의 조정과는 상관없는 일로, 오직 武家만의 관장하는 일"이라며, 조선국왕과 쇼군과의 외교관계를 사실상 천황과는 연관시키지 않고 있다. 즉 양자 간의 관계 속에 천황의 개입이 전혀 고려되고 있지 않음을 알 수 있다.

하쿠세키가 '국왕'에 주목한 것은 '國王'이 帝王의 의미를 내포하고 있으면서 동시에 천황의 官位 대상에는 들어있지 않아 쇼군을 천황의 신하라는 입장에서 탈피시킬 수 있는 가장 적절한 칭호였기 때문이었다. 이를 조선과의 외교에 사용할 수 있게 되면 대외적으로 쇼군이 일본의 제왕으로 인정받는 것이 되고, 더구나 쇼군의 취임 때마다 도일하는 조선의 통신사가 '일본국왕'이라 칭한 조선국왕의 국서를 쇼군에게 전달하게 되면 대내적으로도 쇼군을 帝王으로서 인식시키는 계기가 될 것이라고 하쿠세키는 확신하고 있었다. 그러나 새 쇼군 요시무네(吉宗)가 '일본국왕'을 비롯한 하쿠세키의 제반 對조선 외교개혁을 폐지하고 前例로 돌아감에 따라 하쿠세키의 企圖는 수포로 돌아가고 만다.

V. 맺음말

이상의 검토를 통해 중·근세 일본이 조선과의 외교에 '일본국왕'을 자칭하지 못한 이유를 파악할 수 있지 않았는가 여겨진다. 그 이유는 다름 아닌 천황='국왕'관념 때문이었다.

무로마치막부 쇼군이 조선에 '일본국왕'을 자칭하지 못한 이유가, 이에야스와 히데타다가 동남아시아 나라들에게 또한 그러하지 못한 이유가, 에도막부가 쇼군의 자칭으로 조선에 '일본국왕' '日本國大君'을 일컫지 못한 이유가, 중국의 책봉국 君長에의 칭호인 '국왕'이 아닌 천황='국왕'관 때문이었다면, 이를 가지고 조선 멸시관의 한 표현으로 치부할 수 없

을 것이다. 내정상의 모순을 방치한 채 외교에 轉用했기 때문이다. 조선
에의 국서에 일본 연호를 사용했다고 하는 점도, 그 이유가 천황의 조정
을 의식한 결과라고 한다면, 이 또한 조선과 연관시켜 평가할 수 없을
것이다.

본 논문을 맺으면서 몇 가지 문제 제기를 하고자 한다. 첫째로는 천황=
'국왕'관이 중·근세 지배층의 일관된 인식이라 할 때, 그 시대의 '존재하
나 군림하지 않는 천황'이 대외적으로는 '나라님'으로서의 지위를 관념
적이라고는 하나 유지하고 있었지 않았는가 하는 의문이다. 그렇다면 일
본의 국체 의식과 천황과의 관계가 하나의 숙제로 남는 셈이다.

둘째, 중·근세 武家정권하의 천황='국왕'관은, 그 때문에 중국 '황
제'=일본 '천황'이란 등식을 갖지 못하지 않았는가 하는 점이다. 천황=
황제=천자로 하여 '국왕'의 상위로 구분한 것은 메이지 이후의 일이 아닌
가 여겨진다는 점이다. 천황이 명실 공히 君主의 자리를 취했을 때 비로
소 그러한 구분을 명확히 할 수 있었지 않았는가 하는 점이다. 그렇다면
다시 의문이 생긴다. 일본이 조선을 식민지화할 때, 양국은 같이 '황제'
였던 점이다. 즉 당시 양국은 '明治천황'(皇帝格)·'純宗皇帝'로 칭하고
있었던 점이다.

셋째, 무로마치막부가 明의 책봉체제하에 일정기간 존속한 것은, 정치
적 동기가 강했던 요시미츠를 제외하고는 동아시아 국제사회에의 참여
가 아니라 조공무역 이윤이 그 목적이었다고 볼 수 있다. '국왕' 사용을
쇼군=覇王觀으로 희석시켜 受容하고 있는 만사이의 의견이 그러하다.
그렇다면 1483년 일본의 조공선 편성에 천황의 朝廷船이 1척 포함된 것
이 주목된다. 유력 상인에게 청부한 형태라 하지만 조공무역에 동참한
결과가 되기 때문이다.[44] 對明 관계를 굴욕적인 조공외교라 한쪽에선

---

44) 민덕기, 1994, 「무로마치막부시대의 對明 册封관계의 성립과 변화」 『淸大史林』 6,
   청주대학교사학회, 210쪽.

비난하면서, 또 한편으로는 그 무역에 천황의 조정이 참여했다는 것은
무엇을 의미하는가? 일본측의 사료『蔭涼軒日錄』文明18년(1486) 5월
29일조에는 1474년 '高麗'(조선)에 보낸 對明 조공관계 중재 요청의 국
서 寫本을 점검 보관하고 있는 내용이 있다. 흥미로운 것은 明에 보낸
表文과 같이 조선에 보낸 국서도 '表' 또는 '疏'라 칭하고 있다는 점이
다.[45] 이러한 사례들로 볼 때 역사상 일본 지배층의 천황관이나 조선관
에 대한 다양한 접근이 요청된다고 여겨진다.

---

45) 민덕기, 1995,「무로마치막부의 對明 朝貢 仲裁요청과 朝鮮의 대응」『일본역사
    연구』 1, 일본역사연구회, 49쪽.

〈표 8〉 세종~성종 年間 조선의 對日 國書上 쇼군 호칭

서력	朝鮮王朝實錄		善隣國寶記		續善隣國寶記	
	수록일	내용	발급일	내용	발급일	내용
1420	세종2년 윤1월 갑신	일본국왕				
1422	세종4년 12월 계묘	일본국왕				
1424	세종6년 2월 계축	불명				
1425	세종7년 5월 경진	일본국	洪熙元年 5월일	일본국		
1428	세종10년 12월 갑신	불명				
1430	세종12년 2월 경인	불명				
1439			正統4년 7월 12일	일본국		
1443	세종25년 2월 정미	불명				
1448	세종30년 8월 경진	일본국왕				
1450	문종즉위년 5월 기유	일본국왕				
1456	세조2년 7월 무진	불명				
1457	세조3년 5월 무자	일본국왕				
1459			天順3년 2월 1일	일본국		
	세조5년 4월 정묘	일본국왕				
	세조5년 8월 임신	일본국				
1460			天順4년 3월 28일	일본국		
1462	세조8년 12월 갑술	불명				
1466	세조12년 윤3월 기해	불명				
1474	성종5년 12월 병신	일본국왕			成化10년 12월일	일본국왕
1475					成化11년 9월일	일본국왕
1482					成化18년 5월 12일	일본국왕
1487	성종18년 7월 병오	일본국왕			成化23년 7월일	일본국왕
1489					弘治2년 9월일	일본국왕
1491					弘治4년 10월일	일본국왕
1494	성종25년 6월 갑신	일본국왕				

* 『세조실록』 5년 4월 16일(정묘)조의 국서는 불명이나, 내용중 '王乃屢遣信使'로 보아 '일본국왕'으로 간주.

** 『성종실록』 18년 7월 9일(병오)조의 것은 불명이나 『속선린국보기』에 의거하여 '일본국왕'으로 간주.

제8장

표류민을 통한
조선·일본·유구 사이의
정보교류

I. 머리말

前근대 국가간의 정보 교류는 조선시대가 그렇듯이 使者의 왕래를 통한 것이 주류였다. 그러나 이에 의한 정보는 국가권력에 의해 윤색되거나 정제되기 쉽다. 특히 정보 제공측은 自國의 華夷관념이나 국가 안보적 측면에서 국위를 손상시키지 않고 자국의 이익에 부합되는 한정적인 정보를 제공하기 일쑤였다.

이에 비해 송환된 표류민에 의한 정보는 표착한 상대국의 변방에 노출되어 있던 있는 그대로의 정보이기 쉽다. 그것은 정제나 윤색이 되지 않은 현장적이며 직접적인 정보이다. 또한 표착해 온 외국 표류민을 통해서도 그 외국에 대한 새로운 정보를 습득하기 용이하다.

이러한 관점에 서서 본 논문은, 조선정부의 경우 표류민을 통한 일본 또는 유구 정보취득에 어떠한 자세를 취하였는가? 입수된 정보의 내용은 무엇이며 그것이 어떠한 결과를 가져왔는가? 또한 민간 차원에서의 일본 또는 유구 표류에 대한 기록 및 경험, 그리고 그것이 가져온 영향은 무엇인가? 아울러 유구왕자가 제주도에 표착하여 살해되었다는 琉球王子 殺害說이 표류와 관련된 정보로서 제주도민의 유구 표류에 어떻게 작용하고 있는가에 대해서 살펴보고자 한다. 한편 조선후기의 일본은 표류민을 통해 어떠한 조선정보를 입수하고 있는가? 유구는 어떠한 조선정보를 가지고 조선 표류민을 대하고 있는가 등을 검토하고자 한다.

본 논문은 표류민에 관한 기존연구 성과를 적극적으로 수용하고 있으면서도 '정보와 교류'에 초점을 두고 있다는 점을 밝혀둔다.[1] 또한 '정보'란 용어를 부분적인 의미로도 사용하고 있음을 말해둔다. 부분적인

---

1) 표류민과 관련한 기존연구는 이훈, 2000,『朝鮮後期 漂流民과 朝日關係』, 국학자료원, 465~470쪽의 「참고문헌」을 참고할 것.

의미에서의 정보란 어떤 주체가 외부의 객체로부터 습득하는 정황에 관한 모든 소식이라 생각된다. 그렇다면 완전한 의미에서의 정보란 무엇인가? 이는 습득된 정보를 주체가 식별하고 평가하여 객체에 대응하는 자세를 취하게 되는 단계까지를 전제로 할 때가 아닌가 여겨진다.

II. 조선정부의 표류민을 통한 일본·유구 정보와 교류

1. 조선전기의 일본 정보와 교류

우선 일본에서 송환된 조선표류민이 조선정부에 전달한 정보에 대해 알아보자. 15세기에 조선인으로서 일본에 표류되었다가 송환되어 전달한 일본관련 정보로서 1425년의 장을부(張乙夫) 등의 보고를 들 수 있다. 그들은 일본에서 이송·송환되는 과정에서 일본인과 일본의 지방세력 및 대마도에 의해 후대 받았고, 그 후대 이유는 조선국왕에 대한 존경의 표시였다고 하는 일본측의 발언도 전달하고 있다. 1467년 송환된 윤석이(金石伊) 등도 표착지인 고토(五島: 長崎縣)에서 일본인들이 자신들의 복장만을 보고 곧 조선인이란 것을 알아차려 접대했다고 보고하고 있다.[2] 조선 표류민에 대한 일본측의 이같은 적극적인 대응은 조선측으로부터의 반대급부를 기대한 것이다. 이는 조선의 왜구 금압을 위한 다원적인 교린정책, 즉 일본의 호족 및 일본인 개인의 평화적 통교에 대한 후대 정책이 이미 이 시기에 주효하고 있음을 보여주는 것으로 여겨진다.

1488년 중국에서 송환된 최부(崔溥)는 제주도 경차관으로 임무 수행

---

2) 『세종실록』 7년 12월 28일(계사) ; 『세조실록』 13년 7월 일(을유).

중에 표류되었다. 그는 처음엔 중국측에 왜구로 오인되었다. 조선인 복장을 한 왜구도 있었다는 사실 때문이었다. 당시 왜구가 중국연안에서 조선인 복장을 하기도 했다는 사실은 조선에선 전혀 파악하지 못했던 새로운 정보라 할 수 있다. 그는 자신이 지니고 있던 印信과 중국연호가 새겨진 마패를 제시하여 오해를 벗을 수 있었다.[3]

그러나 15세기의 조선이 일본에서 송환된 自國 표류민을 통해 구체적인 對日 정보를 습득하려 했다고는 볼 수 없다. 1479년 유구에서 송환된 표류민 김비의(金非衣) 등은 표착지 유구에서의 견문과 경유지 규슈(九州)에서의 오우치(大內)·쇼니(少貳)氏 사이의 전쟁을 보고하고 있으나, 前者가 극히 상세하게 기록된 반면 후자는 아주 소략하다(후술). 1501년 제주도의 官奴인 장회이(張廻伊)의 경우에도, 일본의 표착지에서 송환되기까지의 이동과 접대상황, 농경과 풍습에 대해 보고하고 있으나 일본측의 환대가 강조되어 있을 뿐이다.[4] 이러한 자세는 조선정부가 일본에 파견한 조선 사절이나 대마도측으로부터, 또는 평화통교자로서 빈번히 내항하는 일본인으로부터 풍부한 일본정보를 제공받고 있기 때문인 듯하다. 그 結晶이 1471년에 발간되는 신숙주의 『해동제국기』로 이 책은 당시의 일본에 대한 귀중한 정보를 대거 수록하고 있다.

일본에서 송환된 自國 표류민을 통한 조선정부의 이같은 소극적인 對日정보 습득 의지는 삼포왜란(1510)을 계기로 바뀌어진다. 즉 일본에 대한 경계심에서 새로운 일본 정보를 필요로 하게 되었고 특히 대마도의 동향에 주목하지 않을 수 없었던 듯하다. 그 때문인지 송환된 표류민에게 적극적으로 정보를 제공받으려 하고 있다. 즉 조선정부는 1525년 김필(金必[金弼]) 등에게 일본의 풍속과 농경 및 오우치씨의 위치, 그리고 왜구관련 정보 등을, 그리고 1536년엔 김공(金公) 등에게 표착지인 이키

---

3) 『성종실록』 23년 정월 14일(을유).
4) 『성종실록』 10년 6월 10일(을미) ; 『연산군일기』 7년 정월 30일(기묘).

(壹岐)의 기후·풍속 등을, 또한 1540년에도 배만대(裵萬代) 등에게 일본
에서 견문한 것을 상세히 묻고 있다.[5]

그렇지만 16세기 중반에 와서는 조선정부의 기강해이 때문인지 對日
정보 습득 노력이 별로 부각되지 않는다. 더욱이 대마도에 의한 朝日관
계 독점을 유지키 위한 소극적인 조선 표류민 송환 자세로 일본 정보습
득이 제한되어 갔다. 당시 대마도는 일본의 對조선관계를 독점하고 있어
조선 표류민에 의해 대마도의 이익에 反하는 정보가 조선에 전달되는
것을 우려하고 있었다. 그러므로 대마도 이외의 지역에 표착한 조선인의
송환에는 극히 소극적이었다.[6] 이 때문에 조선정부는 오직 대마도를 통
해 여과된 한정적인 정보를 입수할 뿐이었고, 그 결과 1590년 일본에 파
견된 통신사는 親조선계 호족인 오우치씨에 대한 예물까지 지참하게 된
다. 그러나 오우치씨가 멸망한 것은 이미 그 40년 전이었고, 이 사실을
통신사가 확인한 것은 규슈에 상륙해서였다.

그렇다면 이번에는 조선에 표착한 일본 표류민을 통해 조선정부가 어
떠한 對日정보을 가지게 되었는가 알아보자. 우선 일본의 對明 조공선
이 조선에 종종 표착하여 日明관계를 조선이 파악하는 계기가 되고 있
다. 즉 1454년 중국에 다녀오던 일본 조공선이 전라도에 표착하자 이를
경상도 제포(薺浦)로 안내하여 주고 있다든가, 같은 해 제주도에 조공선
이 표류하자 접대는 하되 상륙은 금지시켜 內地의 허실이 드러나지 말
게 하라든가, 1478년 제주목사 정형(鄭亨)이 일본으로 귀국 중이던 조공
선의 표착에 잘 대응하여 조선의 국위를 손상시키지 않았다 하여 加資
하고 있는 기록이 그것이다.[7]

---

5) 『중종실록』20년 6월 22일(경술)·26일(갑인), 7월 3일(경신)·12일(기사), 31년 10
 월 11일(계사), 35년 4월 9일(경오).
6) 米谷均, 1997, 「漂流民送還と情報傳達からみた16世紀の日朝關係」『歷史評論』572,
 56~60쪽.
7) 『단종실록』2년 7월 18일(정묘), 9월 3일(신해) ; 『성종실록』9년 8월 1일(경인).

그렇다고 조선이 일본 표류민을 통해 日明관계와 관련한 정보를 구체적으로 파악하거나 깊은 관심을 가지고 있지는 않은 듯하다. 즉 1523년 寧波의 亂을 일으켜 중국관리를 나포·귀국 중인 일본의 조공선 일단이 조선연안에 표류하다 그중 中林이란 일본인이 잡혔다. 중림은 조선측에 중국에 조공하고 돌아오다 표류했다고 진술했고, 영파의 난을 아직 파악하지 못한 조선은 이를 확인하는 과정에서 당시 조선에 온 일본사절의 詩句를 통해 일본 조공선의 중국 입항장이 영파라는 것을 알게 될 정도였다.8) 이처럼 조선의 日明관계에 대한 낮은 관심은 조선의 對日정책의 근간이 왜구 금압에 있었다는 것을 반영하는 것으로 보인다.

16세기 중반이 되자 동북아시아 해역에 후기왜구가 출현하여 중국연안은 다시 노략질의 대상이 된다. 후기왜구의 구성원은 중국·일본인의 연합세력으로, 明의 조공무역만을 허용하는 해금정책에 저항하며 밀무역과 약탈행위에 나선다. 이들은 일본 규슈 서북 도서지역에 근거지를 두고 있었으므로 중국연안을 약탈하고 귀환하는 중에 조선 서해안에도 수시로 출몰하였고, 그로 인해 조선은 경계태세를 강화하게 된다.

그러던 1553년 황해도에서 일본인 三甫羅古羅 등 3명이 나포된다. 이들은 하카타(博多)출신으로 현지에 이주한 중국인들과 南京에 무역하고 오다가 표류했다고 진술하고 있다. 그러나 조선은 이들이 중국에서 노략질을 하고 온 것으로 단정하여 중국으로 압송하기에 이른다. 이러한 결정은 조선 사절이 以前에 北京에서 접한 정보와 대마도가 제공한 정보를 근거로 한 것이었다. 조선은 또한 근간에 조선에 표착한 일본인들도 모두 중국에서 왜구행위를 자행한 것으로 추정하게 된다.9)

---

8) 『중종실록』18년 6월 5일(갑진)·12일(신해) ; 민덕기, 1996, 「영파의 난과 조선·일본·明의 관계」『정덕기박사화갑기념한국사학논총』, 충남대 사학과, 361~362쪽.
9) 『명종실록』8년 6월 27일(임인), 9년 정월 22일(계해).

2. 조선전기의 유구 정보와 교류

한편 유구에서 송환된 조선 표류민을 통해 입수된 유구 정보는 일본의 경우와는 다르게 상세하게 실록에 기록되어 있다.

최초의 것은 1453년 표류민 만년(萬年)의 것으로, 표착에서 송환되기까지의 과정, 유구의 지리와 습속 및 의복, 기후와 농경 등이 구체적으로 기록되어 있다.10) 1462년 표류된 양성(梁成)과 초득성(肖得誠) 등의 보고도 상세하며, 유구의 王都 근처 100여 가옥에 조선인과 중국인이 살고 있다는 정보도 들어있다.11) 이러한 정보들은 『해동제국기－琉球國紀』에 크게 참고 되었을 것으로 여겨진다. 이 책에는 유구의 풍속인「國俗」과 유구어를 번역한「語音飜譯」이 수록되어 있다.

1479년 송환된 제주사람 김비의(金非衣) 등의 보고는 더욱 상세하다. 現 오키나와縣의 고등학교 역사교재에도 이를 상세히 옮겨 적고 있을 만큼 당시의 유구를 파악하는데 가장 구체적인 사료로 평가 이용되고 있다.12) 이같은 정보를 제공한 대가인지 조선정부는 김비의 일행에게 2년간의 役使 면제와 반년치의 祿料 및 제주도로 귀향하는 비용으로 過海糧을 지급하고 있다.13)

전술한 양성은 유구에 팔려와 노비로 있는 자들이 대부분 일본인이며 도둑질은 그들에 의해 행해질 뿐이라는 견문을 보고하고 있고, 김비의도 유구국왕이 일본인들은 성질이 나빠 무사송환을 기대할 수 없다고 중국

---

10) 『단종실록』 元年 5월 11일(정묘).
11) 『세조실록』 8년 2월 16일(신사).
12) 新城俊昭, 1994, 『高等學校 琉球·沖繩史』, 沖繩縣 歷史教育研究會의「朝鮮人漂流民が見た15世紀末の琉球」(77～82쪽)와 沖繩縣 教育委員會編, 1994, 『高校生のための沖繩の歷史』, 沖繩縣 高等學校社會科教育研究會의「朝鮮人漂流民の見た15世紀末の先島」(46～50쪽)에서 상세히 인용하여 설명하고 있다.
13) 『성종실록』 10년 6월 10일(을미)·20일(을사).

으로의 轉送을 권유했다고 보고하고 있다. 이는 당시 유구의 對日觀을 반영한 것이라 할 수 있겠다.

조선 표류민을 통해 유입된 유구 정보는 16세기에 들어와서도 그 내용이 상세하다. 1546년 유구에서 돌아온 박손(朴孫)의 보고에는 유구의 官服이 중국과 같다든가, 특정 유구인을 南京에 유학시켜 중국의 학문과 어학을 익히게 하여 중용한다든가, 望闕禮를 행하여 중국에 대한 사대를 지성으로 한다는 등의 내용이 있다.[14] 이러한 정보는 조선으로 하여금 작은 나라인 유구를 교린대상으로서 지속적으로 설정하게 하는 계기가 되었다고 할 수 있다.

이에 비해 조선에 표류된 유구인을 통한 조선의 정보취득 동향은 어떠했는가? 1497년 조선에 표류한 유구인 10명을 심문한 朝廷은, 그들의 언어가 일본어와 같기도 하고 다르기도 하다며 조선에 체류 중인 일본인을 시켜 통역을 시도하기도 한다. 또한 유구의 의복이 중국의 布로 만들어졌다고 판단하고 있다. 朝廷에선 유구가 중국의 책봉을 받고 중국에 근접해 있으니 이들을 중국으로 轉送하자는 논의가 일게 되었으나, 이들이 일본인에 의해 송환되기를 원하자 대마도로 하여금 전송하게 된다.[15]

1530년 유구인 7명이 표류해오자 조선은 유구내 조선표류민의 유무, 중국에의 조공여부, 유구국왕이나 평민의 의복, 喪中의 음주와 육식 여부, 벼 농사법 등에 대한 질문을 하고 있다.[16] 이러한 질문은 유구의 儀禮문화의 수준을 가늠하여 華夷적 관점에서 평가하려는 의도로 보인다. 이에 유구인은 喪中에 육식을 피한다고 질문에 답하고 있으나, 유구에 표류했다 송환된 전술한 만년의 경우나 양성 및 박손 등의 보고에서는 육식을 한다고 하고 있어 서로 엇갈린다.

---

14) 『명종실록』 元年 2월 1일(무자).
15) 『연산군일기』 3년 10월 14일(임오)·18일(병술) ; 『중종실록』 25년 10월 2일(무오).
16) 『중종실록』 25년 10월 1일(정사).

　주목되는 것은 이들 7명이, 일본 루트를 통해 귀국시키려는 조선의 방침에 적극 저항하며 중국 루트로의 귀국을 간청하였다는 점이다. 유구 표류인의 이러한 자세는 유구와 사츠마(薩摩)와의 관계가 악화되었기 때문으로 여겨진다.[17] 그러므로 일본 루트를 취할 경우 사츠마 세력에게 나포 당할 우려가 있었기 때문이다. 이에 이르러 조선은 관례였던 일본 루트를 경유하는 유구 표류인의 송환 방식을 포기한다. 그 대신에 조선 사절의 중국 파견에 동반시켜 북경에서 유구 사절에게 인도하는 방식을 취하게 되고, 이 방식은 이 이후 관례화 된다.[18]

　유구에 표류한 조선인이 중국을 경유하여 송환되는 것도 대체로 이 시기의 일로, 그 최초의 사례가 전술한 1546년의 박손의 경우이다. 이로 본다면 조선과 유구를 잇는 경유 지역으로서의 일본이 16세기 중기에 이르러 제외되게 되는 것인데, 그 배경엔 전술한 유구와 사츠마와의 관계 악화가 작용하였을 것이고, 또 하나의 요인으로서는 후기왜구의 동아시아 해역에의 등장으로 여겨진다.

3. 조선후기의 일본 정보와 교류

　임진란과 그 직후 양국의 講和과정에서 조선의 對日정보는 임진란 때 잡혀갔다 송환되는 被虜人을 통해 주로 입수되었고 그 주된 초점은 일본의 재침 여부였다. 강화(1607)와 기유약조(1609) 이후 양국관계가 정상화되어가자 양국 표류민에 대한 송환체제도 확립되어간다.[19] 이에 조

---

17) 『중종실록』 25年 10월 7일(계해)와 8일(갑자). 당시 유구와 사츠마의 관계에 관하여는 喜舍場一隆, 1993, 『近世薩琉關係史の研究』, 國書刊行會, 35～39쪽 참고.
18) 『중종실록』 26년 3월 9일(갑오), 4월 4일(무오). 그 이후 표류한 유구인의 송환은 중국을 경유하여 전송되었다. 이에 관하여는 손승철, 1999, 『근세조선의 한일관계연구』, 국학자료원, 184～189쪽 참고.
19) 에도 막부의 표류민에 대한 송환절차는 1640년대 후반에 정비된다. 이에 관해서

선정부의 일본 정보입수는 송환된 自國 표류민을 통하는 것보다 통신사를 통해 활발히 행해지고 있다. 조선정부는 표류민이 대체로 지식수준이 낮은 常民이므로 그들의 견문이 체계적인 정보로서 인정할 수 없을 것이라는 선입견, 이에 비해 지식층인 통신사가 대마도에서 에도(江戶)까지를 왕복하는 가운데 일본의 동태를 어느 정도 파악할 수 있을 것이라는 기대를 갖고 있었던 듯하다. 이를 반증하듯 『海行摠載』에는 每回 통신사행의 기행일기와 「聞見摠錄」이 실려있다. 조선정부는 또한 조선에 표착한 일본인을 통한 對日정보 수집 노력도 별로 보이지 않는다. 그 이유도 이들 일본인을 常民으로 간주했기 때문인 듯하다.

그러나 일본 智奇島(불명)에 표류했다가 1652년 송환된 서일립(徐一立)이 임진란 때 잡혀온 現地 조선 피로인으로부터 전해 들었다는 다음과 같은 정보는 주목된다.[20] 즉 피로인들이 아직 정신적으로 일본에 정착하지 못하고 있다는 것이다. 그리고 1635년에 있었던 대마도측의 國書改造事件인 야나가와(柳川)一件이 양국관계를 파국으로 몰고 가 조선이 일본을 공격한다는 소문이 퍼졌고, 조선의 내응세력으로 이들이 지목되어 일시 구금까지 당했다는 것이다. 또한 이들이 조선의 1636년 통신사 파견에 대해, 양국관계를 정상화시키고 일본의 조선 재침을 중지케 한 중대한 배경이 되었다고 믿고 있다는 것이다.

이를 통해 야나가와 사건과 통신사의 渡日로 전개되는 국면이 일본 내에서는 양국 간에 심각한 위기상황이 조성되고 해소되는 과정으로 인식되고 있었음을 알 수 있다. 그 와중에서 발생했다는, 조선이 일본을 공격한다는 풍문은 일본 변방의 조선 인식의 일면을 반영하는 것으로 이해된다. 또한 양국 간의 위기상황에서 피로인들이 일본의 적대세력으로

는 이훈, 2000, 『조선후기 표류민과 朝日관계』, 국학자료원, 121쪽 ; 鶴園裕 외 1997, 「江戶時代における日朝漂流民送還をめぐって」 『靑丘學術論集』 11, 韓國文化硏究振興財團, 139쪽 註 3) 참고.

20) 『효종실록』 3년 7월 19일(무자).

간주되어 구금까지 당하고 있었음을 알 수 있다. 그러나 1652년 당시 조선정부의 통신사를 통한 피로인 송환노력은 이미 종식되어 있었다.[21]

4. 조선후기의 유구 정보와 교류

그러면 조선 후기에 이르러 유구로부터 송환된 조선 표류인을 통하여 얻어진 유구 정보는 무엇이 있었을까?

유구가 사츠마의 침략을 받아 그 지배하에 편입되는 것은 1609년 이후의 일이나 기존의 유구국왕 尙氏의 명의를 사용한 중국과의 조공무역은 유지되었다. 이런 유구로부터 조선 표류인이 송환된 것은 실록의 기록으로 볼 때 임진왜란 이후로는 1662년의 전라도 무안 출신의 18명이 최초의 사례이다. 그들이 유구에 표착하였을 때 유구인들은 애당초 그들이 어느 나라 사람인가를 몰랐다고 한다. 관찰하던 유구인들이 이윽고 큰 북을 가져와서는 조선인들에게 북춤을 추는 시늉을 하며 이를 해 보라고 손짓했고, 그 뜻을 알아차린 조선인들은 노래를 부르며 북춤을 추게 되었다고 한다. 이에 이르러 유구인들은 '고려인'이라고 소리치며, 먹을 것과 머물 집을 제공하며 우호적인 태도를 보였다고 진술하고 있다. 이는 당시 유구인들에게 조선인은 歌舞에 능하다는 인식이 일반화되어 있음을 시사하는 기사라 하겠다. 조선 표류인은 또한 유구에는 머릴 길러 장발을 한 자와 깎아 剃髮을 한 자가 섞여 살고 있다고 보고하고 있다.[22] 前者는 유구인이라면 후자는 사츠마 사람일 것이다. 그러나 실록의 기록으로 보는 한 그러한 관찰은 이뤄지고 있지 않다.

1663년에는 유구의 오시마(大島)에 표착했던 전라도 해남 출신의 김

---

21) 통신사를 통한 최후의 피로인 송환은 1643년으로 14명이다(『인조실록』 21년 10월 29일[기축]).
22) 『현종실록』 3년 7월 28일(기해).

여휘(金麗輝) 외 28명이 송환되고 있다. 이들의 보고에도 그곳에는 체발한 자가 있어 일본인처럼 칼을 차고 돌아다녔으며, 자신들의 외출이 엄중하게 금지되어 있었다고 말하고 있다. 또한 이 오시마는 원래 유구의 땅이었으나 사츠마에게 빼앗겼다고 유구인의 말을 빌려 보고하고 있다.[23] 1716년에도 진도의 金瑞 등 9명이 유구에 표착하였다. 그들도 송환되어 유구의 풍습과 기후 등 구체적인 정보를 보고하고 있으나 위와 같은 정치적인 정보는 보이지 않는다.[24] 1781년 유구의 오시마에 표착한 전라도 출신의 李再晟 등은 조속히 귀국시켜달라는 뜻을 유구측에 나타내자 유구측이, 봄이 되면 '寶島'(후술)의 商船이 지나갈 것이므로 그 배에 동승하여 우선 유구 本島로 이송된 후 중국으로 轉送하여 귀국할 수 있을 것이라는 답을 받았다고 보고하고 있다.[25]

한편 조선 후기 조선에 표착한 유구인을 통하여 조선측은 어떠한 정보를 얻고 있었을까?

먼저 1790년에 표착한 유구인에 대한 기록을 보자. 실록은 그들의 출신지역과 이름을 적고, 그들의 의복이나 모습을 자세히 묘사하고 있다. 또한 그들이 타고온 배 안에는 「大坂繪圖」(오사카 에즈)와 『日本年代記』 및 「寬永通寶」(간에이 츠호)라고 하는 일본의 서적 종류와 화폐가 있었다 한다. 이에 조선측이 일본 화폐를 가지고 있는 연유를 묻자 유구인들은 자기나라 동전이라고 답하고, 일본 문자를 써 보이자 고개를 옆으로 흔들어 모른다는 시늉을 하고 있다고 의아해 하고 있다. 이러한 정황을 중앙에 보고하는 전라도 관찰사 윤기동은, 유구인들의 의복이나 머리 모양 및 그들이 가지고 있는 화폐를 근거로 유구가 일본에 복속되어 있는 듯하다고 추정하고 있다.[26]

---

23) 『현종개수실록』 4년 7월 6일(신미).
24) 『숙종실록』 42년 12월 6일(임진).
25) 『비변사등록』 162책 정조 5년 신축 2월 15일 「靈巖漂還人間情」.
26) 『정조실록』 14년 7월 11일(기축). 그러나 유구의 일본 복속이 조선에 전해지는 것

1797년에 표착한 유구의 선박에도 이를 조사하던 조선측에 일본의 연호인 '寶曆'(호레키)이나 '寬政'(간세이)이 명시된 曆書가 발견되었지만, 이 때엔 별다른 설명 없이 실록에 기록되어 있다.[27] 일본의 지배하에 있는 유구의 현상을 이미 숙지하고 있기 때문이었을 것이다.

III. 민간 표류기록에 보이는 일본정보와 교류

조선시대 私撰的 표류기록은 결코 적지 않다.[28] 그러나 그 중에서 對日정보와 관련한 표류기록을 본다면 우선 전술한 최부의 『漂海錄』을 들수 있다. 그는 1488년 40여명의 일행과 함께 제주도에서 전라도로 향하다가 표류하여 중국 浙江省 연안에 표착한다. 애초엔 중국측에 왜구로 오인되어 여러 번 죽을 고비를 맞는다. 그는 다시 자신과 같은 오해를 받지 않기 위한 대책으로, 호패를 착용하게 하고 官用으로 제주를 왕래할 때엔 통역을 대동케 하여 표류에 대비해야 한다고 제기하고 있다. 그런데 이들이 송환되기 위해 山東省 지역을 이동할 때 그 곳 주민들로부터 '오야지'라 불려지고, 그 이유를 왜구로 착각하여 그렇게 호칭된 것이라는 답을 듣는다.[29] 이로 보아 중국연안 민중의 왜구에 대한 두려움이 어떠했는가를 엿볼 수 있다. '오야지'란 아버지 또는 아버지에 준하는 일본어이다.

은 일본의 유구 침략의 다음 해가 되는 1610년이었다. 즉 『광해군일기』 2년 4월 20일(을미), 같은 해 12월 26일(정유)조에는 조선 피로인의 귀국보고로서 사츠마의 유구 점령이 알려졌다. 또한 『인조실록』 16년 정월 29일(계사)조에는 중국에서 돌아온 사신을 통하여 유구의 일본에의 臣服과 조공을 파악하고 있음이 기록되어 있다.

27) 『정조실록』 21年 윤6월 7일(을사).

28) 윤치부, 1994, 『韓國海洋文學硏究』, 학문사 참고.

29) 崔溥 지음 최기홍 옮김, 1997, 『漂海錄』, 교양사, 윤1월 19일조, 3월 8일조.

최부 일행이 귀국을 위해 북경에 머물고 있을 때 마침 그곳에 있던 유구 사신으로부터 향응을 받고, 귀국에 즈음해서는 부채 등을 선물 받고 있다. 또한 사신으로부터 20여 년전 조선에 사절로 파견되었던 자신의 아버지가 당시 조선 선비들과 교류했던 일들을 항시 그리워했었다는 이야기를 전해 듣는다.[30] 최부의 『표해록』은 그 후 5회에 걸쳐 再版되고 있는 것으로 보아[31] 조선시대 識者들에게 흥미로운 해외정보로서 널리 수용되어 있었을 것이다. 후술하는 장한철(張漢喆)의 『漂海錄』의 내용으로서도 이를 알 수 있다.

이지항(李志恒)은 1696년 일본 홋카이도(北海道)에 표착했던 인물로 『海舟錄』을 남기고 있다. 그는 홋카이도 남단의 마츠마에(松前)藩으로부터 들은 정보에 의거하여, 홋카이도에 거주하는 에조(蝦夷: 아이누족)는 문자나 농경을 몰라 어로와 수렵으로 생활하는 짐승 같은 부류이며, 그 북방에는 長身의 붉은 털을 가진 족속이 있는데 그 곳에 표착하면 누구도 살아남지 못한다고 기록하고 있다.[32] 이러한 에조에 관한 정보는 그후 실학자들에게 계승된다.[33] 그런데 북방에 산다는 붉은 털의 장신 족속이란 당시 東進해 있던 러시아인들로 여겨진다. 이지항 일행은 일본측으로부터 조선에선 불교를 믿느냐. 神에게 제사지내느냐. 유교를 존중하느냐. 예수교를 포교하느냐 등을 심문 당하고 있다.[34] 이 같은 내

---

30) 최부, 주 29) 앞의 책 4월 6일, 4월 17일조.
31) 최부, 주 29) 앞의 책 序文 참고.
32) 李志恒, 『漂舟錄』(1975, 『海行摠載』 Ⅲ, 민족문화추진회) 417~418쪽. 文旋奎는 같은 책 이지항의 「漂舟錄 解題」에서 그의 표류시기를 1756년으로 추정하고 있으나, 趙洙翼, 「한 武人의 北海道 漂流」(소재영·김태준 편, 1985, 『여행과 체험의 문학 – 일본편』, 민족문화문고간행회) 81~83쪽, 그리고 일본측의 관련 史料(池内敏, 1998, 「17世紀, 蝦夷地に漂着した朝鮮人」『近世日本と朝鮮漂流民』, 臨川書店, 280쪽 註 4 참고)로 볼 때 1696년이 합당하다.
33) 趙洙翼, 「한 武人의 北海道 漂流」 소재영·김태준 편, 1985, 『여행과 체험의 문학 – 일본편』, 민족문화문고간행회, 79쪽.
34) 이지항, 주 32) 앞의 책, 422~424쪽.

용의 심문은 일본에 표착한 모든 조선인에게 행해졌던 것으로 특히 크리
스챤 여부가 심문의 초점이었다.[35]

　1833년 北京에 사절로 간 김경선(金景善)은 유구에서 송환되어 그곳
에 체류 중인 제주도 표류민을 만난다. 그리고 그들로부터 표착지 유구
에서의 견문을 구술 받아 이를 토대로「濟州漂人問答記」를 작성하고 있
다.[36] 여기엔 유구의 국력과 외교관계, 특히 중국과의 조공 관계, 풍습과
학문 등에 대해 기술하고 있어 그가 유구와 관련한 어떤 정보에 관심을
가졌는가를 알 수 있다.

　표류민의 체험은 口傳으로 민간에 전파되기도 하여 정보로서 유용하
게 작용하기도 한다. 1717년 일본에 표착한 조선인들이 일본측에 의복
과 음식 지급이 부족하다고 이의를 제기하고 있는 것이 그 한 예이다.
이미 이들은 일본측의 조선 표류민에 대한 접대규모를 정보로서 파악하
고 있었던 것이다.[37] 일본에 표착하기만 하면 넉넉한 의복과 식량 등의
후대를 받는다는 이러한 정보는 사람들의 입에서 입으로 확산되어가, 18
세기에 이르러서는 표류에 대한 경험담을 바탕으로 소설적인 색채가 가
미된 '표류기'가 작성될 정도였다고 한다.[38]

　표류민에 의한 정보는 故漂, 즉 고의적인 표류를 발생시키기도 한다.
표착된 특정국가에서 후대 받았다는 정보는 송환된 표류민을 통해 주변
연안지역의 빈민들을 자극시키고, 이들로 하여금 고표를 일으키게 하는
것이다. 이러한 고표가 이미 朝鮮前期에 발생하고 있음은 16세기 중엽
어숙권(魚叔權)이 저술한『稗官雜記』중에서 다음처럼 찾아볼 수 있다.

　요즘 제주도민이　寧波에 표류했다 송환된 것이 예닐곱　차례이며,

35) 이훈, 1994,「조선후기 일본에서의 조선인 漂民 취급과 선린우호의 실태」『사학
　　연구』47, 44쪽.
36) 金景善, 1989,「燕轅直指」『국역 燕行錄選集 X』, 민족문화추진회, 289쪽 이하.
37) 이훈, 주 35) 앞의 논문, 57쪽.
38) 이훈, 주 19) 앞의 책, 99쪽.

1547년 자신이 奏聞使로 북경에 갔을 때에도 제주도민 김만현(金萬賢) 등 64명이 영파에서 송환되어 대기하고 있었다. 마침 중국측의 송환책임자 양수(楊受)가 말하길, 이들이 경유하는 곳곳에서 소란을 부렸으니 예의의 나라인 조선 사람이 이럴 수가 있는가 라고 하였다. 나는 의아했으나 이들을 데리고 고국으로 오면서 그 태도를 보니 수긍이 갔다. 요즘 제주도민이 해외에 표류했다 송환되는 일이 잦다. 그 이유는 그들이 濟州牧使로부터 쉽게 해당 증명서를 발급 받을 수 있기 때문이며, 구태여 순풍을 기다리지 않고 출항하여도 중국에 표착하기만 하면 무사히 송환될 수 있다고 여기기 때문이다. 그 결과 杭州 일대에 조선표류민이 증가하였는데, 그 접대부담이 더 과중하여지면 그곳 邊將이 이들 표류민을 왜적으로 간주하여 죽이거나 쫓아내 버릴 것이다. 표류민 김만현은 말하길, 15말의 쌀과 몇 동이의 물만 있으면 순풍이 아니더라도 며칠사이에 영파에 닿을 수 있어 출항하는 것에 대해 걱정하지 않는다고 하고 있으니, 고의로 표류하는 폐단이 그치지 않을 듯하다.[39]

어숙권은 중국 관리 양수의 발언과 표류민의 행동거지, 그리고 김만현의 장담을 통해 제주도민의 중국으로의 고표가 빈번하게 행해지고 있다고 확신하고 있다. 또한 빈번한 고표는 중국측으로 하여금 조선표류민을 왜구로 간주하여 살해하게 하는 결과를 불러올 것이라고 우려하고 있다. 이러한 어숙권의 인식은 실록으로 보는 한 당시 조선정부에서는 전혀 의식하고 있지 않는 것이었다.[40]

조선후기에 들어와 정부는 일본으로의 고표가 빈번히 발생하고 있다고 간주하고 그 대책에 부심하고 있다.[41] 또한 고표가 일본만이 아니라 유구를 대상으로도 행해졌다는 것을 볼 때,[42] 송환된 표류민에 의한 정

39) 魚叔權, 『稗官雜記』 민족문화추진회, 1971, 『국역 大東野乘』 제 I 권, 474쪽.
40) 『명종실록』 2년 11월 9일(병술)조엔 표류민 김만현의 이름이 등장하지만, 김만현 일행의 조선 移送절차와 관련한 조선과 明과의 외교마찰을 기록하고 있을 뿐이다.
41) 『邊例集要』 卷3 漂人. 영조 3년 정미 2월조.

보가 한반도 연안지역에 얼마나 광범위하게 정착되어 있었는가를 알 수 있다.

IV. 유구왕자 살해설의 傳承

조선후기에 표류와 관련된 정보가 시간의 경과에 의하여 윤색되고 왜곡되어 마침내는 전설화하여, 특정 지역민에겐 새로운 행동원리로서 작용하는 경우가 있었다. 이러한 例를 '琉球王子 殺害說'에서 찾아 볼 수 있다.

이를 파악하기 위해 1937년 제주도민 이웅식(李雄植)이 전설을 채록하러 이곳에 들른 민속학자 최상수(崔常壽)에게 들려준 다음의 이야기를 소개하여 보자.

조선 仁祖 때, 유구가 일본의 침략을 받아 그 임금이 일본으로 잡혀가고 말았다. 이에 효성이 지극한 왕자는 아버지를 구출하여 오려고 갖은 보물을 배에 가득 싣고 일본으로 향하게 되었다. 그러나 도중에서 풍랑을 만나 제주도에 표착하기에 이르렀다. 이에 당시 제주목사 李箕賓이 필담을 통하여 유구왕자인 것을 알게 되어 후하게 대접하게 되었다. 며칠인가 지나 이기빈은 배 안의 물건들을 조사하여 조정에 보고하려 선적 화물에 대하여 유구왕자에게 묻게 되었다. 이에 왕자가 배 안에는 酒泉石과 漫山帳이라는 보물이 있다고 답하였다. 주천석이란 네모진 돌 모양을 한 것으로 그 가운데에는 구멍이 있는데 그 구멍에 물만 넣으면 술이 되어 나오는 것이고, 또한 만산장이란 다량의 거미줄을 물들여 짠 휘장으로 어떤 것이라도 손쉽게 덮어씌울 수 있으며, 일단 덮어씌우면 빗물조차 스며들지 않게 된다고 설명하였다. 이를 들은 이기빈이 그것을 탐내어 달라고 했지만 거절당하자 빼앗으려 하게 되었다. 이윽고 왕자는 이것들을 바다에 던져버렸

---

42) 이훈 외 공저, 1999, 「人的 교류를 통해서 본 조선·유구관계」『조선과 유구』, 아르케, 219쪽.

고, 이에 화가 난 이기빈은 배안의 물건들을 약탈하고 나아가서는 배를 타
고 온 유구인들을 살해하기 시작했다. 마지막임을 안 왕자는 종이와 붓을
빌어 자신의 심정을 써 놓고는 초연하게 죽음을 맞았다. 그 후 이기빈은
조정에 보고하여 유구왕자가 돌연히 상륙하여 약탈을 자행하였으므로 죽
였다고 하였다. 그러나 그 후 진상이 밝혀지게 되어 이기빈은 重罪에 처해
졌다.[43]

이 이야기는 '유구왕자 살해설'이 가상적인 단순한 전설이 아니라 仁
祖代라고 하는 구체적인 역사적 배경을 가지고 있다는 점, 제주목사 이
기빈이란 실존인물을 등장시키고 있다는 점, 또한 20세기 前半까지 제
주도에서 구전되고 있었다는 점에서 흥미로운 일이 아닐 수 없다. 위와
내용상으로 약간 다른 것이 이미 18세기 중기에 이중환의『擇里誌』―
「卜居總論」에 등장하고 있고, 18세기 후반엔 박지원의『燕岩集』(卷14)
등으로 계승되고 있다.[44] 그렇다면 이 전설은 전설이 아닌 역사적 常識
으로서 조선 후기 사대부층에게 정착되어 있었다고 볼 수 있다.

또 이 전설은 실록에 그 전거를 가지고 있다는 점에서 더욱 주목된다.
즉 실록에는 1611년(光海君 3) 제주도에 어떤 商船이 표착하여 와 목사
이기빈이 이를 약탈하고 탑승원 모두를 살해하였다고 기술하고 있다. 그
다음 해에는 조선정부가 이 상선에 대하여 일본을 왕래하는 '安南船' 또
는 중국배였다고 추정하고 있음을 기록하고 있다. 1613년에는 이 상선
에 중국인 이외에 유구인과 일본인이 타고 있었다고 추측하고, 그들이
살해되기에 이르자 일행 중에 젊은 유구 사신이 있어 능숙한 문장으로
비장한 마음을 나타냈다고 적고 있다.[45]

그런데 1623년 인조가 쿠데타로 광해군을 타도하고 즉위한 직후, 명

---

43) 최상수, 1958,『韓國民間傳說集』, 통문관, 176~178쪽.
44) 松原孝俊, 1990,「朝鮮における傳說生成のメカニズムについて―主に琉球王子漂着
　　譚を中心として」『朝鮮學報』137, 120쪽.
45)『광해군일기』3년 8월 26일(계사), 4년 2월 10일(을해)와 4월 14일(기묘), 5년 정
　　월 28일(병술).

나라에 제출하는 奏文을 작성하기에 즈음하여, 광해군대에 제주도에 표
착한 '琉球世子'를 살해하였다는 내용을 첨가하자는 주장이 나오게 되
었다. 그러나 重臣 이원익이 '琉球世子' 여하가 확인되지 않았다고 반대
하여 관련 내용의 삽입이 중지되었다. 그렇지만 그 2년 뒤의 이기빈 졸
기엔 표착한 유구 선박에 타고 있다가 그에게 죽임을 당한 자는 유구의
왕자였다고 기록되기에 이른다.[46]

이처럼 실록에서는 이기빈으로부터 살해된 표류인을 광해군대에는
'安南人' → 中國人 → '유구사신'으로 추정하여 간다. 그러나 인조대가
되면 유구왕자였다고 갑자기 그 신분을 급상승시키고 만다. 이러한 배경
에는 인조 정권의 광해군 정권에 대한 악정 강조의 의도가 작용한 것으
로 볼 수밖에 없다.

이런 관점에서 '유구왕자 살해설'은 인조 정권에 의하여 왜곡된 것에
지나지 않는 것으로 간주해야 할 것이다. 그럼에도 불구하고 제주도 거
주민에게 이 왜곡된 사실이 정착되어 간다. 그 사례를 1741년 유구에 표
착하였다가 송환된 제주도인 金喆重 등의 관련기록인「濟州漂流人 別
情別單」를 통하여 파악할 수 있다. 그들은 유구로 표류하여 간다는 것을
알아차리고 몸에 지니고 있던 호패나 '濟州'가 표기되어 있는 문서 및
錢文 40余兩을 바다에 내던지고 있다. 제주도 사람들이 유구왕자를 살
해하였으므로 유구사람들에게 제주도 출신임이 탄로나면 복수를 당할
것이라고 두려워한 때문이었다. 그들은 이윽고 표착지에서 유구 관리로
부터 조사를 받게 되나 출신지역을 전라도 영암군이라고 답하고 있다.[47]

1764년 통신사의 정사로 도일하였다가 귀로에 오르던 조엄도 대마도
에서 만난 제주도 표류민 일행으로부터 비슷한 인식을 접한다. 즉 후츄
(府中) 근처에서 표류하여 대마도측의 조사를 받던 그들이 출신지역을

---

46)『인조실록』원년 4월 14일(계유), 3년 정월 8일(정사).
47)『비변사등록』109책 영조 17년 11월 23일.

전라도 강진이라 진술했다고 말하며, 제주와 유구 사이엔 일찍이 원망을
맺은 일이 있기 때문에 보복을 당할까 두려워하여 제주 표류민은 누구나
속여 말한다고 털어놓았고, 이에 조엄은 이곳은 유구도 아닌데 왜 그런
염려를 하고 있을까 의아해 하고 있다.[48]

　1770년 제주도인으로서 유구에 표류하였던 장한철도 똑같은 대응을
나타내고 있다.[49] 그는 서남향으로 자신들의 배가 표류하기 시작하자
최부의 『漂流錄』[50]을 생각해 내어 유구로 표류될 것이라 확신하여, 자
신과 일행의 호패를 모두 바다에 내던지고 있다. '유구왕자 살해설'을
사실로서 믿고 있었기 때문이었다. 그들은 이윽고 유구의 무인도에 표착
하는데, 마침 일본으로 향하는 베트남 상선에 구조된다.

　그런데 이 때문에 '유구왕자 살해설'이 부정되어지고 마는 극적인 사
건이 일어난다. 즉 일본으로 향하던 장한철 일행은 도중에 한라산이 아
스라이 모습을 보이자 그리움에 복받쳐 일제히 울면서 외쳐댔고, 배 안
에서 이들의 이러한 모습을 관찰하고 있던 베트남 상인들이 갑자기 작은
배를 내려 이들을 강제로 옮겨 태워 망망대해로 내쳐 버린다. 이렇게 돌
연 죽음으로 내몰리는 이유를 장한철은 베트남 상선에 같이 타고 있던
중국인을 통해 설명하고 있다. 옛날 '安南太子'가 '탐라왕'에게 살해되
었기 때문에 제주도민임을 알게 된 베트남 상인들이 복수한 것이라는 거
였다. 제주도에서 살해된 것은 '유구왕자'가 아니라 '안남태자'였던 것이
다. 이에 이르러 장한철이 고백하고 있는 것처럼, '유구왕자 殺害說'은
부정되어 '안남태자 살해설'로 수정되지 않으면 안 되었다.

　장한철처럼 실학자 정동유도 1806년 편찬한 『晝永編(上)』에서 '유구
왕자 살해설'을 부정하고 있다. 그는 유구왕자를 살해하여 조선과 유구

---

48) 趙曮, 『海槎日記』 1976, 『국역 海行摠載 Ⅶ』, 민족문화문고간행회, 6월 14일조.
49) 張漢喆 지음 鄭炳昱 옮김, 1979, 『漂海錄』, 범우사.
50) 최부, 주 29) 앞의 책.

관계가 악화되기에 이르렀다는 속설에 의문을 제기하고, 이를 밝히기 위하여 조선사신이 북경 체류 중에 직접 유구사절에게 조선을 원수처럼 생각하고 있는가를 확인하여 본 결과 이를 부정하는 답을 얻었다고 하는 傳聞을 기록하고 있다. 이와 함께 그는 1727년 譯學 이재담(李齋聃)이 제주도인 고상영으로부터 구술받은 다음과 같은 표류 체험담을 옮겨 적어 이를 증명하려 하고 있다.

> 1687년 제주도민 고상영 일행 24명이 전라도의 추자도 근해에서 표류하여 베트남에 표착하였다. 그곳에서 그들이 필담을 통하여 조선인임을 밝히게 되자, 현지의 지방관은 예전에 '안남태자'가 제주도에 표류하여 그곳 사람들에게 죽임을 당했으니 복수해야 마땅하다고 그들을 죽이려 들었다. 그들이 놀라 울며 외쳐댈 때 어떤 귀부인이 나타나 구해 주었다. 그 이후 그들은 베트남의 수도로 이송되어 국왕을 알현하여 귀국을 허용 받게 되고, 중국상인 朱漢源 등에 의해 조선인 한 사람당 쌀 30石을 보상한다는 조건으로 그들이 조선에 송환되는 것은 다음 해 12월이었다.[51]

그러나 이러한 제주도인인 장한철과 고상영 등의 실제 체험에 의해 수정된 '안남태자 살해설'은 정보로서 활용되지 않고 또한 전승되지도 않았다. 오히려 1828년 박사호(朴思浩)의 「心田稿」에서 보이듯이 '유구왕자 살해설'이 정보로서 구전되어 제주도인의 유구 표류시에 작용하고 있다. 박사호는, 유구측이 유구왕자의 살해에 대한 보복으로서 표류하여 온 제주도인을 반드시 죽이므로 제주도 사람들은 이를 무서워하여 그 나라에 표착하게 되면 다른 지역 출신이라고 속여 위기를 모면한다고 적고 있다.[52] 이러한 왜곡된 정보가 20세기까지 전설의 형태로 전승되었으니 그것은 전술한 이웅식의 예에서 찾아볼 수 있는 것이다.

---

51) 鄭東愈 지음, 南晩星 옮김, 1971, 『晝永編(上)』, 을유문화사. 한편 『숙종실록』 15년 2월 13일(신해)조에는 송환된 이들이 그 송환 조건을 이행할 재정 능력이 없었으므로 조선정부가 대신 중국상인들에게 銀으로 배상하였다고 기록되어 있다.

52) 朴思浩, 「心田稿」(『燕行錄選集IX』[心田稿-留館雜錄 諸國]).

표류한 강진사람

1828년 나가사키의 네델란드 商館에 머물러있던 독일인 의사 시볼트가
표류해 온 조선 강진의 상인과 어민들과 만난다. 시볼트는 그때 네덜란
드人 화가를 데리고 와 조선인들을 그리게 하였다. 시볼트는 이들 6명
과 대화를 나누었다.(출처 : 고영근, 『한국어문운동과 근대화』, 1998,
335쪽 참조)

그런데 주목되는 것은, 제주도인의 출신지역 詐稱이 유구 지역에 한
정되지 않고 일본이나 중국에 표류된 경우에도 적용되고 있다는 점이다.
전술한 것처럼 조엄은 유구가 아닌 대마도에 표착했음에도 강진 출신이
라 속이는 제주출신 표류민 이야기를 기록하고 있다. 제주목사가 조정에
보고한 기록인『濟州啓錄』엔,[53] 1846년에서 1858년까지의 13년간 표류
된 제주도인의 송환기록으로 26건이 보이는데, 여기에서도 제주도 표류
민들이 표착한 국가에서 다음처럼 출신지를 사칭하고 있다. 일본에 표착
시엔 해남이 9건, 강진이 3건, 영암이 1건이었다. 유구에 표착한 경우엔
해남 1건, 강진 2건이고, 중국에의 경우엔 해남이 7 건, 강진이 3건이었
다. 이로 보아 사칭 지역은 모두 전라도내 지역으로 해남이 17건, 강진
이 8 건, 영암이 1건이 되지만, 사칭 지역의 다소에 대하여 특별한 의미
를 부여할 필요는 없어 보인다.

---

53) 고창석 외 옮김, 1995, 『濟州啓錄』, 서귀포시 공보실.

　이와 같이 출신지를 사칭하는 제주도인의 의식구조에 대하여 이케우치(池內)는 다음과 같이 설명하고 있다. 즉 주변국의 표류민이 제주도에 접근하려고 할 때 암초나 조류 등의 문제로 타고 있던 배가 깨어져 익사하는 경우가 많다. 평소 이러한 사고를 보아온 제주도민은, 사고로 사망한 표류민을 제주도 사람들이 살해하였다고 주변국에게 오해를 받고 있으며, 그 때문에 적개심에 타오르는 대상으로 주목되고 있다고 우려하고 있다. 따라서 제주도인이 주변국에 표류되는 경우 복수를 당하여 살해될 것이라 짐작하여 출신지를 속이게 되는 것이다.[54] 이케우치의 이러한 주장은 지극히 타당해 보인다. 다만 유구에 표류되는 경우의 출신지 사칭은 전승된 '유구왕자 살해설'에서 그 원인을 구하지 않으면 안 될 것이다.

　여기서 제주도인의 유구 이외 지역 표류시의 출신지 사칭에 대하여 이케우치의 추론과 관련시켜 다음 두 사례를 검토해 보자.

　1617년 회답겸쇄환사의 종사관으로 도일했던 이경직(李景稷)은 자신의 기행 기록인 『扶桑錄』에서 제주도와 관련한 다음과 같은 일본인으로부터의 傳聞을 소개하고 있다. 이번에 규슈에 온 唐船(중국 상선)은 다행히 제주도 근처 무인도에 표착하였기에 무사히 일본으로 올 수 있었으나, 제주도에 표착하였더라면 반드시 살해되었을 것이다. 제주도가 중국과 일본 사이를 왕래하는 당선에 해를 끼쳐 그 폐해가 적지 않으므로 히젠(肥前)이나 사츠마측에서는 唐船의 무사 왕래를 위해 제주도를 엿보고 있다.[55]

　이 시기 실록에 보이는 제주도에서의 표착인에 대한 가해 행위는 전술한 목사 이기빈 사건 정도였다고 볼 때, 많은 당선들이 제주도 근해에

---

54) 池內敏, 1998, 「出身地を詐稱する漂流民」 『近世日本と朝鮮漂流民』, 臨川書店, 230~238쪽.
55) 李景稷, 『扶桑錄』 1974, 『國譯 海行摠載 Ⅲ』, 민족문화문고간행회, 10월 2일조.

서 해난 사고를 당했을 것으로 여겨진다. 그러나 위의 전문에서처럼, 중국 상인들과 규슈의 당선이 寄港하는 지역에서는 표착한 중국인에 대한 제주도의 살해 행위를 사실로 믿고 있다. 만약 이러한 인식을 전해들은 제주도인이 있었다면 중국이나 규슈지역에 표류했을 때에 '제주도 출신'이라고 밝힐 수 있었을까?

1801년 연말 표류하여 유구와 呂宋에 체류하다가 마카오와 북경을 거쳐 1805년 1월에 귀향한 전라도 牛耳島 출신 문순득(文淳得, 1777~1849)의 『漂海錄』엔 다음과 같은 내용이 있다. 1803년 12월 13일, 廣東의 南海縣에 머물던 문순득에게 베트남으로 돌아가는 중이라는 두 사람의 '安南人'이 찾아왔다. 그리고는 '高麗'의 풍습이 나쁘다며 자신들의 표류 경험을 이야기하였다. 즉 1801년 마카오에 사는 呂宋人과 함께 무역하러 일본으로 향하다가 조선의 큰 섬에 표착하여, 일행 중 5명이 물을 길으려고 상륙했으나 섬사람들에게 살해되는 바람에 놀라 배를 타고 도망쳐 살 수 있었다고 말하였다. 이에 대해 문순득은 자신이 표류되기 전에 제주도 사람들로부터 들은 소식과 동일한 사건이라 단정하고, 당시 한 척의 배가 제주도에 접근하여 5명이 상륙했으므로 제주도측 관리가 이들을 심문하려고 붙잡자 이들의 나머지 일행이 배를 타고 그대로 도망쳤다는 것이다.56) 여기서 '안남인'은 조선의 '큰 섬' 사람들이 자신의 일행 5명을 죽였다고 믿고 있다. 만약 문순득으로부터 이러한 이야기를 접한 제주도민이 베트남에 표류되었다고 가정해 보자. 그는 베트남인의 복수를 우려하여 조선의 육지 출신이라고 거짓말을 할 것이다.57)

---

56) 多和田眞一郎, 1994, 『琉球·呂宋漂海錄の硏究 - 200年前の琉球·呂宋の民俗·言語』, 武藏野書院, 82~83쪽.

57) 필자는 「표류민을 통한 정보의 교류」(한일관계사학회 편, 2001, 『조선시대 한일 표류민 연구』, 국학자료원)에서, 제주도인의 출신지 사칭의 또 하나의 배경으로 제주도민의 조선 변방민이라는 소외 인식이 작용했을 것으로 추정해 보았었다. 즉 前近代에 있어서 제주도민은 평소 한반도 거주민에 대하여 상대적인 소외 의

V. 일본의 표류민을 통한 조선정보와 교류

일본 중앙정권이 표류민 문제를 직접 관장하고 표류민을 통해 적극적인 정보수집 의지를 나타낸 것은 에도시대에 와서 였다. 16세기 중반 에도 막부는 대내적으로는 기독교도의 일본 잠입을 봉쇄하기 위해 신경을 곤두세우고 있었다. 이를 위해 조선에도 여러 차례 협조를 요청했고, 조선이 이에 응하여 1644년 自國에 표착한 日本行 중국상인들을 일본에 인도하기도 했다. 막부는 이들 인도된 중국인들을 심문하여 그 중에서 기독교인 5인을 색출했다면서 조선에 감사의 뜻을 표명해 오기도 했다.[58]

또한 막부는 대외적으로는 明淸교체라는 대륙의 변화가 일본에 미칠 위협에 긴장하고 있었다. 그러던 1644년 연해주에 표착한 에치젠(越前: 福井縣) 출신의 일본인들이 현지의 여진족을 속여 조선인삼을 구하려다가 43명이 살해되고 나머지 15명이 구출되어 瀋陽을 거쳐 북경에 송치되었다가 다시 조선을 경유하여 대마도에 송환된 일이 있었다. 홍기하는 淸朝의 군사력과 북경 入城을 직접 목격하고 돌아온 이들의 보고는, 당시 明朝 부흥을 위한 원병 문제로 논란을 벌이던 막부로 하여금 파병 중지로 선회케 하였을 것으로 보인다.[59] 실록으로 보면 조선이 이들 표류민들을 淸으로부터 인도 받는 것이 1645년 12월이다. 조선이 이들을 일본에 송환하자, 막부에서는 조선이 이제 明 대신 淸과 돈독한 사이가

식을 가지고 있어서 제삼국에 표류하였을 때 '조선인'으로서 대우를 받으려는 적극 자세를 가지려 하고, 이것이 출신지 사칭을 초래하는 원인이 아니었을까, 라는 논리였다. 그러나 이러한 추정은 史料的 증거를 결여한 섣부른 것으로 판단된다.

58) 신동규, 1998,「耶蘇宗門禁制를 둘러싼 朝日外交關係」『江原史學』13·14 合輯.

59) 小林茂文,「漂流と日本人」谷川健一, 1993,『海と列島文化 別卷 - 漂流と漂着·總索引』, 小學館, 131～132쪽.

되었다고 판단하고 있다.[60]

그러면 조선에 표착했다 송환된 일본인에 대한 일본측의 기록을 살펴
보자. 1735년 오키(隱岐 : 島根縣)출신의 일본인들이 포항 연안에 표착
했다. 언어가 통하지 않았지만 곧 통역관이 배치되었고 매일처럼 식량을
지급 받고 있다. 귀국에 즈음해선 조선국왕의 하사품과 함께 파선되었던
배도 수리 받고 있다. 이들은 대마도를 경유해 오사카에 이르러 막부의
조사를 받은 후 귀향하고 있다.[61] 1756년 일본 동북지방인 아오모리(靑
森) 출신의 일본인 4명이 강릉에 표착했다. 옛부터 '唐'(조선)에서는 사
람의 피를 짜 기름을 만든다고 들었던 이들은 죽음을 각오하면서 조선측
의 접대에도 오히려 전전긍긍한다. 어느 날 '唐人'(조선인)이 6척 정도나
되는 짐승을 가지고 와서 먹으라고 하자 이들은 독을 넣은 고기로 알고,
칼에 찔려죽는 것보다는 이 독을 먹고 죽는 것이 다행이라 각오하며 먹
는다. 또 어느 날은 '唐人' 10여 명이 와서 씨름하기를 요청하자, 이들은
일부러 져줌으로서 '唐人'의 기분을 맞추어 위기를 넘기고자 하고 있다.
그후 이들이 이러한 오해를 푼 것은, 즉 독을 먹이려 한 것이 아니라 돼
지고기로 향응을 베풀려 한 것이며, 지루함을 위로해 주려는 배려로 씨
름판을 벌려주었다는 것을 알아차린 것은 표착한지 1개월 후로, 현지에
당도한 통역관에 의해서였다.[62] 이들 일본표류민의 귀국으로 일본 지역
사회에 존재했던 위와 같은 굴절된 조선관은 다소 수정되었을 것이다.
아울러 조선의 실상과 표류민에 대한 후대 조치도 하나의 정보로서 전달
되었을 것이다.

---

60) 『인조실록』 23년 12월 11일(기축), 24년 정월 1일(기유)·11월 9일(신해), 25년 3월
   25일(병인).
61) 岸浩, 1986, 「長門沿岸に漂着した朝鮮人の送還を巡る諸問題の檢討」 『朝鮮學報』
   109·110 합집, 455쪽.
62) 池內敏, 1998, 「鳥取藩領に漂着した朝鮮人」 『近世日本と朝鮮漂流民』, 臨川書店,
   247~248쪽.

나가사키의 조선인

나가사키의 표착민 수용소에서 생활하는 조선 표류민들의 생활상을 그
린 것으로, 나가사키 화가 도이오스케란 사람이 그린 것이다.(출처 : 고
영근, 『한국어문운동과 근대화』, 1998, 335쪽 참조)

　1806년 동남아에 표류한 일본인들의 경우, 그들이 南京 - 조선 - 나가
사키 루트로의 송환을 기대했음에도, 이송된 중국 廣州에서 다시 자카르
타로 보내져 네델란드 상선에 의해 송환되었다 한다. 그들은 기대했던
루트로의 송환이 달성되지 못한 이유를 도요토미 히데요시(豊臣秀吉)의
조선침략으로 결과된 중국인의 對日觀이 반영된 것으로 이해하고 있었
다. 즉 임진란을 일으키고 조선에 파병한 많은 중국 병사를 살상한 일본
인에 대한 중국인의 감정이 작용했다고 여긴 것이다. 이는 임진란을 일
으킨 일본인에 대한 조선인의 보복 행위를 근세 일본 민중이 당연시한
의식과 상통하는 것이다.63)

　한편 일본의 각 지역에서는 조선표류민을 통해 어떠한 조선 정보를
취득하고 있었을까? 규슈남부의 사츠마藩에서는 조선 표착민이 발생했
을 때 이를 보호하고 무사히 나가사끼까지 이송하기 위해 조선어 通詞

---

63) 池內敏, 1991, 「近世後期における對外觀と‘國民’」『日本史硏究』344 ; 小林茂文,
　　주 59) 앞의 논문, 156～157쪽.

를 존속시켰다. 이 조선어 통사가 조선어 학습서로 이용한 것은 『漂民對話』라는 책이었다. 이 책은 임진란 때 사츠마에 잡혀온 조선 被虜人들의 집단촌락인 나에시로가와(苗代川)에서 조선어 통사를 대대로 담당했던 조선인 家系에 전해진 것이다.[64]

이 책은 조선어 통사와 조선표류민과의 질문응답을 통해 얻어낸 정보를 엮어놓은 것으로 많은 조선에 대한 정보가 들어있다. 그 내용도 다양하여 조선의 자연과 인문 및 사회에 걸쳐 소개하고 있다. 이를 통해 대마도와는 달리 제한된 조선 정보를 가지고 있던 사츠마藩이 조선표류민을 통해 어떤 정보를 얻으려 했던가에 대해서도 파악할 수 있다.[65]

우선 조선의 외교에 대한 정보를 얻으려 했음을 알 수 있다. 부산에서 대마도까지의 거리와 왜관의 위치와 운영방법 및 조선·대마도 사이의 사절 왕래 현황과 교역품 등등, 또는 중국에의 유학여부나 조선과 중국 간의 통역관 유무에 대해 질문하고 있다. 조선·대마도와의 관계에 대한 질문은 같은 擬君臣관계에 있는 사츠마·유구와의 관계에 참고로 하기 위한 목적도 있었을 것으로 여겨진다. 나아가 중국·네델란드 상선의 조선 來航에 대한 질문도 있어, 일본 나가사키에의 양국 상선의 내항 현상과 비교하는 질문으로 보여진다.

조선의 내정 및 국방에 대한 관심도 나타난다. '京城'의 방비 상황, 지방관의 명칭, 유명한 학자의 유무, 武科의 실시와 武官의 帶劍 여부, 軍船 제작시의 나무못 사용 여부 등에 대한 질문이 그것이다. 무과나 무관에 대한 질문은 무사 지배체제인 일본의 현실과의 비교에서 내어졌을 것이다. 그 외 조선에서의 표류민에 대한 조치, 조선의 男女不同席과 敬老 관습 등에도 관심을 보이고 있다. 그리고 소의 도살과 소고기 食用에 대

---

64) 鶴園裕 외, 1997, 「江戶時代における日朝漂流民送還をめぐって」 韓國文化硏究振興財團 『靑丘學術論集』 11.

65) 鶴園裕 외, 주 64) 앞의 논문, 193〜197쪽 참고.

한 것, 또는 호랑이의 해악과 포획 방법 등에 대한 질문은, 소고기를 먹지 않고 호랑이를 보지 못한 일본인으로서는 당연한 관심이었을 것이다. 조선인삼에 대해서는, 上品의 조선인삼이 채취되는 지역과 인삼 재배의 여부, 조선인삼의 '北京皇帝' 복용 여부와 중국 판매시의 가격 등을 묻고 있어, 에도시대 일본의 조선인삼에 대한 관심의 정도가 표현되어 있다.

『漂民對話』는 사츠마藩의 조선어 통사와 표착한 조선인과의 정보교류에 의해 만들어졌다는 점에서 양국간의 표류민을 통한 정보의 교류라 볼 수 있다. 이 책으로 조선어를 익힌 조선어 통사는 그후 발생한 조선 표착민을 통해 다시 새로운 조선 정보를 취득할 수 있었을 것이고, 그 정보는 사츠마藩의 조선 정보로서 계속 축적되어 갔을 것이다.

시모노세키를 끼고있는 나가토(長門)藩도 18세기 중반 조선표류민을 통해 취득한 정보를 바탕으로 『朝鮮物語』를 간행하고 있다.[66] 그 내용엔 일본인도 年間 여러 차례 조선에 표착하고 있으며 일본처럼 조선도 이들을 잘 보호한 후에 송환한다고 하여(183조), 표류민에 대한 양국의 互惠主義를 반영하고 있다. 제주도에 대해서는 원래 일본이 개척한 섬으로 대마도보다 크며 현재에도 일본 문자('いろは字')를 쓰고 있어 일본 유행가가 불리질 정도라고 하여(211조), 왜곡된 내용이긴 하나 특별한 관심을 보이고 있음을 알 수 있다. 한편 213조에선 1731년 표착한 조선 인에게서 들은 정보라 명시하고, 두만강 국경지대와 野人지역을 설명하며 그곳의 '韃靼人'(女眞族)의 법률 및 풍습을 소개하고 있다. 동시에 조

---

66) 『朝鮮物語』는 빈번한 조선표류민과의 접촉을 배경으로 만들어진 것으로 조선의 문화와 정보를 체계화시켰다는 평가를 받고 있다. 이를 지은 松原新右衛門은 대마도 출신으로 부산 왜관에도 체류했던 사람으로 나가토藩에 채용된 것은 1723년이다. 그는 그 藩에서 표착한 조선인과의 의사를 소통하고 사정을 청취하는 역할을 맡게 된다. 이에 관해서는 木部和昭・松原孝俊, 「松原新右衛門『朝鮮物語』解題」(九州大學大學院比較社會文化研究科, 1997, 『漂流・漂着からみた環東シナ海の國際交流』)를 참고.

선에서 痲疹이 유행하고 있음도 기록하고 있어 유행병의 일본 전파에
대한 우려를 나타내고 있다.

돗토리(鳥取)지역의 경우를 보면,[67] 1767년 표착한 사람들에게서 겨
우 '나가사키'(長崎)와 '朝鮮'이란 두 개의 단어만이 통하여 조선인으로
추정하고, 號牌의 착용을 보고 이를 확신하고 있다. 이로 보아 조선인들
은 일본에 표류하면 나가사키를 경유해 귀국한다는 것을 익히 정보로서
파악하고 있었음을 알 수 있다. 1784년 나가토藩에 표착한 조선인들도
귀국을 앞당기려면 나가사키로 가야한다고 自力으로 나가사키로 향하려
다 藩側과 마찰을 빚고 있다.[68] 한편, 일본측은 호패의 착용 여부로서
조선인 여하를 판단 짓는 정보를 갖고 있었음을 알 수 있다. 또한 이들
조선인들이 모두 大食하고 술을 잘 마셨다고 기록하고 있다.

돗토리藩은 1767년의 표착한 이들 조선인들을 나가사키로 호송하기
위해 돗토리 중심지로 이송시키면서, 조선인 행렬을 구경할 때 지켜야
할 규칙을 인민에게 하달하고 있다. 그 내용은 질서정연하게 구경하되
婦人은 이 구경에 참가하지 말라는 것으로, 이에는 儒敎국가 조선에 대
한 인식이 반영되었다 볼 수 있다. 이윽고 조선인들이 이송되던 날, 구경
꾼이 구름처럼 몰려들었고 길가의 富商들은 점포의 외곽을 장려하게 꾸
며 조선인들을 경탄시켰다고 기록하고 있다. 1819년 조선표류민의 돗토
리 중심지 이송에도 같은 규칙이 藩으로부터 하달되었다. 그리고 조선인
들이 중심지에 나타나자, 구경꾼이 몰려들고 도로변 富商의 점포에는 양
탄자로 기둥을 감고 金銀의 병풍과 진기한 물건들을 진열하는 등 화려
한 장식을 하게 하였다. 조선인들은 이를 보고 감탄하여 'ちょうた'(좋다)
를 연발했다고 기록하고 있다.

---

67) 池內敏, 1998, 「鳥取藩領に漂着した朝鮮人」 『近世日本と朝鮮漂流民』, 臨川書店.
68) 池內敏, 1998, 「'惡黨'漂民と天明四年令」 『近世日本と朝鮮漂流民』, 臨川書店,
    164쪽.

1838년 표착한 조선표류민에 대해서는 그 국적을 확인하기 위해 1819년에 표착했던 조선인들이 쓴 조선어를 보여주었다. 그러자 표류민 모두가 'ほりた'(옳다)라 하며 웃었다고 기록하고 있다.[69] 또한 이들이 1767년의 조선표류민처럼 매끼 2~6공기를 먹었다고 '大食'을 강조하고 있다. 大食은 표류기간만큼 기아에 허덕였을 가능성을 생각할 때 조선인만의 특징으로 강조될 수 없을 듯하나, 술을 잘 마셨다는 기록은 흥미롭다. 후술하는 『觀聽隨錄』에도 조선인들이 술을 잘 마셨다고 적혀있다.

이와미(石見: 島根縣)의 가토(加藤)氏는 대대로 備忘錄으로서 전수한 『觀聽隨錄』에서 조선표류민에 대해서도 기록을 남기고 있다.[70] 1779년 이 지역에 표착했던 조선인들의 이름을 일본음으로 기록하고, 그들에게서 口述 받은 조선어 숫자 발음을 일본어로 다음처럼 적고 있다. ハナ (하나) トヲル(둘) サイ(셋) タイ(넷) タイタソ(다섯) ヤソ(여섯) イルゴキ(일곱) ヤタ(여덟) アホ(아홉) ヤ(열). 1837년의 표착 조선인에 대한 기록에선 부처에게 절하는 것을 'キウン'(기원)한다고 적고 있다. 이는 조선표류민을 통해 조선어를 이해하려는 민중차원에서의 관심이라 하겠다.

쵸후(長府: 山口縣)藩의 기록으로는 藩의 儒者가 조선표류민을 담당해 필담을 교환한 것이 남아있다. 1865년의 경우를 보면 필담이 양국의 지리나 풍속, 나아가 중국의 고전 등에도 미치고 있으며, 詩의 응답도 행해지고 있다.[71] 표착사건을 계기로 민간교류가 이루어져 양국에 대한 상호이해를 넓히는 결과를 가져온 사례라 할 수 있다.

대체로 표착자의 휴대품은 표착지에서부터 구체적으로 목록화되어 막부측의 점검에 대비하게 된다. 그런데 1737년 나가토에 표착하여 나가

---

69) 池內敏은 주 62) 앞의 논문, 288쪽 註 21)에서 이 'ほりた'를 '홀리다'로 추정하여 '속았구나'라는 의미로 파악하고 있으나 상황으로 보아 부자연스러운 해석이다. '옳거니'라는 의미로서의 '옳다'가 옳지 않을까 여겨진다.

70) 木部和昭, 1996, 「近世期における朝鮮漂流民と民衆」『山口縣史硏究』4, 4~5쪽.

71) 木部和昭, 「朝鮮漂流民の救助・送還にみる日朝兩國の接觸」『史境』26, 43쪽.

사키로 호송된 조선인에 대한 휴대 물품목록엔 '沙刃利五器'란 소목록
이 기록되어 있다. 이는 일본어로는 'さばりごき'로 발음되므로, 당시 조선
인이 海上 移動時 휴대했던 '사발 공기'가 일본어로 옮겨 쓰여진 것으로
보인다. 그중 조선어 '공기'는 容器를 가리키는 'ごき'로서 야마구치(山
口)縣에서 현재에도 사용된다고 한다.[72]

VI. 琉球 기록에 보이는 조선표류민

유구정부가 표착한 조선인에 대하여 어떤 접대를 행하고 송환하였는
가에 관하여는 이훈의 상세한 연구가 있다.[73] 이에 여기서는 유구의 최
고 의결기관이었던 評定所의 기록이 되는『琉球王國 評定所文書』의 조
선 표류인에 대한 관련 기록을 중심으로 검토하기로 한다.[74] 이 사료에
는 조선 표류민에 관한 것으로 1733년, 1794년, 1856年의 3건이 실려 있
으나, 이를 편의상 시대순으로 A·B·C라 구분하여 검토하기로 하자.

유구측은 조선인이 표착하면 우선 한글로 직접 각자의 이름을 적도록
하고 있다(A : 261, B : 321쪽). 그리고 일본에서 그리했던 것처럼 기독교
도 여하를 심문하여 이상이 없는가를 확인하고 있다(A : 267, B : 325쪽).

표류민의 국적과 표류 경과를 조사하는 수단으로서는 주로 漢字에 의
한 필담에 의존하고 있다. 그러나 B에서 보듯이 통역관 및 이전에 표착
했던 조선인으로부터 말을 배운 자를 동원하여 심문하기도 한다. 이에
대하여 B에서의 조선인은 '朝先國'의 어느 지역 출신이라며 표류의 개
략을 진술하고 있고, 유구측은 15년 전에 표착한 조선인과 같은 모습을

---

72) 岸浩, 주 61) 앞의 논문, 462~464쪽.
73) 李薰 외 공저, 주 42) 앞의 책.
74) 孫承喆 外編, 1998,『朝鮮·琉球關係 史料集成』, 국사편찬위원회, 259쪽 以下.

하고 있으므로 의심할 여지가 없다고 적고 있다(329·352쪽). 그리고 다시 유구측이 '高麗是朝先國'이냐고 묻자 조선인은 '新羅朝先國'이라고 답하고 있다(330쪽). 이로 보면 조선인이 '朝鮮'의 '鮮'을 쓸 줄 몰라서 '先'이라고 썼는지도 모르겠다. 결과적으로 양쪽에 '朝先'이 '朝鮮'의 의미로서도 통용되고 있음을, 그리고 '朝鮮'으로서 '高麗'나 '新羅'가 혼용 또는 병렬의 형태로 사용되고 있음을 알 수 있다.

유구는 책봉국인 중국과의 조공관계를 유지하기 위하여 사츠마에 지배 당하고 있는 현상을 중국에 은폐하여 왔다. 은폐정책의 하나로서 '寶島'라고 하는 가공의 섬을 날조하여 사츠마를 대신하고 사츠마인은 '寶島人'이라 칭하고 있었다.[75] 이러한 정책은 중국의 피책봉국인 조선에도 그대로 적용되었음이 이하를 통하여 알 수 있다.

유구는 B와 C에서, 유구의 '國船'에 관하여 표착한 조선인으로부터 질문 받을 경우에 대비하여 자국의 인민에게, "무역을 위해 유구를 왕래하는 '寶船'('寶島'의 선박)이 '國船'을 대행한다." 고 하는 답변을 지시하고 있다(363·407쪽). 그런데 C에서는, 이송 중이던 조선인과 현지에 체류중인 사츠마인이 우연히도 마주치는 사건이 발생하였음을 기록하고 있다. 그리고 유구측은, 어떻게 여기에 일본인이 있는가 하고 조선인으로부터 질문 받을 것에 대비하여 "(일본인이 아니라) '寶島人'이 무역 때문에 유구에 왔다가 병에 걸려 머물고 있다." 고 하는 답변을 만들어 싣고 있다(426쪽).

또한 유구정부는 표착한 조선인의 거처를 제한하고 거처 주변의 자국인에겐 다음의 규정을 지키도록 지시하고 있다. A의 경우는, 조선인의 거처 주변에서 일본 노래('大和哥')나 일본인('大和人')의 이름을 부르지 말 것. 일본('大和') 연호가 기재된 문서나 일본 화폐('京錢') 등을 '異國' 사람에게 보이지 않도록 주의할 것. 만약 조선인이 유구에서 통용되는

---

75) 紙屋敦之, 1990, 『幕藩制國家の琉球支配』, 校倉書房, 256~262쪽.

화폐에 대하여 물어오면 '鳩目錢'을 사용하고 있다고 답할 것. 榜文('高札')을 내걸지 말 것. 이번 표류한 조선인 중에는 여성도 있으니 이를 돌보는 유구인이라도 그 여성에게 접근하여 인사하지 말 것. 남녀간 차별을 바로 지킬 것, 등이다(268쪽). 이러한 규정은 B(349쪽)나 C(389쪽)에서도 동일하다.

이처럼 유구가 일본적인 것을 조선인에게 감추려고 하는 것은, 전술한 바처럼 은폐정책의 확대적용일 것이다. 榜文 게시의 금지도 그 언어가 일본어가 될 것이기 때문일 것이다. 조선 여성에 대한 접근 금지나 유구인 남녀간의 차별 강조도 조선이 유교 이념에 투철한 나라라는 정보에 근거한 것으로 보인다. C에서는 조선인이 조상의 제삿날을 맞아 제사상에 올릴 음식을 요청한 사실과, 예외로서 이에 응하였음을 기록하고 있다(403쪽). 조선인이 조상의 제사를 중시한다고 하는 정보를 유구측이 파악하고 있었기 때문이리라.

1802년 유구에 표류했던 전술한 문순득의 구술 기록을 통해서도 조선 표류민에 대한 유구측의 대응을 파악할 수 있다. 그해 1월말 유구의 오시마에 표착한 그들 일행 6명은 4월엔 궁성인 首里 근처의 泊村에 도착하니, 여기서 처음으로 通事('譯人')가 찾아와 정식으로 사정을 청취하게 된다. 문순득은 통사가 "我國의 말이 능하였다(能爲我國言)". 고 표현하고 있다. 유구측은 집을 주어 거처로 삼게 하고, 매일 쌀 1되 5홉과 야채를 주고 돼지고기를 이틀에 한 번씩 주었으며, 여름이 되자 새로 옷도 주었고 아프면 의사가 와 진찰하고 약도 주었다고 술회하고 있다. 이로 보아 문순득 일행이 아주 후대를 받고 있었음을 알 수 있다. 또한 전술하듯 유구는 표류민과 현지 주민과의 접촉을 엄하게 금지하고 있었다. 그러나 문순득의 기록엔 현지민들과 상당한 교류가 있었음을 시사하고 있다. 유구의 墓制에 관한 구체적인 묘사, 모기장이나 여성의 속옷에 관한 관찰 기록 같은 것은 어지간히 친밀한 교류가 아니면 안 되는 성질의

것이기 때문이다.76)

한편, 유구는 자국에 체류하고 있는 외국인에게 표착한 조선인의 존재가 드러나지 않게 하려고 고심하고 있다. 특히 구미 열강이 유구에 관심을 가지고 왕래하고 있던 19세기 중엽의 기록인 C에서는 '夷人'('佛人')에게 표착한 조선인의 존재가 밝혀지지 않도록 조심하고 있다(383쪽). 그러나 이러한 대응이 유구의 외교에 구체적으로 어떠한 영향을 우려하여 그리한 것인가는 분명하지 않다.

VII. 맺음말

이상과 같이 검토한 바를 다음과 같이 정리하여 보기로 하자.

첫째, 조선정부는 삼포왜란 직후의 시기를 제외하고는 기본적으로 표류민을 통한 對日 정보취득에 소극적이었다는 것이다. 그 이유는 조선전기엔 일본에 파견한 사절의 보고나 일본측(대마도나 호족의 사절 및 일본인 평화통교자)의 정보에, 조선후기엔 도일한 통신사나 대마도를 통한 정보에 의존하고 있었기 때문이다. 또 다른 이유는 에도막부처럼 표류민을 愚民으로 차별하는 시각에서였다.77)

둘째, 이와는 달리 조선정부의 표류민을 통한 유구 정보 입수는 적극적이었고 그 결과 취득된 정보도 상세했다는 것이다. 그 이유는 유구에 사절을 파견하여 직접 정보를 수집할 기회가 없었기 때문이다. 이렇게 취득된 유구 정보는 조선으로 하여금 일본보다 작고 먼 나라인 유구를 교린의 대상으로 지속 설정케하는 계기가 되었을 것이다. 조선후기에 와서도 표류민을 통한 유구 정보는 계속 유입되나 외교관계는 단절된다.

---

76) 多和田眞一郎, 주 56) 앞의 책, 「まえがき」部分.
77) 鶴園裕 외, 주 64) 앞의 논문, 137쪽.

  셋째, 조선시대 표류 경험담은 生死를 넘나드는 극한상황과 귀중한 외국 체험이라는 점에서 주목받아 구전되거나 기록으로 민간에 널리 전파되었다는 것이다. 글을 모르는 표류 경험자의 이야기도 구술 받은 지식인에 의해 기록되어 세상에 유포되었다. 그리고 일본에 표착하면 후대를 받으며 나가사키로 이송되어 송환된다는 정보가 下三道 연안주민에게 상식화되어갔다. 그러므로 일본에 표착한 조선인이 '조선'과 '나가사키'만을 외치는 것만으로도 일본측에 의해 자신이 조선인으로 판명되고 나가사키로 보내져 귀국될 것이라고 믿고 있었던 것이다. 또한 연안 빈민이 후대를 기대하여 고의로 표류하는 故漂도 증가하여 갔다.

  넷째, 조선후기 표류와 관련된 정보가 전설화되면서 특정지역민에게 특정국가에로의 표류시 행동원리로 작용하는 예를 유구왕자 살해설에서 찾아볼 수 있었다는 것이다. 인조 임금때 유구왕자가 제주도에 표착되어 살해되었다는 이 전설은, 전설에 그치지 않고 前近代 제주도민에겐 가능할 수 있는 유구 표류시 자신의 生死와 직결되는 현실적인 문제로 인식되고 있었다.

  이 전설은 살해된 사람이 유구왕자가 아니라 '안남태자'였다는, 제주도민에 의한 2건의 표류 기록이 나왔어도 변화하지 않았다. 18세기 이후 사대부층마저 이를 그대로 상식화하고 있었다. 그 이유는 탄탄한 구도를 갖춘 전설이 내포한 불변성 때문이었다. 마침 임진왜란을 경험한 조선이었으므로 악역으로서 일본이 적절했고, 그 일본에 의한 유구 침략과 유구왕의 납치가 전제 되어 이 전설은 비로소 성립될 수가 있었다. 또한 그래야만 효자로서의 주인공인 유구왕자의 등장이 가능해진다. 그에 비하여 조선시대 아주 먼 곳으로 인식되어 있었던 '안남'과 '안남태자'가 주인공이 되는 경우, 그 전설은 전혀 조선사회에서 생명력을 보존하지 못하고 소멸되었을 것임에 틀림없다. 결국 전설로 살아남은 쪽만이 역사적 사실처럼 전승되어 제주도민의 행동을 제약하게 된 것이다.

다섯째, 에도시대 일본도 기독교와 관련되거나 明淸교체기 국방문제와 관련된 것이 아닌 한 표류민을 통해 적극적인 조선 정보를 얻으려는 노력은 전혀 보이지 않는다는 것이다. 그러나 조선인이 자주 표착하는 지방에서는 조선표류민과의 접촉을 통해 많은 정보를 교류하고 있다. 에도시대 조선에 대한 정보를 대마도가 장악하고 막부가 이를 응용하는 정도였고, 조선과의 교류도 대마도 이외엔 에도에 오는 통신사와의 접촉이 전부였다. 이로 볼 때, 지방의 입장에선 표류민을 통한 접촉과 교류 및 그로 인해 획득되는 조선 정보가 얼마나 귀중했던가를 알 수 있다.

마지막으로 유구의 조선 표류민에 관한 사료를 검토한 결과, 철저한 은폐정책이 주목된다. 즉 조선후기 일본에 복속된 유구의 현상을 조공관계에 있는 중국만이 아니라 조선측에게도 일관하여 은폐하려고 하였다. 이것은 조선이 중국과 긴밀한 관계에 있다고 하는 역사인식에서이며, 또한 유구의 국가적 면목을 고려하였기 때문이라고 여겨진다. 그러나 그 정책을 에도막부의 입장에서가 아닌 유구측의 입장에서 적극적으로 평가한다면, 尙氏 국왕체제를 온존시킨 일종의 독립국가라는 것을 대외적으로 나타내고 싶었기 때문이 아니었을까? 이러한 시각을 하나의 전망으로 제시하며 본 논문을 끝맺고자 한다.

찾아보기

후 기

어느 날 아내가 말해왔다. 아버님이 당신 책 내는 걸 좋아하시던데 또 한 번 내보시지 그래! 이 책의 출간작업은 그래서 시작되었다. 해를 거듭함에 따라 부모님께서 좋아하시는 것을 해보자는 뜻에서다. 언제나 찾으면 대답하실 것 같았던 할머니 할아버지께도 이 책을 가지고 응석부리고 싶어진다.

이 책에 실으려고 예전에 집필했던 논문들을 다시 다듬으면서 마음은 훨훨 1990년대로 날아간다.

10년 만에 귀국한 고국에서 한동안 정신적으로 힘든 시간을 보냈었다. 시간만 나면 계곡으로 시냇가로 달려가 붕어와 가재나 송사리를 잡아와서는 어항 속에 넣어 기른 시절이었다. 그런데 어느 날부터인가 어항 속의 물고기들을 진시황의 눈길로 바라보게 되었고, 물고기를 물어뜯는 남생이라도 볼라치면 태형을 가하려 하는 자신을 발견하게 되었다. 이런 나의 경직된 눈길에 부드러움을 불어준 것은 여전히 곁에 머물러 준 불알친구들 이었다.

한일관계사학회는 40대에 입은 또 하나의 외투였다. 입고 있으면 얼마나 포근한지 밤 12시가 넘도록 벗지 않아, 청주행 고속버스 막차를 놓치고 부산행 기차를 타야했고, 한밤중에 조치원에서 내려선 '나라시 택시'로 귀가하기 일쑤였다. 사랑하는 사람이 생긴 여자가 화장을 시작한다고 했던가! 한일관계사학회에 푹 빠진 난 회원들에게 '애교'를 서슴치 않았다.

본서 제1장은 청주대학교 교수님이시며 은사이셨던 이동복 교수님께

명복을 비는 심정으로 집필한 것이었다. 제5장과 제8장은 손승철·하우봉·이훈·정성일 선생과 오키나와 규슈 서쪽 五島 열도 등지의 현지조사를 통한 공동연구의 개인 결과물이다. 이 분들은 40대 늦은 시절에 만났지만, '열려라 참깨' 주문을 외지 않아도 저절로 가슴이 한껏 열려지는 소중한 분들이다.

끝으로 부족한 논문들을 책으로 엮어내는데 힘써주신 경인문화사 신학태 선생님을 비롯한 여러 선생님께 감사를 드린다.

2009년 5월 청주대학교 우암산 자락에서
저자 올림

민덕기閔德基

청주대학교 역사교육과 졸업
괴산군 목도중학교 교사
와세다 대학 일본사 석사·박사과정 수료
와세대 대학 문학박사 학위 취득
한일관계사학회 회장 역임
현 청주대학교 인문대학 교수

▣ 저서로 『前近代東アジアのなかの韓日關係』(일본 와세다대학출판부, 1994), 『前近代
　동아시아 세계의 韓·日關係』(경인문화사, 2007)가 있다.
▣ 논문으로 「조선시대 交隣의 理念과 국제사회의 交隣」(『民族文化』 21, 1998), 「임
　진왜란에 납치된 조선인의 일본생활 – 왜 납치되었고 어떻게 살았을까 – 」(『호서사
　학』 36, 2003), 「八包무역으로 보는 사대·교린 使行외교의 특징」(『일본학』 28, 동
　국대학교 문화학술원 일본학연구소, 2009) 등이 있다.

조선시대 일본의 대외 교섭　　　　　　　　　　　　　　값 22,000원

　2010년 6월 4일 초판 인쇄
　2010년 6월 14일 초판 발행

　　　　　저　　자 : 민 덕 기
　　　　　발 행 인 : 한 정 희
　　　　　발 행 처 : 경인문화사
　　　　　　　　　　서울특별시 마포구 마포동 324 - 3
　　　　　　　　　　전화 : 718 · 4831~2, 팩스 : 703 · 9711
　　　　　　　　　　이메일 : kyunginp@chol.com
　　　　　　　　　　홈페이지 : 한국학서적.kr / www.kyunginp.co.kr
　　　　　등록번호 : 제10 - 18호(1973. 11. 8)

ISBN : 978-89-499-0650-8　94900
ⓒ 2010, Kyung-in Publishing Co, Printed in Korea
* 파본 및 훼손된 책은 교환해 드립니다.